JN059183

映画で読み解く東アジア

社会に広がる分断と格差

全 泓奎 編著
JEON Hong Gyu

明石書店

はじめに

2020年にアカデミー賞作品賞、監督賞、脚本賞、国際長編映画賞の４部門受賞に輝いた韓国のポン・ジュンホ（＝ポン・ジュノ）監督による『パラサイト　半地下の家族』は、韓国社会の分断と格差を描いた作品として日本でも大きな話題となった。映画では会社社長の家族（朴一家）が居住する邸宅を舞台に、その対極とも言える半地下に暮らす主人公の家族（金一家）との格差を浮き彫りにしながら、さらに社長の朴氏家族のもう１つの家族が邸宅の地下に寄生するという重層的な空間構成や、階層的な対比が鮮明に表現された。社会の格差が生んだ家族の欲望が、豊かな階層への寄生からそのうち生活全体を乗っ取ってしまおうとする歪んだ夢へと展開する中でストーリーは急展開し、クライマックスを迎える。

ポン監督のみならず韓国ではこうした社会性が強い映画作品が多い。つまり映画の作品性、そして観客を呼び込む市場性の裏に、韓国社会特有の社会性やリアリティが色濃く反映されている点こそ、私は韓国映画のもう１つの「売り」、魅力があるのではないかと考えている。これまでに日本でも話題となった映画のほとんどが、貧困や格差、そして分断（これは社会の分断のみならず、実際に「北朝鮮」という目に見える形での休戦状態が続く韓国社会の分断状況そのものを表しているという点で特徴的である）を描いており、それに立ち向かう庶民や庶民の側に立つ正義の味方が登場するというパターンも多い。少々勧善懲悪的かつ短絡的な気もするが、重要な構成要素を成している。

ヴァルター・ベンヤミン（1995）のいう「複製技術時代の芸術」としての映画の一面を引用するまでもなく、映画は社会の「複製」であり、その「加工」でもある。今では現実の複製だけでは物足りず、現実に存在しないものまでを制作し、大量に生産できる時代を迎えていることも特筆すべき事実である。要するに映画は、現実社会の複製、もしくはそのリアルな映写でもある。

もう１つの大きな特徴としては、人の営みの記録、つまり「ドキュメンテーション」という点ではなかろうか。人間が世に生を受けて暮らしてきた経験や軌跡、葛藤や愛の物語を、映画は１つの表現の手段として、記録として、あるいは闘争として見せている。

台湾の黄インイク監督は、『海の彼方』[1]の中で台湾から沖縄の石垣島に移り住んだ台湾移民一家の物語を生々しく映し出した。現在は全国各地に80名以上が広がり住んでいる彼ら彼女らの物語は、移民国家としての日本の１つの歴史でもある。

映画は資本主義における市場価値を勘案しながら様々な手法を試み、その中から社会の「複製」、かつ「投影」するものとして人間生活を映し出していく。そこで、今回本書の著者たちは共同研究の現場（フィールド）で、このような映画をテキスト―もしくは媒介―としてそれを読み取り分断や格差に対する分析を行い、課題に立ち向かっていくための想像力を動員してみることにした。

編者を含む本書の著者たちは映画の専門家でも評論家でもなく、また映画を通じて論じていくことにも慣れていない素人集団でしかない。したがってこれは１つの実験でもあることは否めない。しかしこれまでの著者たちの共同研究の中で、時には当事者として、または個人やグループで東アジアのフィールドを訪れ、そこにいる同僚や知人らとの関係性を頼りに研究を行ってきた経験を共有している。つまりそれぞれが研究発表等を通してある程度地域への理解を共有しているのである。

今回の共同作業では、各自が興味を持つ東アジアのフィールドを描いた映画を選定し、それについて共同鑑賞の機会を設けた後、持ち回りで報告し議論を深めることとした。2022年６月25日から2023年２月25日までに７回にわたる共同研究会を実施した。本書はそのプロセスの軌跡をまとめたものである。

本書の著者たちの基本的な関心は、東アジアの格差や貧困、社会的不利、社会開発に集中しているため、日本をはじめ韓国、台湾、中国（香港を含む）の北東アジアの都市部を対象とすることにした。各々の地域で繰り広げられる人びとの生活での葛藤、挫折、回復の過程が本書の主軸である。具体的には、居住、雇用、社会保障、健康、市民権等を取り巻く子ども・若者、高齢者、エスニシティ、ジェンダー・LGBTQ等それぞれの社会の貧困や排除、差別、格差、そして分断にかかわる映画を各著者が選んで紹介した。

本書は4部構成とし、まず第1部では、「居住と開発」とカテゴリーされる映画が選ばれている。第1章と第2章は都市の発展と開発に振り回される都市貧困層の住まいや生活空間を取り巻く闘いが描かれた映画が選ばれている。どちらも韓国の映画で今もなお大きな影響を与えている朝鮮戦争やその後の復興過程、開発ドライブが猛スピードで進められる中、開発現場における住民の追い出しや、その過程での価値観の変容、若者の揺れ動く心の様子などが垣間見られる。

第3章は中国映画を取り挙げ、前章の韓国と同じく都市化が進められる中、中国国民固有の伝統的価値観が揺れ動いている様子を自然豊かな映像とともに描いた作品が取り挙げられている。

第2部では「貧困と社会的排除」がテーマの映画が紹介されている。第4章では日本における東日本大震災という大きな災害経験を背景に、生活難に追いやられた人が社会保障から排除され孤立していく様子、そして現代社会における家族の変容や新たな家族像についても考えさせられる作品が紹介されている。第5章も社会保障制度を背景とした映画を取り挙げているが、中国が舞台となっている。その中でも出稼ぎ労働者の医療や健康、疾病を背景に中国の都市部や農村部の生活の様子が描かれている。そこでは、中国の周縁部で大きく問題となっている、親が出稼ぎに都市部に行った後取り残された「留守児童」と呼ばれる子どもたちの様子も見ることができる。これは日本でも関心を集めている「ヤングケアラー」の問題と通じるものがあり興味深い。

第3部は、社会的に高い関心を集めつつも今もなお解決の糸口が見出されていないジェンダーやLGBTQに関連した社会的なイシューを扱った作品が紹介されている。

第6章は日本社会における女性の生き方を対象に、日本の近代化と家父長制社会を生き抜いた女性たちの経験に着目した作品が取り挙げられている。そして第7章では台湾における性の多様性や受容について、特に台湾社会が大きく動き出す1987年の戒厳令の解除後の社会と現代の対比を中心に検討していく。

第8章は、韓国に焦点を移し移住者の生活空間や成長を描いた作品が紹介されている。東アジアのどの国にも共通して見られるようになった移民問題に関連し、作品では韓国社会における受け入れとその過程での当事者の葛藤や挫折、愛と希望等にかんする現実が淡々と描かれている。

第４部では、「社会的弱者と差別」をテーマにした作品を取り挙げ、３つの章に分けて紹介する。まず第９章は、これまで何度も文学作品や映画化の素材にもなっている、現代の日本社会に根強く残る「部落差別」を取り挙げた作品が紹介されている。2022年にはTOHOシネマズをはじめとする大きな映画館でもリメイク版の『破戒』が上映されたほか、ミニシアターでは長編ドキュメンタリー映画『私のはなし 部落のはなし』が上映され話題を呼んだ。第10章では台湾に舞台を変え、台湾における根深い差別問題の典型として今でも多くの課題が露呈されている台湾の先住民をはじめとするマイノリティの問題を取り挙げた作品を紹介する。そして第11章では、ここ数年中国からの締めが強くなる中「逃亡犯条例」や「香港国家安全維持法」の制定などにより、民主主義が根こそぎに破壊されてしまった香港の現状を捉えたドキュメンタリー作品が紹介されている。

冒頭でも述べたように、本書は東アジア各地の分断と格差、それをもたらす開発や資本による搾取、政治的な圧力とそれに立ち向かう市民の涙と汗と闘いと愛の物語が描かれた作品が集められている。本書で取り挙げた映画の本数だけで26本に及んでいる。

本書を手に取った読者は、本書を手引きにそれらの映画の世界に飛び込んでみてはどうだろうか。その中から見て取れる東アジアの社会と歴史、人びとの暮らし、そしてその時代を歩んできた人びとの連帯の経験と未来に向けた希望の物語に共感し理解する機会になることを切に願っている。

【注】

1　2016年に台湾・日本合同で製作されたドキュメンタリー映画。

【参考文献】

ヴァルター・ベンヤミン著、浅井健二郎編訳、久保哲司訳（1995）『ベンヤミン・コレクション１：近代の意味』筑摩書房

目　次

第3章　伝統と現代に揺らぐ中国民衆たちの都市化

第2部　貧困と社会的排除

第4章　映画のなかの社会保障

第5章　映画から読み取る中国の社会保障の変遷

第3部　ジェンダー・LGBTQ

第6章　日本の娘たちの経験の同時代性と今日性

第7章　台湾における性の多様性の受容と分断

第4部　社会的弱者と差別

第1部

居住と開発

第1章

都市の発展と開発主義に翻弄される家族とコミュニティ

『国際市場で逢いましょう』
『江南ブルース』
『はちどり』

全 泓奎

1．はじめに

韓国の現代史は、まるで映画のようである。日本の植民地としての近代を経て解放されるや否や、米ソ冷戦体制による分割統治によって北と南に分けられ１つの半島に２つの国家が誕生した。その後南では独裁政権や軍事クーデターによる強権政治が行われる中、輸出中心の重工業の育成に力を入れ、高度経済成長を成し遂げた。これを「圧縮的都市産業化過程」[1]とも表現するが、その勢いは1990年代はじめまで続いた。

本章で取り挙げる３本の映画は、朝鮮戦争による戦後復興から1960年代、1970年代を経て経済成長を支えた人びとの愛と涙の物語（『国際市場で逢いましょう』）、1970年代以降の経済発展に伴う開発の進展の中で政治と財閥（開発資本）、そして暴力がいかに結託した形で暗躍していたか、開発の裏側の深い傷痕を暴き出す物語（『江南ブルース』）、そして３本目は、経済成長がまるで砂上の楼閣であったかのように、経済発展の象徴でもあった漢江にかかる橋が崩れ落ち、百貨店が崩壊する、1990年代初めのソウルの風景が思春期の中学生少女の目線から描かれる物語（『はちどり』）である。

本章では映画の紹介に先立ち、それぞれの時代を映し出す当時の社会的背景を都市貧困層の居住地とそれにかかわる政策展開について紹介したい。

２．都市貧困層居住地の形成と低所得層居住地政策の展開

一般的に途上国における貧困層居住地の問題は、工業化・都市化による農村から都市への人口移入と貧困層の集住地域の形成がその背景にある。つまり、貧窮した農村や漁村からの「押し出し要因（push factor）」と都市の工業化による廉価な労働力の需要という「引っ張り要因（pull factor）」が相まって、都市へやってきた人びとが市場からは適切な住宅を得ることができず、公有地や劣悪な居住地がインフォーマル居住地として形成されるのである（過剰都市化）。そこでは、先進工業国におけるスラム地域の形成とは異なり、基本的な都市の基盤施設さえも整備されておらず、劣悪な状態で生活している場合がしばしば見られる。それに比べアメリカなどで見られるスラム等の不利地域は、居住していた中・低所得層の人びとが郊外へと移住するのに伴い、困窮層や移民が住み着くこと（filtering process）になった場合が多い。

さて、韓国においてソウルで初めて集団的な貧困層居住地域の形成が確認されたのは、日本の植民地時代に入ってからである。それ以前にも不法かつ低質な住宅は存在していたものの、社会的な関心を集めるほどの集団的な形成を見たのは、1920年代からだと言われている。それは、「土幕村」[2]と呼ばれる集住形態で（図１参照）、都心周辺の山や鉄道脇、河原等で低質かつ過密な居住生活を送っていた（ソウル市政開発研究院、2001）。

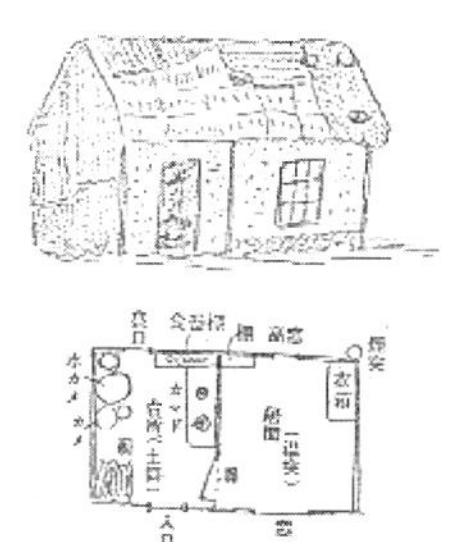

図１　土幕の類型

出所：京城帝国大学衛生調査部編（1942:137-138）

韓国における都市化は、1920年代からゆるやかに展開しながら、今日でいう「過剰都市化」、「都市インフォーマルセクター」のような状況が生まれていた（アジア経済研究所、1995；ソウル市政開発研究院、1996；2001；ソウル市政開発研究院・ソウル学研究所、2000）。その後都市貧困層は、1950年代までの「板子村」[3]、60年代以降の「タルトンネ」、「サントンネ」[4]と形態が変わっていった。都市貧困層の居住地は、1960年代に入り激増することになるが、その背景には経済成長を最重要目標として掲げた当時の共和党政権による工業化政策がある。特定の都市への集積利益を狙い、ソウル市を含めたいくつかの大都市に集中して行われた輸出志向型工業化政策の結果、都市と農村の格差はますます拡大し、逼迫した農村から都市へ大規模な人口流入をもたらした。その多くは「より良い生活を求めて漠然とした期待と子どもの教育のため、当てもなくソウルへと移住し、フォーマルな産業に従事することができず、インフォーマル部門の肉体労働に就業するか失業状態のままであった。そのため多くの人びとは住宅を手に入れるほどの経済的能力を持てず、既存の低質住宅地か国有地に不法建築物を建てて住み着くようになったのである」（「1970年市政概要」；ソウル市政開発研究院、1996 より再引用）。不法建築物に関する当時の一斉調査によると、1966年末現在、ソウルに136,650棟があり、1970年には持続的に撤去が行われていたにもかかわらず、187,554棟があったと集計されている（ソウル市政開発研究

写真１　1960年代の川沿いのインフォーマル居住地（＝板子（パンジャ）チップ（家）、清溪川、ソウル、1965年）出所：ソウル歴史博物館・ソウル歴史アカデミー（2023年6月7日閲覧）、アーカイブ番号：H-TRNS-65301-290　https://museum.seoul.go.kr/archive/archiveNew/NR_archiveView.do?ctgryId=CTGRY274&type=A&upperNodeId=CTGRY290&fileSn=300&fileId=H-TRNS-65301-290

院、1996)。

このような「不法住宅」が激増した1960年代は、住宅政策が経済政策に従属していた時期でもあった。そのため住宅政策に大きな発展は見られず、住宅関連制度および関連機関の設立という初期段階に留まっていた（河晟奎、2000)。その後、それらのインフォーマル住宅は、本格的な「都市再開発事業」の展開とともに、現在はほぼ全地域が高層マンションにとって替わった（表１参照)。その一方、都市再開発事業が本格的に推進された1980年代以降に形成され始めた、新規のスクォッター居住地（通称「ビニルハウス村」）のような新たな居住貧困地域が都市の郊外に散在しているのが現状である。それは、これまでの居住貧困地域に対する施策が、当該地域のハード面を中心とした商業的な再編を支援するような形で展開され、開発による利益が居住者の手に届くようなものではなかったためである。またそのころから居住貧困地域は、これまでの農村からの移入者ではなく、都市経済の再編および社会構造的な問題によって生じた構造的な困窮層によって占められることになった。

1990年代末の通貨危機以前の居住貧困地域は、都市化による農村からの都市への流入者により形成された「原初的な形成期」を経て、「構造的な形成期」へと展開していったのである。

表1　ソウル市の人口および住宅の推移

年度	人口（人）	世帯	住宅（戸）	無許可住宅（バラック・ビニルハウス、戸）	1人当たり国民総所得（$）
1940	935,464	174,336	−	4,000*1	−
1950	1,693,224	318,673	−	−	67
1960	2,445,402	446,874	275,436	40,000	79
1970	5,433,198	1,096,871	607,379	200,000	280
1980	8,364,379	1,849,324	968,133	−	1,870
1990	10,612,577	2,820,292	1,430,981	94,974	6,450
1995	10,595,943	3,448,124	1,688,111	73,500	11,820
2000	10,373,234	3,540,492	1,973,002	−	11,030
2015	10,297,138	4,189,948	3,633,000	834	28,720
2019	10,010,983	4,327,605	3,738,006	137,138*2	33,790

出所：ソウル統計年報（ソウル市）、ソウル市政開発研究院（2001）『ソウル20世紀空間変遷史』を再構成、人口住宅総調査統計DB（KOSIS）（統計庁）より

*1：1939年現在の数値。ソウル特別市市史編纂委員会（1981)、『ソウル六百年史』（第四巻）

*2：2019年人口住宅総調査統計では「非居住用建物内住宅」

上記で概括した戦後50年間は、韓国における近代的な都市貧民や居住貧困地域が形成された時期であり、貧困当事者と国家権力・民間デベロッパー間の闘いと妥協の過程でもあった。1987年の民主化運動に始まる社会の一大変革期の中では、居住の権利の実現に向けた貧困当事者の権利要求活動により、市民的・政治的権利の向上も見られた。一方1989年に発表された「住宅200万戸供給計画」の中で、韓国初の社会住宅として「永久賃貸住宅」が供給された。その後、再開発事業（「合同再開発事業」[5]）による立ち退きを迫られる居住者にも公共賃貸住宅が供給されるなど、居住困窮層のための新たな社会的制度が次第に導入されるようになったことは画期的な出来事として評価すべきである。しかし、住宅再開発事業による戻り入居率は低い水準に留まっており、その後実施された住環境改善事業においても実質的な困窮層の居住水準の向上は見られていない。それは、これまでの事業が住環境の整備というハード面に偏った対応に留まっており、当該地域に居住している居住困窮層の社会経済的なニーズには柔軟に対応してこなかったためである。

今韓国を訪れると高層のマンションが立ち並び都市の様子も様変わりしてしまった。だからといって困窮層の人びとの生活が改善され安心した住まいが保障されているわけではない。ソウル中心部でも一歩大通りの裏に入ると、日雇い労働者が疲れた体を日払いで休めることのできる老朽した劣悪な住まい（「チョッパン」）に出会う。都心の商業地の中にも「コシウォン（考試院）」と呼ばれる多重利用施設が見られ、アフォーダブル（手頃な）住宅を求める人びとの住まいとなっている。そして郊外に出れば億ションが見渡される奥に現代版のスクォッターである「ビニルハウス村」がある。高度経済成長の恩恵により国全体の経済的パフォーマンスは大きく成長し、貧困が消滅したかのように多くの人が思っているが、以前にもまして困窮は、人びとの視界から退き、遠ざかり、非可視的な形で都市の周縁部に今もなお堆積されているのである。

３．映画から見る都市の発展と開発

１）『国際市場で逢いましょう』

・監督・脚本：ユン・ジェギュン
・韓国公開年：2014年
・日本公開年：2015年
・主要キャスト：ユン・ドクス（ファン・ジョンミン）、オ・ヨンジャ（キム・ユンジン）、チョン・ダルグ（オ・ダルス）
※本作品は、第52回大鐘賞最優秀作品賞・監督賞・主演男優賞、第36回青龍映画賞助演男優賞を受賞するなど韓国でも大きな反響を得た映画で、映画公開当時（2014年）観客動員数1,400万人を超える空前のヒットを記録した。

本作は、朝鮮戦争という悲劇的な出来事から始まる家族の別離、そして国策として海外（西ドイツ）の炭鉱に外貨稼ぎに送り出され、その後はベトナム戦争へと、当時の政策に振り回された家族の血と涙と愛の物語である。

映画は朝鮮戦争が勃発し北朝鮮から南へ避難するため避難船へと乗り込む人びとでごった返す咸興（ハムフン）の埠頭から始まる。長男のドクスは妹（マクスン）の手を握って一緒に船に乗ろうとするが妹の服の袖がちぎれて離れてしまう。ドクスは妹を追いかけようとするが父親に制止され、妹を探す父親ともその場で別れ母と幼い姉弟とともに釜山に向かうこととなった。

場面が変わると避難先である釜山で、その場にいた「現代財閥」創業者の鄭周永（チョン・ジュヨン、1915年11月25日―2001年3月21日）と偶然にも出会う。青年の鄭周永が大型船をつくるという抱負を語っている場面が印象的だ。現代史的な場面を連想させるシーンも多く出てくるのが本作の特徴でもある。映画を見ていくと韓国現代史の１ページを理解することもできるのだ。

1953年に李 承晩（イ・スンマン、1875年３月26日～1965年７月19日）大統領の休戦協定調印によりその後朝鮮半島では米ソによる信託統治が始まる。これが民族や国の分断の始まりだった。

1963年秋、主人公は勉強がしたくてもぐり込んだ塾から追い出される。そして大学に合格した弟の学費を工面するためドイツへの出稼ぎを決心した。当時、国全体が貧しく、男は鉱員として、女は看護師等の募集に応じて多くの人びとがドイツに向かったのだ。主人公のドクスはデュッセルドルフで看護師として働いていた後に妻となるヨンジャに出会う。当時まだ経済的に豊かではなかった韓国から、先進国ドイツに派遣され、ドイツ人高齢者の介護に従事するヨンジャの姿は、今の日本や韓国での「技能実習生」（韓国では「雇用許可制」）による「介護」の実態を連想させる[6]。

その時に事件が起きる。炭鉱で働いていたドクスと寝食を共にする幼なじみの友人ダルグが坑道に埋もれる事故が起きたのだ。その場に駆け付けたヨンジャは、助けに行ってくれない会社の人らに対し、「貧しさのせいで遠い国まで出稼ぎにきた！」と絶叫する。その声により、同胞愛が発揮され、韓国の労働者たちが力ずくでドイツ人のバリケードを破ってドクスとダルグを助けに行った。こうした様々な苦労を重ねた後、ドクスはビザ満了で帰国する。

数年間で稼いだお金で家を購入し、きょうだいの学費も工面できた。これで一安心と思いきやまた映画は動き出し、ドイツにいるはずのヨンジャが現れる。帰国前夜を一緒に過ごしたヨンジャが妊娠し、仕事を続けることができなくなったのだ。こうしてドクスとヨンジャはめでたく結婚式を挙げ、1973年秋には憧れていた国立海洋大学に合格し船長への夢をようやく実現できるかと思ったドクスだが、その後伯母が他界し、輸入雑貨店「コップンの店」を買い取って引き継ぐことになった。時代はちょうどベトナム戦争[7]の時、妹は結婚を控えており、その費用を捻出するため、再度ドクスは母国や愛する家族と離れ貿易会社の一員としてベトナムに向かおうとする。心配して引き留めようとする妻のヨンジャに対し、「これが俺の運命なんだ、仕方がない」と言うドクス。今でもその影響が色濃く残っているが、韓国では、長男が家族を支えるという大きな荷を１人で担わなければならないことが多かった。ヨンジャは、「あなたの人生なのになぜそこにあなたはいないのか」と言い返す。

ちょうどそのセリフを言った時に国歌が流れ、立ち上がって礼を表するドクス。ヨンジャは涙を流しながら夫に倣って立ち上がって礼を表する。いつの頃までだったかはっきり覚えていないが、筆者の幼少時代にも国歌が流れるとその場に立ち止まり国旗が掲げられている場所や国歌が流れる方向に右手を胸に当て礼を示すことが普通であった[8]。

そういう意味で考えると、おそらくこのシーンはこの映画が投げかける１つのメッセージでもある。すなわち激動の現代史の中で「家族」とは何か、「国家」とは一体個人や家族にとって何か。または、国家にとって個人や家族はどういった存在だったのかということを問いかける場面でもあったように思われる。

ベトナムに渡ったドクスは、貿易会社の職員として働く。すぐに米軍施設で爆弾テロが起きて巻き込まれてしまったが、生きのびることができた。朝鮮戦争の時の自らの姿を思い出し地元の子どもにチョコレートを渡したところ、その気持ちが伝わったのか、状況を察していた子どもに助けられたのだ。しかしベトナムで退却の際に住民を救出するなかで足に銃撃を受けたドクスはその後足に障がいを抱えたまま生活することになる。やがて1975年４月30日にベトナムで終戦を迎えた。帰国したドクスは輸入雑貨店を大きく拡張させ、妹の結婚費用も捻出することができた。

画面が変わると歳を取ったドクスに、子どもや家族が今の店を処分して、もっといい商売にしたらどうかと問い詰めている。しかしドクスには店を手放せない理由があった。戦場で避難の際に別れた父親と、まさに釜山のその店で落ち合おうと約束したのだ。

さらに画面が変わり、「離散家族探し」の映像が流れる。この番組は1983年夏、朝鮮戦争期間中に生き別れになった家族を探すために制作され、そのテーマソングの「誰かこの人を知りませんか、たおやかな体に輝く瞳……この女の人を誰か知りませんか……」という可憐な歌詞の音楽が象徴的で当時全国民を泣かせた。

映画の最後のシーン。家族が集まり孫たちの歌が響く部屋を後にして自分の

写真２　離散家族探し会場の様子

出所：이산가족찾기（1）- 한국민족문화대백과사전 사진 검색（aks.ac.kr）（2022年11月28日）

部屋にこもるドクス。その時懐かしい父親が現れドクスと言葉を交わす。

「父さん、約束は果たしたよ。でも本当につらかった」

「泣くな。ドクス。お前がどんなに苦労したか。俺の代わりを務めてくれて。お前に感謝する」「僕、父ちゃんにすごく会いたかった」「俺もずっとお前に会いたかった」

場面が変わり、町を見渡せる丘の上に妻と一緒に座っているドクス。隣に座っている妻に対し、「もう売っていい」「店を」と言う。冗談めかして「あなたも大人になったわね」と言う妻。

その時遠くから見守っていたようなチョウが飛んでいく。「もう（父は）来られないんだろう。歳を取り過ぎたから」とドクス。

映画はこの場面を最後に幕を下ろす。それは困難に満ちた現代史の１つの幕が下りた瞬間でもある。時代とイデオロギーと国家によって翻弄された家族の物語は、韓国の現代史そのものを語っているとも言えるのではなかろうか。

2）『江南ブルース』

・監督・脚本：ユ・ハ
・韓国公開年：2015年
・日本公開年：2015年
・主要キャスト：キム・ジョンデ（イ・ミンホ）、ペク・ヨンギ（キム・レウォン）、カン・ギルス（チョン・ジニョン）

本作は、1970年代から本格化する「江南（カンナム）開発」[9]をめぐり政治と闇社会が結託し利権がひそかに取引される様子を赤裸々に描いた映画である。この開発事業の結果作られた高層マンションが林立する江南という上流階層地域の生活の様子が見られるのが、次に紹介する映画『はちどり』。今となっては一戸が数十億ウォン程度まで値上がりし、ソウルにおける、いや韓国における経済格差の一側面を表している地域が、江南である。

映画は、ヘリコプターに乗って中央情報部（現在の国家情報院）の幹部らしき人物が開発計画を作成するよう部下に指示を出す場面から始まる。実はこの様子はフィクションではなく歴史的な事実が背景にあることが知られている。ソウル市の公務員を経てソウル市立大学で長らく都市計画史の教鞭をとったソン・ジョンモクが著した書籍[10]にはその詳細が報告されており、実際に政治資金を確保するための手段として当時の大統領の側近が不動産投機を企てていた様子がリアルに描かれている。今とは異なり、当時は地方自治制度も確立しておらず軍事政権下で絶対的な権力を振るっていた政権側の人間が黒幕となって進めていたのが江南開発だったのだ。

さて、そのような導入に次ぐ場面ではバタヤ（韓国語ではノンマジュイ、넝마주의）のコミュニティの営みが映し出される。こうしたコミュニティは戦後（朝鮮戦争）主要駅の周縁部に自然発生的に形成されていた。ソウル駅周辺（今の楊洞チョッパン地域）にもそうしたコミュニティがあった。

そのようなバラックに居住していた２人のきょうだい（実のきょうだいではなく孤児院で一緒だった）がバラックから追い出された。

その後、野党（民主平和党）の集会を妨害するためヤクザを動員して襲撃するグループに偶然加わるようになったのが先のきょうだい、ペク・ヨンギ（兄）とキム・ジョンデ（弟）である。襲撃中にヨンギと別れてしまったジョンデは組に入りたいと申し出て、組長カン・ギルスの家に招き入れられごちそうしてもらう。その時に反対派に襲われ組長が刺傷を負ってしまう展開となる。開発の独占をもくろむソ・テゴン議員の手下であるチャン・ドクジェによって組のメンバーらが次々と襲われ組員の退会が相次いでいく。

３年後、キャバレーの女社長が江南の土地を買いあさっている。他方で、中央情報部が主導して江南の土地を買い上げ、江南開発計画を進めその売却益を政治資金に充てることで大統領選挙に有利に立つという画策が進められた。

この時代に大流行した歌謡曲「江南漢江橋」[11]が流れる中、開発前の田畑や未開発・未舗装の道を外車が走る。それは女社長と一緒に未開発地を部下と一緒に赴くキム・ジョンデだった。一坪3,000ウォンという値段を切り出し公園予定地であると嘘をつき売買契約を締結させるジョンデ。安値で買った土地を仲間内で何度か転がし、地価を上げていく様子が画面に描き出される。「投機家たちが興味を示し始めたら思い切り煽るの。新聞社が来ると地価が跳ね上がる。地価はしょせん権力者が決めるものよ。それを利用すればいい」と女社長。

ジョンデは、捕まっていたソ・テゴン議員の反対派にある組織の中間ボスになっていた兄のペク・ヨンギを救出する。中央情報部では着々と江南開発に向けた計画を進めていき、その裏ではソ・テゴン議員が暗躍していた。

一方、ジョンデを拾ってくれた組長カン・ギルスは足を洗ってクリーニング屋を営んでいた。

当時不動産投機が絡む暴力的な権力争いが起き警察の捜査が行われており、それがジョンデの仕業だと思ったカン・ギルスはジョンデの代わりに自首し、新聞・マスコミに「政権高位職を含む数億ウォン規模の不動産不正」と大きく取り挙げられる。

映画はクライマックスに達し、ヨンギはソ・テゴン議員の手下に殺されジョンデもまた、中央情報部によって始末される。

ラストシーンで、黒幕のソ・テゴン議員が江南区選出国会議員選挙の遊説をしている。クローズアップされたソ・テゴンの演説が大きく響き渡る。

「江南を政治の中心に!!!」

3）『はちどり』

・監督・脚本：キム・ボラ
・韓国公開年：2018年、日本公開年：2020年
・主要キャスト：ウニ（パク・ジフ）、ヨンジ（キム・セビョク）
※ベルリン国際映画祭インターナショナル審査員賞グランプリ、釜山国際映画祭、トライベッカ映画祭最優秀海外映画賞、第38回イスタンブール国際映画祭国際競争部門大賞、第45回シアトル国際映画祭審査委員大賞、第25回アテネ国際映画祭最優秀脚本賞、第40回青龍映画賞最優秀脚本賞

本作の背景となっている1994年は、再開発真只中のソウル市のスラム地域で筆者が住民の生活と居住の権利を守りたい一念で彼ら彼女らと共に暮らし始めた年である。本作は当時の社会を背景としていることでも筆者の興味を引いた映画であった。

本作は学校生活に馴染めない14歳の女子中学生の成長物語ではあるものの、時代的には1990年代まで続いた韓国の高度経済成長が終焉を告げ、立て続けに起きた大きな社会的出来事を背景に構成されている。学生運動グループがまだ大学や工場等で少しは勢いを残していた時代でもあり、主人公のウニに漢文

を教えた塾講師の机の上には学生運動を物語る書籍が置かれている。本作の最も大きなクライマックスとなる大橋の崩壊、それは先の見えない新しい社会リスクや格差の暗喩だったのかもしれない。

> 「私は『はちどり』をウニという少女の物語であると同時に、韓国社会の成長物語として作りたかったのです。ウニは内面の、家庭、学校など、様々な「崩壊」を経験します。この個人の「崩壊」が、橋の物理的な「崩壊」、つまり韓国社会自体の崩壊に、映画的にどのように結びつくのか。その構造を探り、パーソナルなことと社会的なことを混ぜ合わせる過程が難しかったです」『ユリイカ（第52巻第６号）』（2020年）監督インタビュー42頁

本作の主人公ウニは、中学２年生で３人きょうだい。友人と漢文塾に通っている。漫画を描くのが好きな純粋な女の子である。両親は餅屋を営んでおり、繁忙期には家族全員が動員される。ある時注文が殺到し家族全員を動員して餅を作り、くたくたになって歩いて帰るウニの傍らに開発現場を通りかかり、取り囲む壁には開発反対の声が書かれたプラカードがおかれている。

「ここが我が家」、「再開発決死反対」、「我が家を奪うな」、「私たちは死んでもここから立ち退かない」「最後まで闘争しよう」など。

ソウル市内で再開発事業が最も激しかったのはオリンピック開催（1988年）の前後であったが、90年代に入ると都市郊外で再開発事業が繰り拡げられ庶民が生活する小規模の住宅がその対象となった。それに伴い行き場を失ってしまった一部の住民の中には本作でも登場する「ビニルハウス」や「コンテナ」を転用した仮住まいで生活するようなグループも現れた。

ウニは３人きょうだいの末子だが、兄は生徒会会長に２年連続で立候補する自他共に認める優等生である。姉は近くの高校の受験に失敗し漢江（ハンガン）を渡って江北にある学校[12]に通うが勉学にはまったく興味を示さず男友だちと遊び呆けている。

子どもたちのために必死で働く両親の姿はどこの国も同じだが、受験戦争が激しい韓国では親の期待値も高い。しかしそれは朝鮮戦争等の悲劇を経験する

中、糊口を凌ぐのに必死で、『国際市場で逢いましょう』でのドクスのような親像が正当化され、自らの勉学に対する希望や夢を諦めるしかなかった親世代も多い。

ウニの母親も同じで、ある日家で母と２人になったウニが、餅屋の仕事で肩を痛めた母の肩に湿布を貼ってあげていると、「勉強を頑張って女子大生になるのよ。無視されないように」とこぼす。母は若いころから苦労していて、学業を中座してしまった経験を持っているのだ。このあたりは当時を生きた女性に共通しており、『82年生まれ、キム・ジヨン』でもこのようなくだりが出てくるのを覚えている人も多いことと思う。

そのような家庭事情の中でウニは、漢文塾に熱心に通っている。

ある日漢文塾に行くと、見知らぬ女性が窓際で煙草を吸っている。彼女がウニに心の拠り所となる新しい講師、キム・ヨンジだった。ヨンジは大学を休学中で、休学が長かったため若くはない。ヨンジ先生はウニに勉強を教えるだけではなく、生徒たちの間のわだかまりを解いてくれる姉的な存在でもあり、社会を見る目を示す案内役的な存在でもあった。

ここで印象的だったのは、一緒に漢文塾に通う友人ジスクとのいざこざに対するヨンジ先生の対応だ。ジスクはウニと同じく中学校２年生である。

ある日、２人は普段の生活の鬱憤を晴らすつもりでふざけて文房具屋で万引きをするのだが、これが店主に見つかってしまう。その時にジスクがウニの両親が商いをしていることを漏らしてしまう。すぐさま父の店に店主が電話して事情を伝えると、電話機から「警察に引き渡せ」と言う父親の怒鳴り声が聞こえ、ウニはうんざりしてしまう。ここだけを見ると父親は娘に残酷な親のようにも見えるが、その後病院で手術を受けることになったウニが医師の説明を受けて出た際にすすり泣きをする父親の姿はまた印象的なシーンである。

一方、先述のシーンでジスクが謝りもせずにそのまま家に帰ってしまったことで傷ついたウニは漢文塾に向かう。この時に相談に乗ってくれたヨンジ先生に渡そうと、友だちにあげると嘘をつき母から餅をもらって漢文塾に行ったら先生はいなかった。

ウニが偶然見た先生の机の上には『資本論』、『歴史唯物論研究』、『民主主義と独裁』、『家父長制理論』、『フェミニズムと階級』、『第二の性』、『何をすべきか』等、当時の学生運動グループが持っていそうな書物が並んでおり、ヨンジ先生がなぜ休学が長引き歳を取った学生になっているのかをうかがわせる素材となっている。ヨンジ先生の背景を知る場面がその後も出てくる。漢文塾のシーンでウニとジスクとの間のわだかまりが残ったままになっていた時に、先生がジスクを静かに見つめた後２人に対し「歌を歌ってあげようか」と言う。

その時ヨンジ先生が歌った曲は、当時の学生たちがデモで歌ういわゆる「運動歌謡」だった。「切れた指を見つめながら、焼酎一杯を飲む夜、ガタガタ機械の音が耳元で鳴っている、空を眺めてみたよ、切れた指を埋めてきた日、冷たい涙を流した夜、血の付いた作業服に過ぎ去った僕の青春、こんなにも悲しいんだな（後略）」。歌い終わってから苦笑いするヨンジ先生。映画では詳しく説明がないが、ヨンジ先生は労働運動に肩入れをする学生グループに属していた人物というのが、書籍や歌詞から類推できる。

また本作では女子生徒同士の可憐な恋愛感情が描かれる。彼氏との関係に一喜一憂するウニだが、最後は彼の父親が医師ということもあって彼の母親に猛反対されてしまう。その背景には医師の子どもと餅屋の娘という社会的格差があることも見え隠れする。

また映画の中ではウニを慕う後輩の女の子の存在があり、微妙な感情の揺れと２人の純粋な気持ちのやり取りが繊細に描かれていく。

また、冒頭でも述べたように、映画の背景になっている1994年は社会的事件や出来事が多くあった年でもある。

例えば、しこりの除去のために入院していたウニの病室に病院食が運ばれてご飯を食べる時に、室内のテレビからニュース速報が流れ、「特報、キム・イルソン主席が死亡」という字幕が流れ、キム氏が心筋梗塞で死亡し、息子に権力が引き継がれることになったと、1994年７月８日付の朝鮮中央通信のニュースが報じられる。

この後映画はクライマックスに向かっていく。

1994年10月21日、地域で再開発に伴う強制立ち退きが行われる。それとオーバーラップするかのように急に画面が変わり、ソンス大橋が崩落したシーンが画面を埋め尽くす。ヘリも出て大騒動ぎの様子が映し出される。ニュースを映す画面の周りに生徒たちが集まる。

写真３　聖水大橋崩壊事故の様子
出所：2000년대 초반 서울소방 소방공무원 (소방관) 활동 사진 1994년 성수대교붕괴 - 성수대교 붕괴 사고 - 위키백과, 우리 모두의 백과사전（wikipedia.org）（2022年12月19日）

「午前７時40分ごろ、橋が崩れ橋を渡っていた車が50メートルの高さから崩落しました」。通勤時間帯の乗り合いバスや乗用車など数十台が墜落し死者は24人にも達した。

４．おわりに

本章では３本の映画を取り挙げ、都市の発展と開発主義に翻弄される家族とコミュニティの現代史を紹介することを試みた。冒頭でも述べたように、韓国の現代史は映画的なコンテンツが豊富で、そのためかどうかはわからないが、韓国の映画には社会性が滲み出る作品が多い。最初に取り挙げた映画でも朝鮮戦争という最も過酷で悲劇的な時代の中で、２つの国に分かれ各々異なる主義の国づくりが進められ、発展という美名によって国に操作され洗脳されながら経済成長の先兵に立たされていく市民の様子が鮮やかに描かれている。それはまさに都市や国家の開発主義に翻弄される家族の姿でもあり、その中で苦しみもがきながらも守るべき愛を強めてきた絆が浮き彫りにされる。

２本目の映画は江南開発という事実にベースを置く映画で、開発の裏に潜んでいる政治や資本、その暴力性が暴き出されている。開発は必ず何らかの犠牲を伴うというのはこれまでの各種開発事業からも見られ、現在も公園など公共施設の利用や整備・開発を名目にホームレスの人びとの生活を見えないようにしたがる「あちら側」のまなざしは暴力性を伴っている。

最後の映画ではそうした暴力性を伴う開発や発展がたどり着いた地点が大橋の崩壊であったならば、これからの新しい社会作りの在り様がわれわれの社会に問いかけられているように思われる。高層マンションが林立する形で廃虚の都市空間が生まれ変わり、さらに上を目指し人を顧みることなく底なしの資本主義が猛進する中で、その開発の危うさが露呈されたのが、橋の崩壊やその翌年にあった同じく江南地域の百貨店の崩落であった。

筆者が再開発真只中のスラム地域に住み始めたのが1994年の夏、その年に橋が崩れ、その翌年の冬に日本では阪神・淡路大震災が発災し、６月には普通に営業をしていた百貨店が突然崩落してしまった[13]。これは建物の設計上の様々な欠陥が原因である人災とも言える事件であり、まさに資本至上主義により安全不感症に陥ってしまったが故の結果とも言えよう。これを機に韓国社会では「リスク社会」というキーワードが広く注目を浴びることになった。

先日のソウルの梨泰院で起きた雑踏事故は、橋や建物の崩壊ではなくこれらとは無関係のように見えるようであるが、筆者にはどうしてもどこかで繋がっているように思えてならない。

【注】

1　パク（1998：61）は全国就業者のうち非農業部門の就業者が占める割合が、1965年には41.4％、1970年には49.6％、1980年には66.0％、1995年には87.0％へと増加したが、その割合は都市人口の比率とほぼ同じ速度で増加し短期間に急激に進行した都市化とほぼ並行して進展した産業化現象を「圧縮的都市産業化過程」であると述べている。

2　植民地朝鮮時代の京城帝国大学衛生調査部が刊行している『土幕民の生活・衛生』（1942）では、土幕民に対し「朝鮮の他の都市細民と區別する唯一の相異點は、彼等土幕民が土地の不法占拠をなして居る事である。彼等は市内、郊外を問はず、堤防、河原、橋下、山林等遊閑地を、官有地、私有地の見境なく無斷に占居して、特有の極めて粗末な小屋を建て、日に月にその数を増し、遂には悲惨と混雑と不潔とを特色とする所謂土幕部落に迄發展するのを常とするのである。」と述べられている。また1940年末の京城府社会課の資料によると、公式的な土幕民の数は、16,344人、非公式的には3万6,000人と報告している。持続的な土幕民の増加で、京城府は郊外の弘濟町、敦岩町、阿峴町等に土幕収容地を設け、府内に散在する土幕民を収容したが、これは今日のタルトンネの原始的な形態となった（ソウル市政開発研究院・ソウル学研究所、2000：102-103）。

3　パンジャチョン（板子村）、粗末な素材で建築された住居の集住地を指す。写真１参照。

4　直訳すると「タルトンネ」とは月のまち、「サントンネ」とは、山のまちを意味する韓国語表現である。前者は月に最も近いということを、後者は高い丘陵地の斜面に隣接している様子を比喩的に表現した用語であり、当時の代表的な都市貧困層の集住地を象徴している。ほとんどの場合は国公有地を無断占有していた。

5　地主によって構成される再開発組合とデベロッパー間の合同によって展開されるのが特徴。地元の自治体はインフラ等を提供することによって開発事業を後方支援する仕組み。1980年代以降の韓国の居住地の様子を大きく変えた事業として注目されるが事業実施後に元住民の戻り居住は少なく権利を手放し他の地域に移住した者が多い。家主や地主についてもそういう場合が多く、当時居住民の主流であった間借り人においては戻り居住は皆無で、馴染んだ地域から去っていかざるを得ない場合が多かった。

6　経済連携協定（EPA）によるインドネシア人技能実習生や2019年の入管法改定による「特定技能」の在留資格による定住化が今後も拡大していくことが予想される。

7　1961年の軍事クーデターによって権力を掌握した朴正熙は、朝鮮半島と同じく当時北と南とで分かれた分断国家だったベトナムへの派兵を決める。これによって反共イデオロギーという立場のみならず、派兵によるアメリカからの軍事援助や経済援助による、いわゆる「ベトナム特需」による経済的発展を勝ち取ることができたことでその後開発において独裁体制を強めていった。しかし韓国による派兵には民間人の虐殺など大きな痕跡を残す結果ともなった。ベトナムの中部地域で展開されていた韓国軍の作戦による民間人への虐殺行為を、現地人への生々しいインタビュー等を通して赤裸々に告発したものとして以下の書籍が詳しい。コ・ギョンテ著、平井一臣、姜信一、木村貴、山田良介訳（2021）『ベトナム戦争と韓国、そして1968』人文書院

8　軍事政権下の韓国では18時になると公共施設から国歌がスピーカーを通して流され、路上にいる人びとは皆立ち止まり国旗または国歌が聞こえてくる方向に向けて礼を示さないとならなかった。

9　南ソウル開発計画：朝鮮戦争の廃墟から脱しソウルに移住する人が急増し、政府

は1963年、田畑だった漢河（ハンガン）の南側をソウルに編入合併。区画整理という名目で庶民から土地を奪う一方、ソウル市関係者は与党の資金で土地を安値で買い上げた。70年に「南ソウル開発計画」を市が発表。免税措置で江南移住を促進したことも相まって地価は1年で20倍以上に暴騰した。

10 『ソウル都市計画物語3：ソウル激動の50年と私の証言』（ハヌル、2003：107-116）

11 「♪川は流れていく。江南漢江橋にて」から始まる歌謡曲で、当時の有名な歌手ヘ・ウニが歌った。

12 ここは、韓国はソウルの社会的かつ空間的格差を比喩している。今でも江南（カンナム）と江北（カンブク）の経済格差は大きく、教育や文化施設等も南に集まっていることが多い。名門高校が江南に移転したこともあり、江南は文化や教育でも中心となった。

13 死者が500名を越し負傷者は900名以上を出した大惨事となった事件であった。

【参考文献】

アジア経済研究所（1995）『発展途上国の都市化と貧困層』

秋月望監修（2015）『韓国映画で学ぶ韓国の社会と歴史』キネマ旬報社

キム・ボラ（聞き手・構成：桑畑優香）（2020）『ユリイカ 詩と批評』（第52巻第6号）青土社、2020

京城帝国大学衛生調査部編（1942）『土幕民の生活・衛生』岩波書店

（韓国語文献）

ソウル市政開発研究院（1996）『ソウル市住宅改良再開発沿革研究』

ソウル市政開発研究院·ソウル学研究所（2000）『ソウル、20世紀100年の写真記録』

ソウル市政開発研究院（2001）『ソウル20世紀空間変遷史』ソウル：ソウル市政開発研究院

河晟奎（2000）「住宅政策の評価と省察」、河晟奎他編『住宅、都市、公共性』ソウル：博英社

パク・ヤンホ（1998）『韓国都市論』博英社

第2章

韓国における居住貧困問題

『1番街の奇跡』
『シークレット・ミッション』
『パラサイト　半地下の家族』

松下 茉那

1．はじめに

「衣食住」は、人が生活を営むうえで最も重要な要素であり、生活の基本である。その中で住まいとは、人々の身を守り、睡眠や休息を取る場所を指す。しかし、日本を含め世界には、基本的な住居環境が整っていない場所での生活を余儀なくされている人々が存在している。

隣国韓国においては、高層マンションが立ち並ぶ一方で、「住まい」として適切ではないところで生活している低所得者層がいる。本章では、韓国における居住貧困に着目し、代表的な居住地の登場背景と、現在の人々が置かれている状況および課題について３本の映画より紹介する。

まず１本目は、かつての代表的な居住貧困地域であったタルトンネ[1]を舞台とした作品である。２本目は、現在の低所得者層の代表的な居住地である屋上住宅に住む若者が、貧しいながらも地域の人々と助け合いながら生活をする様子が描かれている。３本目は、屋上住宅同様に、現在の低所得者層の代表的な居住地である地下住宅に住む人々と、富裕層で豪邸に住む人々とを比較しながら、韓国社会における格差問題を描いている。

それでは、まず日本では目にすることがあまりない屋上住宅や地下住宅が、韓国社会に登場した経緯を見ていこう。

2．韓国における居住貧困層の住宅

1）屋上住宅の登場背景と現在

韓国においては、特に1960年代以降、バラック小屋集落等が都市における貧困層の受け皿となり、代表的な居住地であった。現在、バラック小屋集落の多くは再開発により姿を消し、地・屋・考[2]（地下住宅・屋上住宅・考試院[3]）が代表的な住まいとなった。こうした貧困層の住まいは、現在は、低所得者層の住居地としての役割を担う一方、法的、制度的に死角地帯となり様々な課題を抱えている。

まずは、屋上住宅についてみていこう。屋上住宅とは、低層住宅の屋上にある倉庫等を不法に増改築した住まいのことであり、公式的な定義は存在していない（キムソンテ・コンヨンサン、2020）。また屋上住宅は、屋上の遊休空間を活用するために仮の建物として造成されたため、低価格な資材が使われ、断熱性能が低く火災に対して脆弱な住居環境となっている。このように不法建築であり、かつ脆弱な住環境である屋上住宅は、安価な賃貸料につながり、低所得者層の居住空間として位置づけられるようになった。加えて、このような物理的・社会的特性により、屋上住宅は「最低限の住居基準に達しない劣悪な住宅」や「低所得層の住居空間」として人々に認識されるようになった（ゴジェ

図1　屋上住宅がある低層住宅　出所：筆者撮影

図２　屋上住宅とその後ろにそびえる高層ビル　出所：筆者撮影

ボム、2014）。

屋上住宅は、1970年代に登場したとされ、韓国の都市化にともなう住宅不足、そして住宅構造の変化が影響を与えたといわれている。以下、屋上住宅の登場背景についてみていこう。

登場の契機は、1953年に朝鮮戦争が休戦し、ソウルに避難民が押し寄せ、ソウル市の人口が急増したことである。そのためソウル市は、住宅不足という課題を抱えるようになった（金哲弘、1985）。加えて1960年代からは、政府主導で大都市や工場団地に産業基盤を築き、そこへ農村地域から豊富な労働力を誘導し、経済成長を促すようになる。これにより、都市化と産業化が進み、多くの人々が農村や地方から都市へ流入していった。実際、1960年から1990年までの30年間において、ソウルへの人口流入は年間28万人のペースで続いたといわれている（金秀顕、2016）。

1970年代になると、住宅不足解消のために大規模な都市開発が実施されるようになる。その結果、賃貸住宅が増加し、１世帯で居住していた一戸建て住宅に複数世帯が居住するようになり、１階部分を２世帯に貸したり地下の部屋を居住空間として活用したりするようになった。例えば、既存の住宅の非住居用である倉庫やボイラー室などを住居空間に改造し貸家として使用することがあった。新築の住宅では、建設時から複数世帯が居住できるよう設計されるようになった。特にソウル市においては、住居地の拡張および大規模な一戸建て住宅地が開発された時期であったことから、複数世帯が居住可能な一戸建て住宅の供給が多数行われたといわれている（ゴジェボム、2014）。さらに、1970年代以降、それまでの木造住宅の傾斜がある屋根構造から鉄筋コンクリートの傾斜のない平らな屋根構造が本格的に登場し、その後急速に普及していった。このような流れのなかで非居住部分である屋上の遊休空間を居住用途に転換する強い需要が生まれ、屋上住宅が登場したのである。

特に屋上住宅の普及を促進した最大の要因は、前述した複数世帯住宅の制度化といわれている。1984年に政府が「多世帯住宅」の制度を導入し、政府が一戸建て住宅での複数世帯居住を許容したことにより、住宅所有者は住宅の一部分を賃貸や分譲することが可能となった。この制度化の背景には、当時の住宅不足問題に対して新たな住宅を建設せずに既存の住宅で解決させようという政府の意図があった。こうした政府の意図に加え、住宅所有者による利益の最大化が相まって、1980年代中盤から屋上住宅は急速に普及していったのである（ゴジェボム、2014）。

それでは、屋上住宅の登場後約50年が経過した現在、屋上住宅の実態はどうなっているのだろうか。屋上住宅の実態調査を報告したチェほか（2022）によると、2020年現在、屋上住宅には、6.6万世帯が居住しており、2005年の5.1万世帯から微増しているという。そして、屋上住宅の特徴は、単身世帯の割合が大きいことだとし、そのなかでも学生や若者が多く住んでいることから、代表的な若者の住宅問題として取り挙げられている。

それでは、屋上住宅が抱えている課題とは、どのようなものがあるのだろうか。大きく４つある。

１つ目は、入居者が法的な保護の対象外になる可能性である。韓国では賃貸契約時、入居者が住宅所有者にある程度まとまった金額の保証金（退去時に返金される）を預けることになっている。例えば、ソウル市のホームページによると、毎月家賃を支払う契約であれば、保証金の金額は、家賃の約10～20倍であると紹介されている。韓国特有の伝貰契約[4]の場合は、住宅価格の約60～80％が保証金の金額となる（金鉉善、2018）。どちらの契約方法であっても、保証金は決して少ない金額ではないため、入居者が退去時に保証金を受け取れるよう住宅賃貸借保護法が定められている。しかし、屋上住宅に入居すると、この法律の対象外になる場合がある。この法律の対象になるためには、入居者が公的に登録している住所と実際の居住地が同一でなければならない。だが、屋上住宅の多くは、不法建築のため入居者が転入届を行政に提出しても受理されない場合があるという。本来であれば、賃貸住宅が他の人に譲渡されたり売却されたりしても、賃貸契約期間中は居住でき、また契約期間満了後は保証金全額を受け取るまで継続して居住することが可能であるが、転入届が出ていない場合は対象外になる（キムソンテ・コンヨンサン、2020）。つまり、不法建築である屋上住宅に居住すると、契約期間内の住居の保障や保証金の返金がなされない危険にさらされてしまう可能性がある。

２つ目は住宅の狭さである。屋上住宅の一般的な広さは、約20平米程度が多いとされている。これは、韓国の単身世帯の最低住居基準は満たしているが、２人以上の基準は満たしていない（ゴジェボム、2014）。

３つ目は、火災の危険性である。屋上住宅は、主に可燃性の資材によって簡易的に作られているため、火事発生時の危険性が指摘されている。また、屋上住宅がある多くの低・中層住宅が密集する地域では、道路が狭かったり、路上駐車していたりするため、消防車の到着が遅れるなど、迅速な消火活動が難しく、大規模な火事に発展する可能性がある。

４つ目は、転倒の危険性である。建物の１階から屋上住宅へつながる外階段の多くは、幅がとても狭く急勾配であり、特に高齢者層には転倒の危険と隣り合わせの状況である（ゴジェボム、2014）。

このように屋上住宅に居住している人々は、法的および物理的な住環境において不安定で危険な状態に置かれているのである。そのため、2004年にソウル市は、「建築物屋上の設計基準案」を作成し屋上住宅の削減を行おうとしたが、その後も屋上住宅は継続的に増加し、現在も屋上住宅は低所得者層の住まいとして機能している。

２）地下住宅の登場と現在

ここからは、地下住宅（半地下住宅を含む）についてみていこう。建築法の定義によると、地下住宅とは、地下を居室として利用する住宅となっている。

まず、韓国における地下空間は、1970年代以降に登場した一戸建て住宅のボイラー室からはじまる。イム（2011）によると、1972年までは、ソウルにある住宅の約90％が練炭や灯油床暖房を使用していたが、1977年にはその比率は約10％にまで減少し、代わりにガスや電気を使用するボイラー式床暖房が主流となったという。それに合わせてボイラー室が必要となり地下室が作られるようになった。さらに、1960年代後半からの緊迫した南北関係を背景に1970年、戦争勃発時の避難所として建築法に地下室設置の義務が付け加えられた。このようにして、1970年代以降に建設された一戸建て住宅には、ボイラー室や避難所のための地下室が設置されるようになったのである。

図３　学生街にある複数世帯が住む建物にある地下住宅

出所：筆者撮影

前述したとおり、1970年代の韓国は、産業化や都市化により人口が増加し住宅不足の状態にあった。そのため住宅の所有者たちは、急激な住宅需要と利益獲得のためボイラー室や避難所として設置した半地下や地下の空間を住居空間に転用し貸し始めたのである。また、建築法は、地下の住居利用を禁じていたが、時代の流れにより1975年に地下の住居利用が認められるようになった。加えて、屋上住宅同様、1984年に多世代住宅が制度化されたことにより、地下住宅は急速に増加していった（イムチャンボク、2011）。

地下住宅の実態調査を報告したチェほか（2022）によると、2020年現在、韓国全体で地下住宅には32.7万世帯（59.9万人）が住んでいるといわれ、2005年時点の58.7万世帯（114.3万人）から大幅な減少傾向をみせている。

また近年は、他の年代と比較して高齢者が多く居住していることがわかった。実際、2010年当時、地下住宅の居住者の年齢の比率は、20歳未満（20.2%）、45~49歳（10.0%）、25~29歳（9.7%）の順で多かったのに対し、2020年現在は、

55~59歳（10.2%）、60~64歳（9.9%）50~54歳（9.6%）の順であった。

それでは、現在韓国において約33万世帯が居住しているといわれる地下住宅は、どのような問題があるのだろうか。

まず１つ目は、浸水による被害である。2022年８月８日、韓国では、首都圏を中心に記録的な豪雨に見舞われ、地下住宅に住む多くの人々が浸水被害にあった。さらに、小学生とその母親、そして障害があった伯母の３人家族が、逃げ遅れて亡くなるという事態が発生した。大雨による犠牲はこれが初めてではない[5]。これまでも大雨が降るたびに、地下住宅に居住している人々は、安全や健康を脅かされ生命の危機にさらされてきたといわれている（ナムジヒョン・ジョヒウン、2022）。

２つ目は、不適切な住環境により生じる健康問題である。地下住宅は、構造上、日差しが当たりにくく、換気機能が低い。そのため、湿気、結露、カビの発生といった側面において脆弱である。このような状態は、居住者の身体的健康のみならず精神的健康にも悪影響を及ぼすといわれている（ジャンゴンヨン・リュドンウ、2018）。

このように屋上住宅と地下住宅は、歴史的な事情や韓国の産業化・都市化にともなう人口増加により、低価格な住居を求める低所得者層の住まいとして役割を果たしてきた。しかし、こうした住まいは、過去においても現在においても低所得者層が安心して持続的に住み続けられる住環境ではなかったのである。そして、こうした住宅が登場し十数年が経過した現在においても、人々は脆弱な住環境に置かれている。

３．映画から見る韓国の居住貧困層の住まい

１）『１番街の奇跡』

・監督：ユン・ジェギュン
・脚本：ユ・ソンヒョプ
・韓国公開年：2007年

・日本公開年：2008年
・主要キャスト
ピルジェ（イム・チャンジョン）、ミョンラン（ハ・ジウォン）、ミョンラン親子のボクシングコーチ（ジュ・ヒョン）、ミョンラン父（ジョン・ドゥホン）、イルドン（パク・チャンイク）、イスン（パク・ユソン）
※本作品は、2007年映画公開時、韓国において観客動員数約260万人超え、コメディ映画で空前のヒットを記録した。

本作品は、再開発が決定しているソウルの貧困層が居住する地域（タルトンネ）で繰り広げられる生活をとおして、人々の喜び、怒り、苦痛を伝えるコメディ要素を含むヒューマンドラマである。主要な登場人物は、タルトンネに住み、寝たきりの父親と幼い弟の世話をしながら日雇い労働で家計を支え、チャンピオンを目指すボクサーのミョンランと、タルトンネの住民から立ち退きの同意書にサインをもらうため外部から送り込まれてきた裏組織の一員であるピルジェの２人である。

実家では建設関連の公務員だと思われているピルジェは、部下とともにソウルのタルトンネ地域へ車で向かう。もう少しで到着というところで、ピルジェたちの車の前をリアカーを引きながら歩いていたタルトンネの住人のおじいさんが、倒れてしまい、ピルジェたちは病院へ連れていく。おじいさんは、リアカーを引きながら古紙を集め、それを換金して生活していた。これは、現在のソウルでも時々目にする光景である。

その後、タルトンネに到着したピルジェは、タルトンネの様子をみてこんな地域があったのかと驚きを隠せない。タルトンネにある家々は、バラック小屋でトイレもない。そのため住民たちは、地域の広場にある照明も鍵もない和式の汲み取り式トイレ１つをみんなで使用している。

ピルジェは、さっそく住民たちに立ち退きの同意書にサインするよう促すが、うまくいかない。ピルジェが病院に連れて行ったおじいさんの家には、幼い２

人の孫がおり、ピルジェは、その子どもたちに立ち退き同意書をおじいさんの手術の同意書だと説明しサインをさせる。ピルジェは、手段を選ばず１世帯でも多くの家から立ち退き同意書にサインをさせようとし、立ち退いた後の住民の生活には関心を持っていなかった。

ピルジェは、全世帯分の同意書を得るまでこの地域で寝泊まりをすることとなる。ある日、ピルジェが外の水道で洗髪していると急に水が出なくなる。ピルジェは、「まともなことが１つもない地域だ」と言いながら、水道局に電話をする。すると担当者が「立ち退き予定地なので断水している。特殊な地域なので理解してください」と話す。ピルジェは、「韓国で水道水が出ないところがどこにあるんだ。俺たちに死ねということか」と言い、担当者に自分はテレビ局のニュース記者だから１時間以内に断水を解除しなければどうなるかわかっているか、と脅迫する。そして、水が出るようになる。ほかにも、ピルジェは、インターネット契約をしようとするが、この地域では契約ができないと言われ同様に脅迫し、インターネット環境を整備させる。それをみた地域の子どもたちは、「おじさんが来てから水道もインターネットも使えるようになった」と喜ぶ。この場面では、人々の生活に重要なライフラインである水道やインターネットが、立ち退き予定の貧民街という理由であっさりと切り捨てられる社会の残酷さが示されている。

そして、立ち退き同意書にサインをもらうためピルジェはミョンランの家を訪れる。それを見た近隣住民が、ミョンランを守ろうと家に入ってくる。こうしたシーンでは、現在の無縁社会とは異なり、近隣住民同士が貧しいながらも支え合い助け合って生活している様子が描かれている。

ひょんなことからピルジェとミョンランは、一緒にラーメンを食べる。そこでピルジェは、「１円でも多くくれる時に、撤去に同意したほうがいいだろ。国は貧民を助けないんだから。それに貧しい人たちは貧しい人たち同士で一緒にいても発展がない」とタルトンネの住民たちを軽視した発言をする。

大雨が降ったある日、ピルジェは、近隣住民の雨漏り修理を手伝っていた。ミョンランも、自分の家の雨漏り修理をしていて、修理後２人は一緒にお酒を飲む。そこで、ピルジェが「ボクシングで殴られても痛くないのか」とミョンランに聞くと、ミョンランは「痛くないですよ。それよりももっと痛いものがあります」と答える。

そして冒頭のシーンで病院に担ぎ込まれたおじいさんは、がんだと診断され、孫たちは、がんにはトマトが効くというのを知り、おじいさんにトマトを食べさせたいと思う。しかし、子どもたちはお金がないため、八百屋の棚から落ちてきたトマトをこっそり持って帰ろうとする。だが、八百屋の店主に見つかり警察に突き出されそうになる。そこにピルジェが現れ子どもたちはトマトを箱ごと持って帰るが、その道中、いじめっ子たちにみつかる。いじめっ子たちは、子どもたちが貧しいという理由で子どもたちの体にトマトを投げつけ、子どもたちはなすすべがなく泣きながら必死に耐える。ここでは、貧困という目の前が真っ暗になるような状況や人々が味わう屈辱を表していると考えられる。タルトンネに戻ったトマトまみれの子どもたちをみたピルジェは、子どもたちの着替えを手伝う。

突然そこに、ピルジェの上司が現れる。ピルジェは、自分よりも手段を選ばない上司が来たことに危機感を覚えミョンランの家に行き、ミョンランに状況を説明しサインをするように話す。そこに、ピルジェの上司が来て、ミョンランに無理やりサインをさせる。その後もピルジェの上司は、同意をしていなかった住民たちに強制的にサインをさせていく。その状況のなか、１人の住民が「私はただ雨露がしのげる家が必要なだけなのに。次生まれ変わるなら、いっそのこと動物がいいわ」と言いながら焼身自殺を図る。それをみたピルジェは責任感と罪悪感を感じ、この地域から離れる決心をする。

その翌日から、ピルジェの上司たちは、多くの暴力団員を引き連れ強制撤去をし始める。がんを患っていたおじいさん一家では、退院したおじいさんと孫２人が食事をし、おじいさんが孫にこれから勉強を頑張っていこうと話した直後、希望が壊されるかのように重機が家の中に入ってくる。重機や暴力団により家が破壊され、それに対抗する住民と暴力団が衝突するという悲惨な状況になる。その状況を見て悲しんでいる子どもたちにピルジェは、家を壊せば新しい家をくれるんだから悲しいことではない、と話す。時は流れ、ミョンランはついにチャンピオンになり、ピルジェはミョンランのマネージャーとなる。そして、ミョンランにはスポンサーもつき、２人は幸せに暮らしていくのである。

本作品は、再開発による強制撤去の様子、貧困層の苦しみや悲しみを表しながら、貧しいながらも助け合う姿が描かれた映画である。

２）『シークレット・ミッション』

・監督：チャン・チョルス
・脚本：キム・バンヒュン、ユン・ホンギ
・原作者：フン
・主演：キム・スヒョン
・韓国公開年：2013年
・日本公開年：2014年
・主要キャスト：ウォン・リュファン（キム・スヒョン）、リ・ヘラン（パク・ギウン）、リ・ヘジン（イ・ヒョヌ）、キム・テウォン（ソン・ヒョンジュ）、チョン・スニム（パク・ヘスク）、ソ・サング（コ・チャンソク）、ソ・スヒョク（キム・ソンギュン）

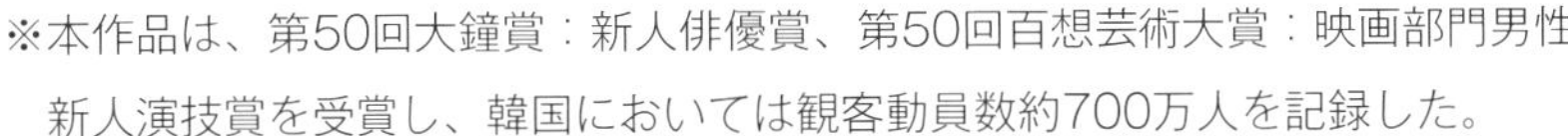
※本作品は、第50回大鐘賞：新人俳優賞、第50回百想芸術大賞：映画部門男性新人演技賞を受賞し、韓国においては観客動員数約700万人を記録した。

本作品は、北朝鮮のエリート軍人が、韓国のタルトンネにスパイとして潜伏しつつ極秘任務を遂行するというアクションとコメディで構成された映画である。居住貧困地域という観点からは、前述した屋上住宅の様子や、貧しいながらも互いを気にかけ支え合う住民たちの様子が窺える作品である。

主人公であるウォン・リュファン（以下、リュファン）は、北朝鮮から韓国に送り込まれてきた特殊秘密部隊の一員で、タルトンネにある商店にて住み込みで働いている。住んでいる場所は、商店の屋上住宅である。彼の任務は、重大な作戦実行のため、周囲からスパイと疑われないよう「地域のばかな青年」を演じることである。

韓国に来てから２年間、リュファンは「ドング」と名乗り、自身の任務である「ばかな青年」を真摯に演じ近所の子どもたちにもばかにされる日々を過ごしている。彼が働いている商店は、彼の母親と同年代のチョン・スニム（以下、スニム）が営んでいる。この家には、スニムの息子も一緒に暮らしており、スニムはリュファンに２番目の息子のように接している。

地域には、リュファン以外にも郵便配達員に扮する別のスパイが存在し、ときどきお互いの安否確認を行っている。ある日、リュファンは舗装されていないがたがたの坂道を上り、宅配の配達に近所の複数世帯住宅を訪れる。そこには、新しく入居してきた北朝鮮のスパイであるリ・ヘラン（以下、ヘラン）がいた。このシーンでは、複数世帯住宅の賃貸人である資産家のおじさんと入居者たちとの間で次のような会話がある。入居者の１人が、おじさんに「ボイラーを切ったでしょう？　温かいお湯がでないじゃない！」と文句を言い、おじさんはそれに対して「まだ暑いからそのほうが健康にいい」と答える。入居者は「本当にケチなんだから」と言いながらも、おじさんからもらった卵をほおばる。そして、おじさんは、新しい入居者に「みんなに一言あいさつをしたらどうだ」と声をかける。本作品では、富ある者と貧しい者が同じ家に住み、時に文句を言いつつも家族のような関係を構築している様子を表している。また、近所の子どもが行方不明になった時は、近所の人々総出で捜索する場面もある。

さらに、リュファンのもとには、新たなスパイ、リ・ヘジン（以下、ヘジン）がくる。場面が変わり、スニムが資産家のおじいさんの家で近所の人々にサムゲタンをふるまう様子が映し出され、みんなで平和な時間を過ごす。ヘランとヘジンは、リュファンが地域の人たちと打ち解け合っていることと、地域の人たちの温かさに触れ戸惑いを見せるが、ヘランとヘジンも地域の人たちとつかの間の穏やかな時間を過ごす。

ところが、北朝鮮内部の分裂により特殊秘密部隊は解体され韓国国内にいるスパイは全員自決をするよう命じられる。リュファンとヘランとヘジン以外のスパイは全員自決し韓国には３人だけが残る。そこへ北朝鮮からリュファンの上司が韓国に来て直接３人を始末しようとする。

命の危険を感じたリュファンは、スニムに別れを告げる。すると、彼女は一冊の通帳を手渡す。スニムはそれまでリュファンに給料の一部を渡し、残りは貯金していたのである。通帳には、はじめは「ドングの給料」と記帳されていたのが、「次男ドング」に変わり、「息子の結婚資金」となっていた。スニムは、リュファンを息子同然に思っていたのである。

近所の人たちから愛されていたリュファンは、ヘランとヘジンとともに北朝鮮から来た上司と戦い、最後は3人とも息絶えてしまう。本作品でも、1つ目の作品『1番街の奇跡』同様に、貧しい人々が互いを気にかけ合い生活する情に溢れた姿が描かれている。

3)『パラサイト　半地下の家族』

・監督：ポン・ジュノ
・脚本：ポン・ジュノ、ハン・ジンウォン
・主演：ソン・ガンホ、チェ・ウシク、パク・ソダム、チャン・ヘジン
・韓国公開年：2019年
・日本公開年：2020年
・主要キャスト：キム・ギテク（ソン・ガンホ）、キム・ギウ（チェ・ウシク）、キム・ギジョン（パク・ソダム）、キム・チュンスク（チャン・ヘジン）、パク・ドンイク（イ・ソンギュン）、パク・ヨンギョ（チョ・ヨジョン）、パク・ダヘ（チョン・ジソ）、パク・ダソン（チョン・ヒョンジュン）、ムングァン（イ・ジョンウン）
※本作品は、第72回カンヌ国際映画祭の最高賞パルムドールを審査員満場一致で受賞した。韓国映画では、これまで同賞を受賞した映画はなく歴史的快挙と言われた。さらに、第92回アカデミー賞では6部門にノミネートされ、作品賞、監督賞、脚本賞、国際長編映画賞の最多4部門を受賞し、話題となった。韓国においては、観客動員数1,000万人を超え、日本では約300万人を超えるほど人気を博した。

本作品は、半地下住宅に住む貧しい家族と、豪邸に住む富裕層の家族、そして豪邸の地下室に住んでいる貧しい家族が登場し、貧しい人々が富者に寄生して生活する話である。資本主義社会の中で成功を収めている富める者と3タイプの貧しき者で構成されている。具体的には、貧しい環境ながらも状況を打破しようともがく者、現在の状況から打破することを諦めつつある者、資本主義の成功者をリスペクトする者である。貧しい人同士が助け合って生き、人々の温かさを演出していた上記の２作品とは異なり、富裕層と貧困層の間にはっきりと線を引いて階級社会を描き、加えて貧者同士が闘い合う姿を見せる。

映画は、窓から外を見上げると家の前を通る人々の足元が見える半地下の部屋から始まる。父キム・ギテク（以下、ギテク）は事業に失敗し失業中、息子のギウは大学受験に失敗し続け浪人中、娘のギジョンは美大進学を希望しているが予備校に通うお金がなくニート、母のチュンスクは、ハンマー投げの元メダリストで主婦である。キム一家は、誰も就労していない状態で時々宅配のピザの箱を折る内職をして生計をたてている。携帯料金を支払えず、家に Wi-Fi を設置するお金もない。外では害虫駆除のための煙の消毒剤がまかれ、ギテクは最近部屋に虫が多いから、無料で駆除してもらおう、と窓を開け、部屋の中に煙が充満する。

ポン・ジュノ監督は、雑誌『WIRED』のインタビューで「半地下の家は、韓国人にとってはいろいろな思いが込められた、肉体的な感覚や記憶を伴う空間だと思う。一家の父親が、絶えず希望と不安を同時に心に抱えている、そんな心情にも適切な場所だった」（宮田、2020）と語っている。監督が言う「感覚」には、においが含まれている。地下住宅では、部屋の中に洗濯物を干すことを余儀なくされるが、家の構造上、洗濯物は何日も乾かず、衣服から臭いがしてしまうのである。本作品において「におい」は、貧者と富者の間にある線を意識させる重要なキーワードとなっている。

ある日、ギウは、名門大学に通う友人からIT企業の社長パク・ドンイク（以下、ドンイク）の子どもの家庭教師をしてくれないかと頼まれる。そして、ギウは証明書を偽造し、名門大学の学生としてドンイクの娘ダへの家庭教師となる。

ここから、キム一家は次々とパク一家を騙し、最終的には全員がパク一家に雇われるようになる。まず、ギウはギジョンをドンイクの息子ダソンの美術の家庭教師にする。次に、ギジョンは父のギテクをドンイクの運転手にさせる。最後には、パク一家の家政婦のムングァンを辞めさせ母のチュンスクが新たな家政婦になる。そしてついに、パク一家にキム家族全員が就職する。

ところが、息子ダソンが、ギテクとチュンスク、ギジョンから同じにおいがすると言い始める。家に帰った４人は、洗剤や柔軟剤を１人ひとり変えないといけないのではないか、と話し合うが、ギジョンが「洗剤や柔軟剤が問題じゃなく、半地下の臭いだよ。この家から出ていかない限り解決しない」と言う。

ある日、パク一家が留守の間、キム一家は自分たちの家のようにパク家でくつろぐ。そして、ひょんなことからキム一家は、パク一家の豪邸の地下にムングァンの夫が住んでいることを知る。ムングァンの夫は、４年前に事業に失敗し借金を抱え借金取りから逃げるために、この地下室に住み始めたのである。そして同時に、ムングァンに、ギテク、ギジョン、ギウ、チュンスクが家族であることがばれ、キム一家は窮地に追い込まれる。

さらに、出掛けたパク一家が突然帰ってくるという連絡が入り、キム一家は、隙を見てムングァンとムングァンの夫を再び地下に追いやり、大慌てで家のなかを片づける。そして、ギテクはムングァンの夫と会話し、地下に住むムングァンの夫は半地下に住む自分たちよりも貧しく、劣悪な環境に住んでいると考える。それに対して、ムングァンの夫は、「住めば都だ。それに半地下に住んでいる人を合わせたら、地下に住んでいる人はたくさんいる」と話す。ここでは、半地下住宅は地下と地上の住宅との境界線でもあり、一歩足を踏み外せば地下住宅に住むことにもなる可能性を示している。

パク一家の帰宅前に、家から出られなかったキム一家は、ドンイクがギテクの臭いについてドンイクの妻ヨンギョンに話すところを聞いてしまう。ドンイクは、「キム運転手は、言動が一線を越えそうになるが、絶対に（こちら側の）線には入ってこない。それがいい。でも、臭いが線を越してくる。何とも言えない臭いがする」と言い、ドンイクを親切な人だ、と言っていたギテクは、何とも言えない気持ちになる。

なんとか豪邸から逃げだしたギテクとギジョンとギウは、大雨のなか傘も差さずに、自分の家がある下の方の地域へ下りていく。キム家がある地域は、洪水で水に浸かっており半地下の住居は、浸水しており、水位が肩まであった。

翌日、豪雨の影響をまったく受けていないパク一家は、パーティを開く。そこへキム一家も招待される。ギテクは、ドンイクからインディアンが好きなダソンのためにドンイクとともにインディアンの格好をしてほしいと頼まれる。

その時ギテクが、「社長も大変ですね。でも、奥様を愛していらっしゃるんでしょう？　それでは仕方がないですよね」と話すと、ドンイクは表情を強張らせて、「今日はもともと勤務日ですよね。運転ではないですが、仕事の一環だと思ってください」と冷たく言い放つ。このシーンは、貧困層であっても富裕層であっても、夫という共通の役割をもち、社会階層を超えて共感し合おうというギテクの思いに対し、ドンイクが一線を引いて拒絶するという、現代社会の雰囲気を示している。

パーティが開催されるなか、ムングァンの夫が、ギジョンに包丁で襲い掛かる。ギジョンの後ろにいたダソンはショックで気を失う。そこに、チュンスクがハンマーでムングァンの夫を攻撃する。ギテクはギジョンに駆け寄り周りに助けを求めようとするが、人々は逃げまどい誰も助けてくれない。ダソンを病院に運ぼうとするドンイクは、ギテクに「キム運転手、何をしている。早く車の鍵を渡せ」と叫ぶ。ギテクは鍵をドンイクに投げるが、鍵が落ちたところに、チュンスクに攻撃されたムングァンの夫が倒れる。ドンイクが、その鍵をとるためムングァンの夫に近づくが、ムングァンの夫から放たれる臭いにドンイクは顔をゆがめ鼻をつまみながら鍵を拾う。それを見たギテクは、とっさにドンイクを包丁で刺し、そのまま現場から逃走する。

１か月後、ギウは病院で目を覚ます。ギウとチュンスクは、幸い執行猶予になり半地下住宅に戻る。さらに月日が経ったある日、ギウは山に登り豪邸を見つめている。そこで、ギウはギテクからのモールス信号に気づく。ギテクが現場から逃走した後、豪邸の地下室に隠れたと考えたギウは、以前と同じ半地下の家で、大金を稼ぎ豪邸を買うという計画を立てる。そして、豪邸に引っ越しをした日に、ギテクが地下室から上がってくる様子を想像して、映画は終わる。

本作品は、全体をとおして、社会に存在する階級社会を表している。貧困層である半地下住宅に住むキム一家は、自分たちの家から坂を上ったところにあるパク一家の大豪邸に続く階段や坂道を上がったり下がったりする。家のリビングから見える景色もまったく異なる。キム一家の家の窓からは、道路を歩いている人々の足元が見える。そして、部屋のなかには、虫がいて、道路とほぼ同じ高さの窓は、外から家の中が丸見えでありプライバシーも守られていない。一方のパク一家のリビングには開放的なガラス張りの窓があり、そこから素敵な庭園を眺めることができる。外部との接触はないし、プライバシーも守られ、家でゆっくり休むことができるのである。

４．おわりに

３つの映画に出てくる低所得者層の人々に共通していることは、生計を維持するためひたむきに働いたり、働く機会を得ようと努力したりしていることである。１つ目の『１番街の奇跡』のミョンランは、早くに母を亡くし１人親家庭で育ち、現在は寝たきりの父と幼い弟との生活を守るため、日雇い労働に勤しんでいる。２つ目の『シークレット・ミッション』でも、登場する地域の人々はそれぞれに事情を抱えながらも、どうにか踏ん張り日々を過ごしている。３つ目の『パラサイト』では、無職のギテクと、借金取りに追われ地下に隠れているムングァンの夫は、事業に失敗するまでは社会の労働力として寄与していたのである。

すなわち、これらの映画は、本人の意志とはかかわらず様々な事情により働けなくなったり、働くことに制限があったりする人々に対するセーフティネットの欠如と、差別や偏見について疑問を投げかけているのである。さらに、『パラサイト』では、富者の生活の成立には、それを支えてくれている誰かの労働力があることを再確認させる意図がある。つまり、貧者が富者へ寄生しているだけではなく、富者も貧者の労働力に寄生しているということを社会に訴えかけているのではないだろうか。

【注】

1　「タルトンネ」とは、「月に近い」「月を仰ぎみられる」という意味で直訳すると「月の街」である。都市化に伴い低所得者層が都市の平地に住むことが困難になり山や丘の上に形成した貧民街のことを指す。「山の街」を意味する「サントンネ」とも呼ばれていた。1980年代には、タルトンネがテレビドラマのタイトルに使われるようになり、貧民街を指す呼称として定着した。タルトンネと呼ばれる集落は、公有地等に無許可で建てられた家が多く、建築基準を満たしていない掘っ立て小屋が多かった（轟、2013）。

2　地下住宅、屋上住宅、考試院の頭文字を取った「地、屋、考」は、韓国語の地獄苦と同じ発音であり、現在の住居貧困を象徴する新造語である（チェウニョン・グヒョンヌ、2020；イヘミ、2022）。

3　考試院とは、もともと公務員試験等を受験する受験生が、試験準備をするために寝泊まりするベッドと机だけがある小さな部屋であったが、現在は低価格な住居として機能している。考試院は、台所が共用のところが多く、トイレやシャワーは共用のところもあれば、個人の部屋に設けられているところもある（リュジョンスン、2009）。

4　住宅価格の約60～80％の保証金を支払い、毎月の支払いは管理費用程度で済む契約方法のことである。

5　2001年には、首都圏を襲った集中豪雨により19名の半地下住宅に居住していた人々が犠牲となった（ナムジヒョン・ジョヒウン、2022）。

【参考文献】

イヘミ（2020）『搾取都市、ソウル：あなたが知らない都市の迷宮を探索』グルハンアリ（伊東順子訳（2022）『搾取都市、ソウル：韓国最底辺住宅街の人びと』筑摩書房）

金哲弘（1985）「ソウル市の土地区画整理施行地区の市街地形態の変遷と今後の課題」『昭和60年度第20回日本都市計画学会学術研究論文集』（3）、313-318

金秀顕（2016）「韓国の住宅政策と居住福祉政策」『包摂都市を構想する東アジアにおける実践』法律文化社

金鉉善（2018）「韓国の伝貰権における法律上の内容：債権的伝貰との比較を中心に」『広島法学』41（4）、53-66

轟博志（2013）「韓国におけるタルトンネの価値転換と観光資源化：ダークツーリズム『第三の波』」『立命館大学人文科学研究所紀要』102、3-36

宮田文久（2020）「ぼくは網を抜ける魚になりたい：ポン・ジュノが語る『パラサイト 半地下の家族』の深奥」『WIRED』
https://wired.jp/2020/01/18/bong-joon-ho-interview/#galleryimage_535954-3763_1（最終閲覧日2023年2月23日）

（韓国語文献）

イム・チャンボク（2011）『韓国の住宅、その類型と歴史』ドルベゲ

キム・ソンテ、コン・ヨンサン（2020）「都市貧困住居地としての複数世帯住宅の形成と変化：冠岳区奉天洞一帯の若者世帯事例を中心として」『韓国都市設計学会誌』21（2）、25-40

ゴ・ジェボム（2014）『ソウルの疎外された生活の場、屋上住宅の現在と未来』ソウ

ル研究院
ジャン・ゴンヨン、リュ・ドンウ（2018）「複数世帯住宅、半地下世帯の住居環境分析」『大韓建築学会論文集構造系』3（2）、83-90
チェ・ウニョン、グ・ヒョンモ（2020）「映画パラサイト半地下の家族がもたらした地下住居の実態と政策的示唆」『国土イシューレポート』国土研究院
チェ・ウニョン、ホン・ジョンフン、ユン・ソヒ（2022）「ジオクゴ（地屋考）居住実態深層分析報告書：2020年人口住宅総調査マイクロデータ分析結果を中心に」韓国都市研究所・KBS
ナム・ジヒョン、ジョ・ヒウン（2022）『半地下住居の居住環境改善方案』京畿研究院
リュ・ジョンスン（2009）「考試院、PCバン、チムジルバン、漫画喫茶居住者の生活実態調査」『創立8周年記念論文集』4-45

ソウル市ホームページ https://japanese.seoul.go.kr/（最終閲覧日2023年2月23日）

第3章

伝統と現代に揺らぐ中国民衆たちの都市化

『大地と白い雲』
『春江水暖』

閻 和平

1．はじめに

21世紀に入って、中国経済が大きく躍進した。その要因の1つが都市化の進行である。1978年の中国の人口都市化率は17.92％に留まり、市街地総面積はわずかに7,000㎢ほどに過ぎなかった。2020年になると、常住人口[1]で測った都市化率が63.89％に高まり、市街地総面積は60,000㎢を超えた。この間、中国の1人当たり国民所得が1978年の200ドル未満から2020年の10,434ドルに増えた。都市化は中国が低所得国から中所得国に成長する原動力であった。

経済発展の観点で都市化を捉える場合、都市化は農村人口が都市人口に変わる人口変動を表す一指標である。この指標は、老若男女問わず人口1人が農村から都市に移住すれば、都市化が進んだという結果が不変である。都市化率は社会経済の動きを統計的に捉え、分析するための指標として無機質だが、客観的である。一方、視点を民衆たちに変えて都市化をみた時、農村から都市に移住するか否か、言い換えれば「都市化」するかどうかは極めて葛藤に満ちた難しい決断である。その上、葛藤は移住決断時に止まらず、都市に移住後も生活様式・価値観の変化をめぐって続く。それが民衆たちの「都市化」である。

都市移住つまり都市化をめぐって葛藤が生じる原因は農村と都市が性質のまったく異なる地域だからである。

農村は、長い年月の中で集落を中心にほぼ固まったメンバーからなる血縁や地縁などが織り込まれた生活共同体である。それを背景に、農村ではしきたりや価値観といった伝統が重んじられている。かくして農村は一般的に同質的で保守的地域だとみられている。

農村の対比線上にあるのが都市である。都市には農村とまったく対照的な次の特徴がある。まずは、人口の流動性である。人口の流出入が都市に異質性や価値観の多様性などをもたらす。現代の言葉でいうダイバーシティである。都市は製造業・サービス業の中心地である。農業は人間と自然とのかかわりの中で行われるが、製造業やサービス業は分業に基づいて人間関係の中で展開される。現在農業もかなり分業的になったが、人間同士の依存関係において製造業やサービス業ほど濃密的なものではない。生産性は落ちるが、極端にいうと、農村では１人でも自給自足で生きていけるが、都市では他人と関係を持たずに生きることは不可能である。都市のもう１つの特徴は先進性である。文化、芸術はもとより生活様式や価値観も常にアップデートされている[2]。

農村から伝統と生活様式が異なる都市への移住をめぐる葛藤は決して善悪ということではない[3]。また、単純にリスクとリターンの打算でもない。農村から都市への移住をめぐる葛藤は民衆たちの生き様の顕れである。本章はこのような都市化をめぐる民衆たちの葛藤を物語る２つの映画作品を取り挙げる。

『大地と白い雲』は都市移住決断をめぐって内モンゴルの草原に暮らす一組の若き夫婦の間に気持ちのすれ違いが生じて展開された仲違いを描いた映画作品である。現代的生活様式と伝統的な生活様式はしばしばバッティングする。それに対して抗うのか、近代化の波にのるのかは、コミュニティの住人たちの間で対応が分かれる。

『春江水暖』は映画監督顧暁剛の初の長編映画である。映画の舞台は三国史時代から歴史が続いている風光明媚な監督自身の故郷である。その故郷が農村地域から大都市の一部に編入され、都市化に伴って緊密な家族関係が希薄になり、高齢者介護、結婚、さらに街並みや環境などの一連の激動を描出した映画である。

両作品は共通して都市化をめぐって伝統と現在に揺らぐ民衆たちの姿をあぶりだそうとしていた[4]。都市化は世界共通の現象ではあるが、その進行はそれぞれの国の制度・政策に規制され、強く影響を受けて独特の様相を呈している。中国の都市化も然りである。そこで、作品分析に入る前に、まず、映画の中で起きた出来事の関連制度・政策背景を掘り下げることにする。

2．中国の都市化と民衆たち

1）城里人と郷下人

中国では都市のことを城市と言い、城市の多くがかつて城壁に囲まれていた。城市とは城壁に囲まれたエリアを指す。都市に行くことを進城（都市に入る）と表現していた。こうして昔は都市と農村ははっきりした境界があった。しかし、それは地理的・空間的区別であり、都市に住む人と農村に住む人との間に社会的身分の違いはなかった。

しかし、1958年に「中華人民共和国戸籍登記条例」が制定されて、都市と農村は居住地であるとともに、居住地ごとに所属する社会も区分されて社会的身分の代名詞ともなった。皮肉なことに、それまでにあった都市と農村を空間的に隔てていた城壁が次々と取り壊されたが、制度による新たな社会的分離が創りだされた。

計画経済体制では、中国は製造業の従事者・都市に住む人々を優先する政策を取った。都市で非農業の仕事に従事する人々に都市戸籍を与え、給与をはじめ、労災、健康保険など、ゆりかごから墓場までの福祉を保障していた。一方、農業に従事する人は農業戸籍と定められ、福祉はほとんどないどころか、食糧まで自給自足しなければならず、生活は不安定で貧しかった。この時代に都市に住み、都市戸籍を有する人を農民は自分たちと区別して城里人と呼び、城里人に憧れをもち、城里人になることを切望していた。対して、都市戸籍の人々は農村にいる農民を郷下人と呼び、幾分見下ろすニュアンスもあった。

都市戸籍に憧れても簡単に城里人になれないのが戸籍制度である。戸籍制度では農村戸籍から都市戸籍への変更に厳しい要件を設けていた。退役した高級将校、大学卒業者などの特殊なケースが認められるが、都市戸籍者と結婚し、一緒に都市に住んでいても、戸籍の変更は不可能であった[5]。

戸籍制度は農村・都市間の移住を阻止する役割をもつのみでなく、人々を２つの異なる社会システムの集合体に分離する符号である。都市では、全人民所有制を前提に、生産・生活に必要なすべてが国家財政によって整備される。一方の農村では、集団所有制であり、生産・生活のすべてが地域コミュニティ構成員による自助努力である。その結果、都市と農村の間に、生活環境格差が大きく、特に教育や文化の格差が著しい[6]。

改革開放以降、戸籍制度による移住制限が緩和され、近年農業・非農業を問わず一律に市民として登録する制度が一部の地域で導入された。しかし、長年積み重ねられた都市と農村の間の教育、文化・娯楽などの生活環境の格差が歴然と存在している。本章で取り挙げる『大地と白い雲』では、若き夫婦が都市移住をめぐる葛藤は正にこのような背景で展開された物語である。妻サロールが町への移住を頑なに反対する気持ち、夫チョクトが心の底から街に移住したい気持ち・行動は決して彼女・彼個人の我儘ではなく、それは都市への憧れとその裏腹に不利な地域で育ったことに伴う不安の表れであり、そういった民衆たちの気持ちを代弁したものである。

２）政府主導の都市化

都市化には、人口の都市化と空間の都市化の両面が含まれる。人口の都市化とは、農村から都市への人の動きである。空間の都市化とは、都市的地域が拡大し、農村地域が都市的地域に変わる動きである。市場経済では、就労やビジネスを目的に人が都市に移住し、都市の経済活動が活発になって、その活動用地を求めて都市の外側に立地が拡がる。その結果、農村地域が都市的地域に変わり、都市的地域が拡大する。人・経済・空間が関連しながら一体的に循環している。しかし、中国では、前項で述べた戸籍制度により、農村から都市への人口移動が制限されている。また、独特な土地制度により、空間の都市化の手綱が政府に握られている。

計画経済時代では、企業は国有か集団所有のいわゆる公的なものであった。企業は土地の使用を必要とする時、政府から無償で配分されていた。一方、改革開放以降、民営の私的所有企業が登場した。政府が土地の公的所有を維持しつつ、経済の活性化を図るために新たな土地制度を作ったのである。1988年に憲法を改正して、土地使用権の有償譲渡を認めた。1998年に「土地管理法」が制定された。同法は、都市の土地のすべてが国有であり、都市開発行為は国有地でのみ可能とし、農村や都市郊外にある集団所有の土地で都市開発を行うには、その土地をまず国有地に収用する必要があると定めた。つまり、農村地域が都市的地域に変わること、いわゆる空間の都市化は経済の市場原理に基づくのではなく、政府主導で行われることになっている。一方、地方政府が地元経済の活性化、さらに役人自身の業績を上げるためにしばしば過度に土地収用、都市開発を行っていた。『春江水暖』で描かれたように住民を立ち退かせ、古い住宅を壊して新築住宅を高値で供給する事象が中国各地で見られる。戸籍制度とも相まって、中国の都市化において、空間の都市化が人口の都市化を大きく上回って進められて、その結果、鬼城（ゴーストタウン）と呼ばれる新築未入居団地が大量に発生した。

都市化戦略をめぐっては、長い間、政策論争があった。それは、大都市病を避けるために、小都市を中心に都市化を進めるのか、それとも大都市の中心地機能を重視して大都市を中心に都市化を進めるべきかである。1970年代に農業改革が行われて大量の余剰労働力が発生した。戸籍制度による厳しい人口移動制限の時代であって、余剰労働力を地元農村で非農業労働力に転換する政策が進められた。それは、郷鎮企業を主体に、小都市を中心に分散的都市化を進める政策であった。1990年に制定された「都市計画法」では、大都市の人口規模を厳しく抑制し、中小都市をダイナミックに発展する方針を定めた。また、1998年に発出された「中共中央が農業農村工作の若干重大問題に関する決定」では、小都市を発展させることは、農村経済と社会発展を促す大戦略であり、郷鎮企業が相対的に集積し、農村余剰労働力の産業転換をさらに進め、大都市への人口の無秩序の流入を避けることに有利な戦略であると唱えていた。

2011年に中国の都市常住人口が総人口の51.27％に達して、人口の都市化が大きく高まったが、小都市を中心とした都市化戦略は土地利用やエネルギーなどの資源の低効率利用や環境問題をもたらしてクローズアップされた。中国国内では大都市の中心地機能を重視する大都市、都市圏の発展を都市化政策の重点にすべきだとする論調が高まった。2017年の中国共産党第19回全国大会では、都市群を主体に、大中小バランスの取れた都市体系を構築し、農業から転換した人口の市民化を加速させる方針を打ち出した。2021年に国家発展と改革委員会が「現代的都市圏の育成発展についての指導意見」を通達した。意見では、2022年には都市圏建設において明確な進捗が見られ、2023年には現代的都市圏が成熟し、グローバル的な影響力をもつ都市圏を幾つか形成する計画案が示された。

映画『春江水暖』の舞台である富陽がまさに中国の都市化政策の変化とともに、都市制度は再三、変更が行われ、都市化が急速に進んだ地域の１つである。富陽地域は大河富春江が流れる魚米の郷であり、長らく浙江省の農村地帯として県制が敷かれて富陽県と呼ばれていた。政府の小都市を中心に都市化を進める政策時期の1994年に県制が改められて富陽市となった。さらに都市化政策の重点が大都市圏形成に移された2015年には、市制を取りやめて杭州大都市圏中心都市杭州市の直轄区の１つに編入された。今は行政上杭州市富陽区である。2020年末には富陽区は面積が1,821㎢、戸籍人口が69万5,000人である（杭州市富陽区統計局、2021）。

３）変わりゆく家族関係

中国伝統文化の核心は家制度にあると言われている。伝統的な中国人は自己主張よりしばしば自己犠牲してまで家族の利益を優先する傾向がある。中国の家族意識は一般的に西洋のものと大きく異なると指摘されている。西洋の家族は夫婦関係を中心に形成され、親子関係においては、親が子を生育するが、子が親を養育する義務はないリレー型である。それに対して、中国の家族は親と子の縦の人間関係を中心に形成され、西洋の家族と同じく親が子を生育する機能を果たすが、西洋家族の親に比べ、中国の親は子どもを溺愛し、しばしば自己犠牲を厭わない献身的に振る舞う。その一方で、親が自分の老後の面倒を見てくれることを子に期待するフィードバック型である[7]。

このフィードバック型関係を確実なものにする保証原理は、孝の文化と大家族制度である。孝は２つの意味が含まれる。１つは、物質的、経済面のものである。親を介護し病気の面倒を見るのがその代表である。孝はもう１つの精神面の意味もある。親を敬い、親の意思に従うことである（中本梅衣、2005：109）。中国では孝敬を使用し、孝文化を言い表す。孝敬の対象は第一義的に父母であるが、それには止まらず長幼関係にかかわる親族一同が含まれる。つまり、孝文化が守る家は親子だけの核家族ではなく、血縁関係で結ばれる大家族である。親は大家族において一構成員に過ぎない存在である。親への延長線上に、孝は祖先の崇拝、祭祀までを含むものである。

孝文化は農耕時代における生活保障の役割、社会安定をもたらす仕組みである。しかし、都市化が進んだ社会では、伝統的孝文化が挑戦に直面している。１人っ子政策もあって家族規模が大きく縮小し、経済活動は個人ベースが主体となった。また社会保障制度が整備されて、介護などは家族への依存度が大きく低下した。もとより若者世代は人格の否定された家の継承者としての役割に反目し、親に個性、自己主張を強く求めている。本章で取り挙げた『春江水暖』では、孝文化をめぐる新旧世代の衝突が多くのシーンで描かれている。

３．映画から見る民衆たちの都市化

１）『大地と白い雲』

監督：王瑞（ワン・ルイ）
脚本：陳枰（チェン・ピン）
主要キャスト：チョクト（ジリムトゥ）、サロール（タナ）
中国公開年：2020年
日本公開年：2021年

※2019年第32回東京国際映画祭コンペティション部門で最優秀芸術貢献賞を受賞（映画祭上映時のタイトルは『チャクトゥとサルラ』）。2020年第33回中国映画金鶏奨最優秀監督賞受賞。

本作品は北京映画学院監督学部学部長を務めるベテラン監督・王瑞が10年かけて構想した映画である。原作は2005年に発表された陳枰の短編小説『羊飼いの女』（放羊的女人）である。映画の舞台は夏に青々と草が茂る、どこまでも広がる大地、そしてまるで羊の群れのように白い雲が流れる息を呑む美しさの内モンゴル大草原である。映画の主役は結婚して間もない羊飼いをする若き夫婦である。

写真１　草原に暮らす若き夫婦
出所：【公式】映画『大地と白い雲』予告編より https://hark3.com/daichi/（2023年２月25日）

妻はサロール、夫はチョクトという。２人は相思相愛だが、１つのことにおいてだけは考え方が大きく違っている。夫のチョクトは街に憧れ、ひょいと姿を消してしばらくして家に戻ってくる。その間、チョクトは１人で街に出かけていた。チョクトは本当は草原を離れて街に移住したいが、妻のサロールは頑なにそれを拒否する。お互いを説得し合ったが、相手の考えを受け入れることはできない状況が続いていた。チョクトの言い方を借りれば、妻サロールは強情な女である。

写真２　妻サロール
出所：【公式】映画『大地と白い雲』予告編より。https://hark3.com/daichi/（2023年２月25日）

映画は街移住をめぐる、移住したい夫と、断じて行きたくない妻の物語であるが、その選択如何は決して２人だけの問題ではなく、いまもなお農村に住んでいる人口の半数近いすべての農民が直面している葛藤であり、社会的課題である。つまり、代々受け継がれてきた土地・伝統的生活を捨てて、大金を稼ぐ便利な現代生活を目指すべきか、果たして自分たちが都市生活にうまく適応できるのか、などである。言い換えれば、それは１人の民衆として生活・人生をかけて都市化を選択するか否かである。

映画は妻サロールが夫チョクトを捜し回る場面から幕を開ける。チョクトは消息不明になった。しかし、友人たちに尋ねても行方はわからないと言われた。

後日、チョクトはバイクに乗って帰ってくる。ゲルの中で夫婦が食事しながら街に行ったことをめぐる会話のシーンがある。

チョクト：「街の道路は２環３環と何重にもある。橋の上にまた橋がある。頭の中はぐちゃぐちゃになりそうだ。都会生活は複雑で俺たちには無理だな」
サロール：「なのに、どうして出かけていくの」
チョクト：「街は面白いんだ」

チョクトは妻に無断で街に行ったのが最初は都会への憧れ、好奇心からであった。チョクトは妻にワンピースを買ってきた。妻もワンピースをとても気に入り、騒ぎは一件落着し、草原の平常生活が戻った。

ここで話が終わらないのが映画である。チョクトは用事を頼みに来た叔父に質問した。「若い頃、街に出かけたいと思ったことはないのか」と。叔父の若い頃とは、改革開放前の計画経済時代である。叔父は無言で帰った。若い２人は草原の平常生活に戻ったが、チョクトの心の底に着いた街への憧れの火は消えていなかった。彼は暇があると街につながる唯一の道路に立ち、街のある方向を覗き込み、通りがかりの車を眺めていた。そうこうしているうちに大きな事件が起きた。

写真３　夫チョクト
出所：【公式】映画『大地と白い雲』予告編より。
https://hark3.com/daichi/（2023年２月25日）

ある日、チョクトは放牧用の車を買うと妻に告げて街に出かけた。そこで昔草原で馬飼いしていた友人に会った。友人は草原の私財を売り払って街に移住して、いまは大きなプロジェクトの話を進め、いい車に乗って有名ブランドのハンドバッグを身につけていた。チョクトは考えを変え、安い中古のトラックを買うことにした。そのトラックは修理が必要であったが、チョクトは自分で修理することにした。そこで事件が起きた。

修理に時間がかかり、その間、風雪の嵐が起きた。サロールがチョクトを心配して探しに出かける。やっとのことでチョクトのいる小屋に辿り着いたが、トラックを見た途端、放牧用ではないことにすぐに気が付いた。サロールが怒り心頭でトラックを壊しにかかる。チョクトが妻を止めようとして揉み合っている間にサロールが倒れて意識を失った。慌てるチョクトは友人に助けを呼ぼうとするが、携帯電話がつながらない。チョクトは「もう２度とお前を置いていかない」と叫びながら誓った。サロールの命は助かったが、妊娠していた赤ちゃんは流産で亡くなった。

嵐が去ってサロールの健康も回復し、２人の平常の草原生活がまた戻ったが、周りではいろいろなことが起きた。友人バンバルの叔父が街での仕事を引退して故郷を訪ねてきた。叔父はしきりに「故郷に戻りたい。草原で暮らしたい」と言った。しかし、年を老いて病が見つかり、もう戻れないと後悔していた。また、以前に喧嘩していたナルスが牧地を売り払って街に移住した。チョクトは再び迷い、友人のバンバルに相談した。

チョクト：「世界はこんなに広い。視野を広げたい。無性に焦りを感じる」
バンバル：「誰もがこうして生きてきたんだ。俺たちの先祖つまりモンゴルの祖先は皆この草原で生活してきた。なぜ、できない」

チョクトは返す言葉がなく黙り込んだ。が、やがて運転代行のバイトが入り、彼は置手紙をして再び妻に黙って街に出かけた。何日も経った後に、チョクトは草原に戻ってきた。再び妊娠し生まれてくる赤ちゃんのためにおもちゃも買ってきたが、家にはサロールはいなかった。羊もすべて売り払われた。友人のバンバルに言われた。

「サロールは街にいるお姉さんの家に行った。厳しい冬の草原で、羊の世話も赤ちゃんの世話も女１人でするのはできない」

チョクトは妻のいない家で思い耽る。映画はチョクトが荷物を背負って街に向かう姿で幕を閉じた。

２人は果たして仲直りしたか、果ては都市に移住したのか、あるいは、草原にやがて戻ったのか、監督はその解釈、結末を観客に委ねた。もしも２人がこのまま都市に移住したら、統計上都市人口が２人増え、都市化が僅かに進んだことになる。しかし、その都市化には、統計に現れないこのような葛藤があった。それが民衆たちの都市化であり、都市化の本当の姿である。

２）『春江水暖』

監督・脚本：顧曉剛（グー・シャオガン）
主要キャスト：ヨウフー（チエン・ヨウファー）
フォンジュエン（ワン・フォンジュエン）
グーシー（ポン・ルーチー）
ユーフォン（ドゥ・ホンジュン）

中国公開年：2020年
日本公開年：2021年

※2019年第20回東京フィルメックスコンペティション部門審査員特別賞受賞。2019年第72回カンヌ国際映画祭批評家週間のクロージング作品に選ばれた。

『春江水暖』はユニークな映画である。映画は監督顧曉剛自身の故郷を舞台している。現在杭州市富陽区と呼ばれている映画の舞台は彼が５歳から大学に行くまでずっと生活していた街である。それだけではない。出演者もほとんどが監督の親類縁者である。その上、映画の中で扮した役も実生活とよく似ている。例えば、映画中心役の１人・レストランを経営する長男夫婦は、監督の叔父と伯母であり、２人は実生活でも料理店を経営している。映画のナレーションは中国の標準語でなく、映画舞台の地元方言である点も珍しい。

映画の脚本は監督自身によるものである。国際版プレスに当たり、監督はインタビューを受けた。そのなか、この映画を作ろうとした理由について、監督は次のように述べている[8]。

> 記憶の中で、故郷の富陽はいつも静かで退屈な小さい街でした。しかし、2016年に滞在するうちに、そこで絶え間なく変化が起こり続けていることに驚かされました。この質素な街は、社会経済の渦の中にあり、杭州市が新しい政令指定都市となって、2022年のアジア競技大会の開催も決まりました。激しくエモーショナルな故郷の変容の目撃者となる幸運を得たのだ、と思いました。この変化の潮流、その波の間に浮かんでいるすべての普通の人々、すべての市井の家族たちの心の内側は、街のうごめきと無関係ではありません。“現代の山水絵巻”のように、彼らの人生がゆっくりとスクリーンに広がる、そんな映画を作りたいと思いました。

映画は都市化が進行する中で大家族に代表される民衆たちが伝統と現代の間に如何に揺らいでいたかを浮かび上がらせた。映画は都市化の波に揺られる市井の人々の日常生活を描くものであり、これというクライマックスシーンはなく、淡々と四季の移り変わりとともに、日々の生活がカメラで綴られてまるでドキュメンタリーを見ている感さえある。市井の生活は確かに細々なことばかりであるが、高齢者の介護、結婚、住まいどれもが人生の一大事である。映画はどれか１つのことだけにスポットライトを当てるのではなく、庶民生活をリアルに立体的に描いている。映画には多くのキャストが登場しており、主役はこの人というものはない代わりに皆が主役だった。

⑴　高齢者介護

この映画の題材の１つが高齢者介護問題である。映画は顧おばあさんの70歳誕生日祝賀宴会から始まる。子孫からの祝福を受けたおばあさんは中国伝統に則り、お返しに紅包[9]を渡す。立ち上がって渡そうとしたが、そのまま倒れた。おばあさんは脳卒中にかかった。病院に運ばれて一命を取り留めたが、認知症が進んでひとり暮らしはできなくなって介護が必要になった。

顧おばあさんには息子が４人いる。中国の伝統に従えば、４人の子どもが親を介護するのが親孝行である。まず長男ヨウフーが退院する母を家に迎えるこ

写真４　顧おばあさんの大家族
出所：映画『春江水暖』公式サイトより https://www.moviola.jp/shunkosuidan/（2023年2月25日）

となった。そのことを妻のフォンジュエンに相談すると、こう言われた。

「男は面子にこだわってばかり、苦労するのはいつも私たち女」
「自分の母の介護が終わったら、今度、貴方の母を。いつも私」

フォンジュエンは文句を言ったが、レストランの手伝いをしながらおばあさんの介護をしていた。彼女が愚痴ったように、在宅介護の場合、実際は娘や嫁、農村地域ではもっぱら嫁の担当である。

暫くして、次男ヨウルー家族が介護する番になる。しかし、ヨウルー家は再開発地域に住み、立ち退きをすることになった。ヨウルーは息子に結婚用新居を買ってあげるために、立ち退き料を貯め、家を借りずに漁をする小舟に寝泊まりしている。おばあさんを介護する家はない。次男は、引き続き長男の家で介護してもらうが、自分がお金を出して介護手伝いを雇うことを提案した。しかし、認知症が進行しておばあさんには暴力をふるう傾向が一部見られたため、それは無理であり、おばあさんを老人ホームに入れるしかないという結論になった。

老人ホームに入ったおばあさんはとても寂しい様子であった。おばあさんが部屋の前で１人黙り込んで日向ぼっこしているところに、三男ヨウジンが訪ねてきた。おばあさんに声をかけるも返事はない。おばあさんの認知症がさらに進んでいた。生気のない寂しい母を見かねて、ヨウジンは母を自分の家に連れて帰ることにした。ところが、三男のヨウジンは、離婚しダウン症の息子を抱えている上、定職はなく、最近イカサマするギャンブルの闇店を始めた。やがて通報されて警察が取り締まりに来た。その取り締まり混乱の最中に、おばあさんは家出してそのまま亡くなった。

2021年に中国では高齢者が２億56万人に達し、高齢化率が14％を超え、高齢社会になった。親が自分の幼少期を養ってくれるお返しに、自分が親の老後を介護するというのが、中国の伝統的価値観である[10]。皆が同じ村で農業に従事していた時代では、それが可能だったが、映画に見るように、長男はレストラン経営に忙殺、次男は住む家がない状態、三男は定職も持てない不遇などにより、都市部では家庭内高齢者介護が極めて困難な状況となっている。さらに、農村から都市に編入されたばかりの地域では、社会介護に移行するための介護施設や介護サービスが充分に整備されていない。もとより、親を高齢者施設に入所させることは親不孝であるという価値観が根強く残っている。映画は、多くの家庭が“親孝行”の伝統理想を守るか社会介護という現実を選択するかの間に揺らいでいる一例を示している。

⑵　家族関係

この映画でもう１つスポットライトを当てたのが結婚をめぐる親子関係である。映画は３代の結婚事情を描いた。70歳以上の顧おばあさんが結婚したのは改革開放政策前つまり農村と都市が分離していた計画経済時代であった。顧おばあさんは２度結婚した。この時代には婚姻の自由が保障される法律が成立したが、農村地域ではやはり親の包弁[11]がほとんどであった。顧おばあさん曰く「２回結婚したけれど、親の決めた結婚だった。上海に行けと言われて上海に行った。次は富陽に行けと言われて富陽に嫁に来た」と。顧おばあさんはこのような不遇を悔恨して「人生は一度だけ、好きな人と一緒になりなさい。さもないと、一生後悔することになる」と孫娘グーシーの自由恋愛を一番に支持していた。

孫娘グーシーは長男夫婦の一人っ子である。グーシーの両親は娘が結婚後も経済的に不自由なく安寧な生活を送れるようにと願って役人の息子との縁談を

写真5　富春江川辺でデートしている2人
出所：映画『春江水暖』公式サイトより
https://www.moviola.jp/shunkosuidan/（2023年2月25日）

しきりに勧めた。グーシーは大学卒業後に幼稚園の先生になった。彼女は中学校の英語教師ジャン・イーと知り合って恋愛関係になった。ジャン・イーは海外留学経験もあるが、中学校教師の月給は低く、親は渡り船の船長をしていて裕福な家庭ではない。そのために、グーシーの母が2人の関係を絶対に認めない姿勢を崩さず、ジャン・イーが勤めている中学校の校長がわざわざ2人の関係を認めてほしいと頼みに家に来ても押し返そうとする始末である。

グーシーの母は決して自分のために自由恋愛を認めずお見合いを勧めたのではない。彼女はあくまでも娘の結婚後の幸せをおもんぱかった行動である。そこに伝統的親子関係と現代価値観との対立が起きていた。親子関係をめぐる伝統的価値観と現代青年の価値観との矛盾・すれ違いについて、グーシーとジャン・イーが富春江岸辺でデートした時に交わされた会話がそれを物語っている。

グーシー：「母にとっての幸せは家と車、いまの住宅価格の上昇は母親たちの仕業だね」

ジャン・イー：「大変な時代に育ったから安心感はない。だから、子どもの人生設計をしたがる。自分に従順でいてほしいんだ。でも、親心子知らずというだろう。毎日が喧嘩だ。子どもは親の飾りじゃない。親の世代は苦労した。多くの親たちが子どものために尽くす。だけど、子どもに見返りを求めている。……彼らは本当に矛盾しているんだ。一方で子どもに苦労しろと言い、他方で苦労させまいとする。でも、子どもは自分の人生を送りたい。誰にも干渉されない人生を」

グーシーはやがてジャン・イーと結婚する。彼のお父さんが運航する渡り船の上で簡素な結婚式を挙げた。おばあさんの葬式を機に、グーシーの両親も２人の関係を認めることにした。実はグーシーの両親も恋愛結婚であった。おばあさんの葬式の帰り道に、グーシーの父は自分が当時妻の両親に会いに行ったらお湯をかけられそうになったり、妻の兄に斧で追いかけられたと懐かしそうにジャン・イーに語っている。

ジェネレーション・ギャップは、どこの国にも、どの時代にも存在するものであるが、農業中心の地域・時代では、親子は同じ村で同じ農業という職業に従事していくなかで、親子間の支配関係が比較的安定的に続く。一方、都市化が進むと、親子といえども職業が異なり、居住も離れ離れになる傾向がある。であれば、農村に比べ、都市におけるジェネレーション・ギャップはより大きく広範なものになりやすい。グーシーと両親の関係はその一例であろう。

⑶　開発と保護

この映画の隠れたテーマは開発と環境保護である。映画にはストレートに環境保護を唱えるようなセリフやナレーションは一切ないが、映画のなかで何カ所も現在の大規模都市開発を描く場面があり、建物が壊されて消え去り、環境の変化を暗示するシーンがあった。

まず、開発についてであるが、映画の中で取り壊されていく建物、取り外された窓やドアを無造作に２階から投げ出す様子、住民が立退いた後の部屋に残されたゲーム機が異様に聞こえる音を出し続ける映像、このようなシーンが場面々々で登場する。中国の他の都市もそうであったように、政府主導の都市化政策で農村から都市に変わった途端、古い建物が根こそぎに取り壊されて新しい近代高層ビルに取って代わられる。四男のヨンホンがたまたま建物の取り壊しのバイトをして次男の立ち退いた家にやってきた。そこで次男夫婦の結婚前

写真６　再開発で取り壊された次男夫婦の家
出所：映画『春江水暖』公式サイトより
https://www.moviola.jp/shunkosuidan/（2023年２月25日）

に交わされた手紙を見つけて読むシーンがあった。開発とともにいろいろな記憶がなくされていると監督が訴えているように見える。

開発の影響を最も受けやすいのが自然環境である。映画では四男ヨンホンは見合い相手とデートした時に自分が小さかった頃、この富春江ではたくさん魚が獲れていたが、いまはもう獲れない話をしていた。また、監督はジャン・イーを文学青年に仕立てて、彼が小説を書いたことにした。小説のタイトルは『夜釣りの漁師と女死体の怪談』であった。製紙会社の廃水で川が汚染されてその川で魚釣りしたら、体は腐っているが、頭が生きている女の死体を漁師が釣りあげた話であった。因みに水資源豊富な富陽は改革開放後中国有数のコピー用紙の一大生産基地となった。

監督は乱開発に警鐘を鳴らしながらも開発を全否定しているわけではない。次男の息子ヤンヤンが製紙会社に勤めて職を得ている。次男夫婦が購入する予定のマンションは庭園のように植栽された彩りの生活環境がとてもきれいであり、ゴミゴミしている旧市街地とは対照的風景であった。

４．おわりに

中国は2020年の１人当たり国民所得が10,434ドルであり、中所得国になったばかりである。中国は2035年を目途に１人当たり国民所得を倍増させて高所得国に邁進する計画である。同目標の達成には引き続き都市化の推進がポイントになるであろう。「中華人民共和国国民経済と社会発展第14回５か年計画と 2035年将来目標概要」[12] が制定され、それをもとにした中国社会科学院の研究（倪鵬飛、2022：113）によれば、今後人口都市化率が毎年0.6％ほど上がり、2035年には 73.12％になる見込みである。

経済を一層発展させるためには、都市化の推進が重要であるが、これまで見てきたように、民衆にとっては都市化が単純な夢物語ではない。都市生活は確かに魅力がいっぱいであるが、農民工は非正規の単純労働にしか従事できないでは、都市生活の魅力どころか、生活するにも大変である。サロールが頑なに都市移住を拒否しているのはこのような懸念が強いからではないだろうか。その懸念を解消するには、農村に対して教育への積極的政府投資をはじめ、農村が置かれている不利な状態を解消することが喫緊な政策課題であると言えよう。また都市制度を改編すれば都市化が完結してしまうのではないことを『春江水暖』は私たちに示している。生活様式や価値観の変化は日常生活の葛藤の中で積み重ねていく。そのために、農村から都市に編入された住民に対して、不動産を中心とする都市開発を先に進めるよりは、社会保障などの市民化を優先的に実施するとともに、丁寧な相談・社会的なサポーティングが重要であると言えよう。

【注】

1　後述するように、中国には戸籍変更を厳しく制限する制度が存在している。このため、実際は都市に住み、働き、生活しているが、居住地の戸籍を持たない外来人口が多くいる。戸籍人口に比べ、常住人口が都市化の実態をより正確に反映している。大都市ともなれば、外来人口が常住人口の４割を占めるほどである。

2　紙幅の制約で本章ではこれ以上立ち入って詳しく論じることはできないが、都市の特徴および都市の生活様式の内実については、高橋勇悦、2008 の第３章生活様式としてのアーバニズムを参照されたい。

3　藤田弘夫・吉原直樹が指摘した通り、“都市にも伝統がある。都市にも、変化だけではない蓄積されてきて継承される精神や、さらにより強くいえば、継承すべき価値がある”（藤田弘夫・吉原直樹、1999：178）。本章は都市のもつ伝統を全否定する意図はなく、都市化という視角からの分析により移出と移入の関係において農村を伝統的地域として捉えた。１つの伝統から別の伝統に移行すると言い換えてもよい。

4　両作品にはもう１つの特筆すべき共通点があった。両作品が共に映画舞台現地の方言を使用し、主演者は現地とつながりのある者である。それだけに両作品は民衆を実写化したような映画である。

5　いまは結婚すれば相手の都市戸籍に入籍できるように制度が改められたが、ただしいろいろな制約条件が付けられている。都市戸籍を選ぶか愛情を選ぶかはいまも中国映画の鉄板ネタである。2019年に上映され、好評を博した『半分喜劇』も愛情か北京戸籍かをテーマにする映画であった。

6　様々ある格差のうち、教育格差が都市化において農村出身者を最も不利にしている。都市化が急速に進み始めた2001年の１人当たり小学教育投資額は都市（1484元）と農村（798元）で約２倍の開きがあった。学歴のない農民工の多くは都市では低賃金の非正規の仕事に従事している。

7　親子関係をめぐる西洋と中国の違いについて詳しくは李仁子、2021を参照されたい。

8　インタビュー記事は映画公式サイトのストーリーと解説にも掲載されている。https://www.moviola.jp/shunkosuidan/（最終閲覧日2023年2月25日）

9　中国では、春節や祝い事がある時にお年玉やご祝儀を渡す風習がある。渡す時にはお金を赤い封筒に入れて手渡す。この真っ赤な祝儀袋が紅包（ホンバオ）と呼ばれる。

10　中国語では、「你養我小、我養你老」という。高齢社会を乗り切るために、政府をはじめマスコミが盛んに掲げているスローガンである。

11　包弁婚姻とは婚姻のすべてが親の意志によって決められる請負婚のことである。社会主義になって以降、中国では婚姻法が制定されて請負婚の禁止、婚姻の自由を保障したが、移動の自由が制限された農村では、交際の機会が少なく実態としては婚姻の主導権は親に握られていた。

12　2021年３月に開催された第13回全国人民代表大会第4次全体会議に採択された長期経済社会発展計画「中华人民共和国国民经济和社会发展第十四个五年规划和2035年远景目标纲要」である。

【参考文献】

高橋勇悦監修、菊池美代志・江上渉編（2008）『21世紀の都市社会学　改訂版』学文社

中本梅衣（2005）「中国民間信仰と儒家における「孝」」『比較日本学研究センター研究年報創刊号』

倪鵬飛（2022）「面向2035年的中国城镇化」『改革』342巻8号

杭州市富陽区統計局編（2021）『富陽統計年鑑　2021』

藤田弘夫・吉原直樹編（1999）『都市社会学』有斐閣
李仁子（2021）「「孝」文化の現代的転換の背景の下の中国家庭養老支持政策の再構築」『佛教大学総合研究所共同研究成果報告論文集』第9号
林明（2019）「中国伝統法における「孝」文化要素の研究」『島大法学』第57巻第3・4号

第2部

貧困と社会的排除

第4章

映画のなかの社会保障

『万引き家族』
『護られなかった者たちへ』

阿部 昌樹

1．社会保障とは何か

社会保障とは何かという問いに対する最もよく知られた答えは、1941年にウィリアム・ベヴァリッジによって作成され、公表された「社会保険と関連サービス」に関する報告書、すなわち、いわゆる『ベヴァリッジ報告』において示されたものであろう。この報告書においては、「『社会保障（social security）』という用語は、ここでは、失業、疾病あるいは災害によって稼得が中断された場合にこれに代わって所得を維持し、老齢による退職や本人以外の者の死亡による扶養の喪失に給付を行い、出産、死亡、結婚などに伴う特別の出費を賄い、そうすることで所得を保障することを意味している」と「社会保障」という語の定義が示されるとともに、そのすぐ後に「第一義的には、社会保障は最低限度までの所得の保障を意味するが、所得の提供に当たっては、稼得の中断をできる限り速やかに終わらせるための措置が伴わなければならない」と付記されている。また、そうした意味での「社会保障」の制度は、「基本的なニーズに対する社会保険（social insurance）」、「特別なケースに対する国民扶助（national assistance）」、および「基本的な給付に対する付加としての任意保険（voluntary insurance）」という３つの異なった方法を組み合わせるかたちで構成されるという認識が示されている（ベヴァリッジ、2014：187-188）。

社会保障の主たる目的が所得保障にあり、それゆえに、その主たる方法は現金給付であることは、今日に至るまで広く共有された認識であろう。また、所得保障には、「稼得の中断をできる限り速やかに終わらせるための措置」が随伴しなければならないという考え方も、そのような措置として、具体的にどのようなものが必要であり、また、望ましいのかという点に関しては、様々な見解の相違があるものの、そのような措置が所得保障に随伴すべきであるという発想それ自体に対しては、ほとんど異論はないと言ってよいであろう。

さらには、社会保障は、付加的な任意保険を別にすれば、「基本的なニーズに対する社会保険」と「特別なケースに対する国民扶助」とを二本柱とするという認識も、これまで広く共有されてきた。そして、そうした認識を踏まえ、保険料の拠出を前提とする「社会保険」が、「防貧」すなわち貧困に陥ることを予防する機能を果たすべきものであるのに対して、拠出を要件とせず公費によって賄われる「国民扶助」――日本では「公的扶助」という呼称が一般的であるが――は、「救貧」すなわち貧困状態に陥ってしまった者を救済する機能を果たすべきものであるという、機能分担について言及がなされるのが通例であった（小島、2020：167）。また、制度の現実としても、日本では従来、「社会保険」に該当する制度としての年金保険、医療保険、介護保険、労災保険、雇用保険と、「国民扶助」もしくは「公的扶助」の制度としての生活保護とが、それぞれ別個の法律に基づいて実施されてきた。

ただし、今日の日本では、各種の社会保険の保険料の一部が雇用主によって支払われることによって、無理なくそれらの社会保険の被保険者となることができるような安定した職に就くことができないが、かといって生活保護の受給要件は充たしていないため、「制度の狭間」に陥っている人々が多数存在していることが、広く共有された認識となっている。それらの人々の多くは、非正規雇用や不安定雇用によって生計を立てており、「新しい生活困難層」と総称されている（宮本、2021：3）。そして、それらの人々の生活上の困難を解消もしくは緩和するために、「防貧」のための各種の社会保険と「救貧」のための生活保護に加えて、もう一層のセーフティネットを制度化していくことが求められるようになり、2013年に制定された生活困窮者自立支援法により、「就労の状況、心身の状況、地域社会との関係性その他の事情により、現に経済的に困窮し、最低限度の生活を維持することができなくなるおそれのある者」を対象とした支援の仕組みが構築されるに至っている。そして、そのことを踏まえて、社会保障の仕組みを、社会保険、生活困窮者支援、生活保護の３つの層からなるものとして捉える見解が提唱されている（神尾、2022：69）。

本章においては、そうした社会保障の仕組みの、不適切と見なしうるような利用もしくは運用が、重要なエピソードとして位置づけられている２本の映画を取り挙げ、それらの映画が、日本の社会保障の現状に対して、どのような含意を有しているのかを検討する。

２．社会保障の実施に随伴する過誤
「漏給」と「濫給」

社会保障の実施をめぐっては、とりわけ生活保護の実施に関連して、２種類の過誤が発生しうることが指摘されてきた。社会保障給付が行われるべきであるにもかかわらず、それが行われないという意味での「漏給」と、社会保障給付が行われるべきではないにもかかわらず、それが行われてしまうという意味での「濫給」の２種類である。

表１　漏給と濫給

	給付すべき	給付すべきでない
給付	適正な給付	濫給
給付せず	漏給	適正な不給付

この２種類の過誤に関しては、それらの発生可能性が指摘されるにとどまらず、両者の間には、一方の過誤の発生を避けようとすると、なかば不可避的に他方の過誤の発生可能性が高まるという、トレードオフの関係が存在することも指摘されている。例えば、林正義は、生活保護行政に関して、「政策当局と保護申請者の間には情報の非対称性が存在し、資力調査における過誤は避けら

れないため、濫給も漏給もその確率をゼロにすることは不可能である」と述べたうえで、濫給と漏給とのトレードオフの関係を、以下のように説明している。

> 統計学の用語を用いて漏給と濫給を表現すると、漏給は正しいものの棄却を意味する「第１種の過誤」、そして、濫給は間違ったものの受容を意味する「第２種の過誤」に相当する。……統計理論から明らかなように、情報量が同一であるときには、第１種の過誤と第２種の過誤にはトレードオフの関係がある。つまり、生活保護行政に投入される資源を一定とすると、漏給（第１種の過誤）を抑えようとすると濫給（第２種の過誤）が増加し、反対に濫給を抑えようとすると漏給が増加してしまう（林、2008：247）。

林がこのように、濫給と漏給との間のトレードオフの関係を理論的に説明しているのに対して、山口道昭は、日本における生活保護行政の歴史的経験を踏まえて、そこに、濫給と漏給とのトレードオフの関係を見出している。山口によれば、「濫給を防止しようとする（行き過ぎた）『適正化』は、本来保護を受給すべき者が違法に排除される結果をも生じさせ、これらに関するセンセーショナルな事件を惹起させることで、今度は『漏給の防止』という新たな政策課題を生み出すことにつながっていった」というのが、日本における生活保護行政の歴史的経験であった（山口、2015：163）。

林と山口はいずれも、生活保護行政を対象として立論しているが[1]、彼らの指摘は、社会保険行政にも妥当する。すなわち、社会保険給付が行われるべきでなかったにもかかわらず、行われたケースを「濫給」、社会保険給付が行われるべきであったにもかかわらず、行われなかったケースを「漏給」と観念するとすれば、両者の間のトレードオフの関係は、社会保険行政にも随伴するものなのである。

こうした濫給と漏給との間のトレードオフの関係はまた、手塚洋輔によれば、様々な行政活動領域に見出される、「するべきでなかったのにした」という過誤と「するべきだったのにしなかった」という過誤との関係の、社会保障行政の領域における現象形態に他ならない（手塚、2010：22-27）。

手塚によれば、例えば規制行政には、許可すべきでない活動に許可を与えるという過誤が発生する可能性と、許可すべき活動に許可を与えないという過誤が発生する可能性とが随伴している。また、児童福祉行政には、親子の関係が良好で健全な家庭に介入し、親子を強制的に離反させてしまうという過誤が発生する可能性と、子どもが親から虐待を受けている家庭に介入せず、その結果、虐待が継続し、遂には子どもを死に至らしめてしまうという過誤が発生する可能性とが随伴している。手塚は、これらのうち、許可すべきでないのにした、あるいは、介入すべきでないのにしたという過誤を「作為過誤」、許可すべきなのにしなかった、あるいは、介入すべきなのにしなかったという過誤を「不作為過誤」と呼んでいる。手塚によれば、行政組織が用いることのできる時間や資源の総量が定まっているとすれば、「作為過誤」と「不作為過誤」の双方の発生確率を同時に下げることはできない。手塚は、このことを「過誤回避のディレンマ」と呼んでいるが、濫給と漏給とのトレードオフの関係は、まさに、社会保障行政の領域における「過誤回避のディレンマ」に他ならない。

濫給と漏給という２種類の過誤に関しては、さらに２つの特色を指摘しておきたい。１つは、ある給付が濫給か否かや、ある不給付が漏給か否かを判断するに際して依拠することができる基準の多元性であり、もう１つは、濫給や漏給が発生した場合に、その責任を誰に、あるいはどこに帰着させるべきかについて、相互に対立し合う複数の主張がなされる可能性である。

まず判断基準の多元性に関してであるが、例えば、法的なルールとの関係では合法であり、そのような意味で適正な給付が、ある特定の道徳規範や価値観に依拠すると、不適正な濫給と見なされることや、法的なルールとの関係では合法であり、そのような意味で適正な不給付が、ある特定の道徳規範や価値観に依拠すると、不適正な漏給と見なされることが、ある頻度で不可避的に発生する。後者の例として、生活保護の捕捉率の低さを挙げることができる。生活保護法７条本文に「保護は、要保護者、その扶養義務者又はその他の同居の親族の申請に基いて開始するものとする」と規定されているとおり、日本の生活保護制度が「申請保護の原則」を採用していることを踏まえるならば、保護を申請しない者に対しては保護を行わないことは、多くの場合、法的な観点からは合法である。しかしながら、所得が生活保護の基準を下回っており、保護を受ける資格を有しているにもかかわらず、保護を申請せず、それゆえに保護を受けていない者が多数存在しているという事実、すなわち生活保護の捕捉率の低さは、しばしば、漏給として批判の対象となっている[2]。

また、ある特定の道徳規範や価値観に依拠すると、給付しないことが適切であると見なされるケースが、別の道徳規範や価値観に依拠したならば、給付しなければ漏給になると判断されるといったことや、ある特定の道徳規範や価値観に依拠すると、給付することが適切であると見なされるケースが、別の道徳規範や価値観に依拠したならば、給付したならば濫給となると判断されるといったことも生じる。例えば、国民年金法がかつては外国籍者を対象外としていたために、国民年金に加入したくても加入できない期間が続き、それゆえに、年金受給資格を得るための必要な拠出期間の要件を充たしていない外国籍者に年金を支給しないことが、漏給に該当するかどうかの判断は、どのような道徳規範や価値観に依拠するかによって、異なったものとなるであろう[3]。

さらに、社会保障行政を規律する法的なルールは、通常、複数の異なる解釈を許容するものであり、それゆえに、ある特定の法解釈を採用すれば合法と見なされる給付が、別の法解釈を採用すると違法な濫給であると見なされることや、ある特定の法解釈を採用すれば合法と見なされる不給付が、別の法解釈を採用すると違法な漏給であると見なされることも、不可避的に発生する。かつて、ある自治体の福祉事務所が、パチンコ店に頻繁に来店していた生活保護受給者への保護費の支給を一部停止するという措置を採ったのに対して、厚生労働省社会・援護局保護課の職員が「やりすぎではないか」とコメントしたという事例があったが（阿部、2017）、この事例は、当該自治体と厚労省との間の、生活保護法の解釈の違いに由来するものと考えることができるであろう。

このように、判断基準の多元性ゆえに、適正な給付と濫給との境界や、適正な不給付と漏給との境界は、どのような基準に依拠するかによって異なってくる、流動的なものとならざるを得ない。そして、それゆえに、濫給か否か、あるいは漏給か否かは、しばしば激しい論争の対象となるのである。

もう１つの、濫給や漏給が発生したことの責任をどこに帰着させるべきかについての、相互に対立し合う複数の主張の展開可能性は、まずもって、社会保障行政の実務を担う行政機関が責任を負うべき過誤なのかどうかをめぐって表面化する。法律の規定に従ったならば、そのような過誤が発生することは不可避的であるとしたならば、責任を負うべきなのは、法律の改正を怠った立法機関であるということになるが、法律の規定は複数の解釈の可能性に開かれたものであるにもかかわらず、行政機関が特定の法解釈に固執したために過誤が発生したと見なされたならば、過誤発生の責任は行政機関に帰着することになる。いずれの判断が優位するかは、それ自体が、法律の規定をどのように解釈するかに依存している。ある法律の条文を解釈の余地のないものと見なすこともまた、１つの法解釈であり、同じ法律の条文が、様々な解釈の技法を駆使すれば、複数の異なる解釈の可能性に開かれたものとなることは、通常の事態であるからである。

また、先述の生活保護の捕捉率の低さに関しては、たとえそれが漏給という過誤に該当するとしても、責めを負うべきなのは、受給資格があるにもかかわらず申請を行わない者であると主張することが可能である。同様に、濫給と見なされるケースにおいても、その責めを、給付を実施した行政機関ではなく、不正な請求を行った受給者に帰着させることが可能な場合は少なくない。濫給に関しても漏給に関しても、社会保障行政の実施機関と受給者もしくは潜在的受給者の、いずれに責任があるかは必ずしも自明ではなく、いずれが責めを負うべきかをめぐって見解が対立するという事態が、しばしば生じるのである。

さらに、「避けられない過誤であった」という言説が、それなりの説得力を伴って展開されることもある。「事態の切迫性を鑑みるならば、十分な調査をせずに給付決定を行ったことには一理あり、その結果が濫給であったとしても、誰も責めることはできない」といった言説や、「労働災害の発生が発覚したならば社会的信用を失い、倒産しかねない企業が事実を隠蔽し、その結果、労働災害によって稼働能力を喪失したにもかかわらず労災保険給付を受けられないという事態が発生したとしても、それが漏給に該当することは当然であるが、その責めを、事実を隠蔽した企業に全面的に負わすことはできない」といった言説は、時として、それなりの説得力を有し、行政機関や企業に何らかの責任を負わせるべきであるという言説と対抗することになるのである。

このように、過誤か否かとともに、過誤であるとしてどこに責任を帰着させるべきかも、複数の判断の可能性に開かれており、異なる解釈を主張する者相互間で、しばしば激しい論争が展開されることになる。また、かつては過誤であると見なされていた給付や不給付が、社会状況の変化によって過誤とは見なされなくなるといったことも起こる。ある者もしくは機関が責任を負うべき過誤であるという「事実」は、けっして客観的なものではなく、時々の社会状況の下で、時には激しい論争を経て、時には、その時々の社会において広く共有された道徳規範や価値観に依拠して、社会的に構築されていくものなのである。

こうした認識を前提として、２本の映画を見ていくことにしよう。

３．映画のなかにあらわれた社会保障

１）『万引き家族』

・2018年6月8日公開
・監督：是枝裕和
・脚本：是枝裕和
・主要キャスト：柴田治（リリー・フランキー）、柴田信代（安藤サクラ）、柴田亜紀（松岡茉優）、柴田初枝（樹木希林）、柴田祥太（城桧吏）、りん＝北条じゅり（佐々木みゆ）
・第71回カンヌ国際映画祭において、最高賞であるパルム・ドールを獲得。
・オリジナル脚本による映画であり、原作は存在しないが、脚本を執筆した是枝がその脚本を自らノベライズした書籍として、是枝裕和『万引き家族』（宝島社・2018年）がある。

この映画は、ある「疑似家族」の日常とその崩壊を描いたものである。あらすじは以下のとおりであるが、年金の不正受給が、物語の展開のなかで重要なエピソードとして扱われている。

東京の都心の高層マンションに囲まれた平屋の老朽家屋で、高齢女性の柴田初枝、中年男性の治とその妻とおぼしき信代、20代女性の亜紀、10歳くらいの

少年の祥太の５人が暮らしている。彼らは、初枝がもらう年金、治の工事現場での日雇い労働の賃金、信代のクリーニング店でのパートタイム勤務の賃金、治と祥太が時折共同で手がける万引きによって生計を立てている。

ある冬の日、治は近所の団地の１階のバルコニー状の外廊下で、１人の少女が震えているのを見つけ、見かねて連れて帰る。その少女の身体中に傷跡があることから、虐待を受けていたのではないかと疑った信代は、その少女と同居することを決める。かくして、その少女を含めた、６人での生活が始まる。

それから間もなくして、治が工事現場で負傷し、仕事ができなくなる。期待していた労災保険による休業補償給付は受けられず、無収入状態となる。

それから２か月ほど過ぎた頃、１人の少女が行方不明となっていることが、テレビのニュースで報道される。その少女とは、治が連れ帰って以来一緒に暮らしてきた少女であり、「北条じゅり」という名前であることがわかる。少女を連れ帰ったことが発覚し、誘拐罪に問われることを恐れた信代らは、同居している少女が「北条じゅり」であることが知られないようにするために、その少女の髪を切り、「りん」という呼び名を与える。

しばらくして信代は、勤務先のクリーニング店の店主から、経営状態を改善するために、ベテランで時給の高い信代かもう１人のパートタイム従業員のどちらかが辞めるか、あるいは、交代で働くようにするか、２人で話し合って決めることを求められる。それを受けて、信代ともう１人のパートタイム従業員との話し合いが行われるが、そこで信代は、もう１人のパートタイム従業員から、もし自主的に辞めてくれないのであれば、行方不明になっている女児を信代が連れているのを見たことを公言すると脅され、それを避けるために退職を余儀なくされる。その結果、信代も無収入となり、６人の生活は、初枝がもらう年金に全面的に依存することになる。

夏になり、６人は海水浴に出かけ、団欒を満喫するが、それからほどなくして、初枝は自宅で死去する。治と信代は家屋の床下に初枝の遺体を埋め、「最初からいなかった」ことにする。信代は、死亡した初枝の銀行口座に、日本年金機構が、受給資格者死亡の事実を通知されなかったために誤って振り込んだ年金を、不正に引き出す。

それからしばらくして、祥太と「りん」の２人で行ったスーパーマーケットで「りん」が万引きをしようとしたところ、店員に見られそうになる。そこで祥太は、店員の注意を「りん」から逸らすため、わざと目立つようにミカンを万引きして逃走するが、店員の追跡をかわそうとして高所から飛び降りた際に足を負傷し、入院する。

その事実を「りん」から知らされた治と信代は、祥太の入院している病院に駆けつけ、そこで警察官に住所を告げてしまう。治、信代、亜紀、「りん」の４人は、警察官が来訪し、家宅捜索等が行われ、その結果、初枝の遺体を埋め、年金を不正受給していたことが発覚してしまうことを恐れ、逃亡しようとするが、すんでのところで来訪した警察官に捕まってしまう。

警察署での取り調べで、治は初枝の実の息子ではないこと、治と信代は法的には夫婦ではなく、内縁関係にあるにすぎないこと、祥太は、パチンコ店の駐車場に駐車していた車から、治と信代に連れて来られたこと、亜紀は、初枝が離婚した男性が後妻との間に設けた息子の長女であること、治、信代、祥太という名前は本名ではないことなどが明らかになる。

その後、信代は、死体遺棄や年金不正受給は、自分の一存で単独で行ったことであると自白して刑に服す。祥太は児童養護施設に入り、治は１人暮らしとなる。「りん」は、実の父母のもとに戻るが、再び虐待を受けることになる。

２）『護られなかった者たちへ』

・2021年10月1日公開
・原作：中山七里『護られなかった者たちへ』（NHK出版・2018年）
・監督：瀬々敬久
・脚本：林民夫、瀬々敬久
・主要キャスト：利根泰久（佐藤健）、笘篠誠一郎（阿部寛）、円山幹子（清原果耶）、遠島けい（倍賞美津子）、蓮田智彦（林遣都）、三雲忠勝（永山瑛太）、城之内猛（緒形直人）、上崎岳大（吉岡秀隆）

この映画は、東日本大震災に見舞われた街の避難所で偶然に出会った高齢の女性、青年、少女の３名の交流と、その交流が不幸なかたちで断ち切られたことに起因する犯罪の顛末を描いたものである。あらすじは以下のとおりであるが、生活保護の受給がいったんは認められたにもかかわらず、その後、長く離れて暮らしている娘に扶養が可能であるかどうか照会すると福祉事務所の職員に告げられ、娘に迷惑をかけたくない一心で保護を辞退し、その結果、餓死するに至ったというエピソードが、物語のなかで重要な位置を占めている。

仙台市で、何者かによって身体を拘束され、飲食できない状態で放置された者が、その結果、餓死するという事件が２件連続して発生する。１件目の事件の被害者は、仙台市若葉区保健福祉センターの課長の三雲忠勝で、２件目の事件の被害者は、杜浦市福祉保健事務所の元所長の城之内猛である。

これらの事件の担当となった宮城県警捜査一課の笘篠誠一郎と蓮田智彦は、仙台市若葉区保健福祉センターにケースワーカーとして勤務する円山幹子等から生活保護行政の実態について話を聞くなどして、捜査を進めるが、その過程で、三雲と城之内が８年ほど前の同時期に、杜浦市福祉保健事務所に勤務していた事実を突き止める。そして、この時期に杜浦市福祉保健事務所で起こった何かが、２件の殺人事件の遠因になっているのではないかと考え、捜査を継続する。

笘篠らによって、三雲と城之内が勤務していた時期に、杜浦市福祉保健事務所でトラブルとなった案件が洗い出され、最終的に、２件の殺人事件は、遠島けいという女性のケースに関連している可能性が高いと判断される。

遠島は、生活保護を申請し、いったんは受給が認められるが、その後、杜浦市福祉保健事務所の調査で、最初の夫との間に設け、離婚後、再婚するに当たって里子に出した実の娘がいることが発覚した。杜浦市福祉保健事務所は、この娘に「扶養照会」を行うと遠島に告げるが、娘の現在の生活を乱したくないと考えた遠島は、「扶養照会」が行われるのを避けるために、生活保護の辞退届を杜浦市福祉保健事務所に提出した。その結果、生活保護が打ち切られ、無収入となった遠島は、食料品を購入することすらできなくなり、餓死した。

遠島は生前、東日本大震災の被災者のために設けられた避難所で、生後まもなく児童養護施設の前に捨てられ、まったく身寄りのない青年、利根泰久と、津波で両親を亡くした少女「かんちゃん」と出会い、避難所を離れてからも、この２人との交流を継続していた。遠島が生活保護を申請したのは、利根に強く勧められてのことであった。

遠島が生活保護を打ち切られ、餓死したことを知った利根は、怒りにまかせて火炎瓶を杜浦市福祉保健事務所に投げ込んだ。その結果、利根は逮捕され、服役することとなるが、刑務所では模範囚であり、２件の殺人事件が発生するしばらく前に出所していた。

笘篠らは、２件の殺人事件の犯人は利根ではないかと考え、出所した利根の行方を追うとともに、遠島が生活保護の辞退届を提出した時期に、三雲や城之内とともに杜浦市福祉保健事務所に勤務しており、現在は衆議院議員となっている上崎岳大が第３の被害者になるのではないかと考え、上崎の警護にあたる。そして、仙台での講演会終了後に車で帰ろうとする上崎に近づいた利根を逮捕する。

笘篠らが利根の取り調べを行っているところに、上崎が姿を消したという報告が届く。その報告を聞いた利根は、自分には上崎の居場所に心当たりがあるから、そこまで連れていってくれと笘篠らに頼む。笘篠らは利根のこの頼みを聞き入れ、利根とともに、利根が告げた場所に向かう。

向かった先は、かつて遠島が住んでいた家である。中から唸り声がするのを聞いた笘篠と蓮田が踏み込むと、そこには拘束された上崎と円山の姿があった。２件の殺人事件の犯人は利根ではなく円山であり、円山は、最後に上崎も殺そうとして、かつて遠島が住んでいた廃屋に上崎を連れ込み、拘束したのである。遠島が生活保護を打ち切られ、餓死したことに対する復讐を果たそうとしたのである。円山は、遠島と避難所で出会い、その後も親しく交流していた少女「かんちゃん」であった。円山はその場で逮捕され、上崎は殺されず、事件は終わった。

4．社会保障へのまなざし

『万引き家族』で描き出された年金の不正受給は、法的には受給資格のない者に年金が給付されたという事例であり、社会保険給付の濫給の一例である。

それに対して、『護られなかった者たちへ』で描き出された、生活保護を受けることを辞退した結果、食費にも事欠く状態になり、餓死したという事例は、生活保護給付の漏給の一例であると言ってよいであろう。

ただし、既述のとおり、濫給か否かや漏給か否かは、どのような判断基準に依拠するかによって評価が異なってくる。

とりわけ『護られなかった者たちへ』の事例は、評価が分かれる可能性が高い。漏給であると評価されるのは、高齢で困窮している女性に、遠い昔に里子に出した娘に金銭的に頼ることを強いるような生活保護の運用は、適切なものとは言い難いという道徳的判断を前提とした場合においてである。そうした道徳的判断は棚上げにして、純粋に法的な観点からどのように評価すべきかを問うたならば、生活保護法４条２項に、民法上の扶養義務者による扶養が生活保護に優先して行われるべきことが規定されていることや、同法24条８項に、保護の実施機関は、民法上の扶養義務者が扶養義務を履行していないと認められる場合においては、その者に書面による通知を行うことができる旨が規定されていることを踏まえるならば、それらの規定を踏まえて、福祉事務所の職員が「扶養照会」を行う旨を告げたことに問題はなく、その結果、生活保護の辞退届が出され、生活保護が打ち切られたことは漏給とは見なし得ないという評価も、十分に可能である[4]。

これに対して『万引き家族』の事例は、それを濫給ではないと論じることは、法的な観点からはまったく不可能であるし、法ではなく、何らかの道徳規範や価値観に依拠したとしても、やはり困難であろう。しかしながら、年金受給者と生活を共にし、食事の準備や身の回りの世話等の様々なケアを提供してきた者が、金銭的にはその年金受給者に給付される年金に依存しており、それなしでは生活できないような場合には、年金受給者の死亡後、一定期間その年金を受給することは、その者の年金受給者の死亡前の生活への貢献度に照らし合わせるならば正当であると主張することが、どのような道徳規範や価値観に依拠したとしても、まったく不可能であるとは言い切れないように思われる。

しかしながら、重要なのは、『万引き家族』の事例が濫給に該当するか否かや、『護られなかった者たちへ』の事例が漏給に該当するか否かではなく、これら二本の映画が、濫給もしくは漏給と見なしうるケースが発生したことの責任を、どこに帰着させているかである。

まず『万引き家族』の年金の不正受給に関してであるが、受給資格者が死亡したことを故意に隠して、その者の銀行口座に、日本年金機構が、受給資格者死亡の事実を知らずに誤って振り込んだ年金を引き出し、費消することは、日本年金機構を被害者とする詐欺である。法的観点からは、信代は詐欺罪の主犯であり、治は共謀共同正犯に該当する。そして、それゆえに、２人は法的な責めを負うべきであるということになる。映画のなかでは、信代が、自分の一存で単独で行ったことであると自白し、彼女だけが刑に服すが、治も同罪である。

ただし、信代と治の犯した罪が、どの程度重いものなのかについては、『万引き家族』のストーリーは、２人が罪を犯した経緯を考慮するならば、２人に重い刑罰を科すことは適切ではないのではないかと考えさせるようなものとなっている。映画のなかでは、初枝の死に先行して、治が工事現場で負傷し、仕事ができなくなったが、労災保険による休業補償給付は受けられなかったというエピソードと、信代が、同僚から「りん」のことを公言すると脅され、クリーニング店でのパートタイム勤務を辞めざるを得なくなったというエピソードが描き出されている。そして、初枝の死に直面し、どう対処するか信代と治が話し合うシーンでは、信代に、葬式を出したりするのに必要な金はないと語らせている。初枝、治、信代、亜紀、翔太、そして「りん」の６人の「疑似家族」が、徐々に深刻な貧困状態へと追い詰められていき、貧困ゆえに、犯罪に手を染めざるを得なくなるプロセスが、丹念に描き出されているのである。

もちろん、治は、工事現場での肉体労働ができなくなったのであれば、他の仕事を探すべきであるのに、求職活動をまったく行っていないことを非難することは可能であるし、信代がパートタイム勤務を辞めざるを得なくなったのは、「りん」と同居し続けたかったからであり、それは、未成年者誘拐という犯罪事実を隠し続けたかったからであるということに他ならず、自業自得であると評価することもできる。しかしながら、『万引き家族』は、そうした自己責任を強調するストーリー展開にはなっていない。治は、労働意欲が低い、怠け者の男性として描かれてはいるが、工事現場での負傷それ自体は、治の責めに帰すことのできない不幸な事故として扱われている。また、信代が「りん」に母性愛を感じるに至る経緯が丁寧に辿られ、その描写からは、信代の「りん」と暮らし続けたいという思いが、自らが犯した罪を隠蔽し続けたいという自己本位なものではないことを読み取ることができる。

さらに付言するならば、『万引き家族』では、６人が「疑似家族」的な共同生活を営むようになった経緯が、血縁を有する者との家族としての生活に失敗した者や、そうした生活から弾き出された者が、偶然に出会い、それなりに安住できる「場」を作り出していったプロセスとして描写されている。そうした描写は、ようやく作り出すことができた安住できる「場」を失いたくないという思いが、初枝の死の隠蔽や年金の不正受給へとつながっていったという理解を、視聴者に促しているように思われる。

それらの点を踏まえるならば、『万引き家族』においては、年金の「濫給」という事態を発生させた責任は、特定の個人に全面的に帰着させることができるようなものではなく、むしろ、社会のメインストリームから外れ、奇妙な「疑似家族」を形成せざるを得なかった者たちが、徐々に深刻な貧困状態へと追い込まれていったという事態の推移に帰着させるべきものとして扱われていると言うことができる。法的にはともかく、倫理的には、特定の誰かを有責者として指弾することはできない過誤として、年金の「濫給」が描写されているのである。

この、誰か特定の個人に責めを帰すことにできない過誤であるという認識は、『護られなかった者たちへ』での、遠島の生活保護の辞退に起因する餓死という「漏給」事例の取り扱いにおいては、より明確である。

この映画には、遠島が餓死したのは生活保護が不当に打ち切られたからであると考え、杜浦市福祉保健事務所に抗議に出向いた利根に対して、杜浦市福祉保健事務所所長を務めていた城之内が、日本の生活保護はどのようなものであるかについて語るシーンがある。このシーンにおいて、城之内は、福祉事務所の民法上の扶養義務者に対する調査権限の強化や不正受給に対する対応の厳格化等をその内容とする2013年の生活保護法改正[5]について言及したうえで、日本においては、欧米諸国に比較して、生活保護受給者の割合が著しく低いことや、そのことが国際連合において問題視されていることを述べる。そして、「そういう国に住んでいるんです、われわれは」と、利根を諭すように言う。この城之内の言辞はもちろん、自らが「漏給」の責任を問われることを回避したい一心の、言い訳とも理解可能なものであるが、しかし、末端の福祉事務所では如何ともし難い、日本の生活保護行政の構造的問題を指摘したものであると解することもできる。すなわち、この映画は、この城之内の言辞を挿入することをとおして、視聴者に、遠島が餓死するに至ったことについて、特定の個人に責めを負わせることはできないという理解を促していると考えることができる。

責任を特定の個人に帰着させることはできないというメッセージが、より明確に伝えられるのは、上崎が苫篠と蓮田に、遠島が死に至った経緯を述懐するシーンでの、上崎の発言をとおしてである。上崎はまず、生活保護を辞退すれば、遠島がたいへんになることはわかっていたが、その時は思考停止のような状態になっていたと言う。そして、その理由として、東日本大震災により、被災地では、それ以前からの生活保護受給者や新規の生活保護申請者への対応に関連した業務が増大し、福祉事務所の職員に過重な負荷がかかるようになったことや、国や厚生労働省から「濫給」状態に陥らないように努めることを求める「言葉にならない圧力」がかかる一方で、不正受給も後を絶たなかったことを述べる。そして、そうしたなかで、同僚であった三雲が「原理・原則」ということを言い始めたことに触れ、「原理・原則」に従うことが、結局は多くの人を救うことになると信じて、そのように生活保護行政に携わったと語る。

一般に、日本の生活保護法は、「国家責任の原理」、「無差別平等の原理」、「最低生活保障の原理」、および「補足性の原理」の４原理と、「申請保護の原則」、「基準および程度の原則」、「必要即応の原則」、および「世帯単位の原則」の４原則に立脚していると解されている[6]。三雲が言い始めたと上崎が語る「原理・原則」とは、これらの４原理および４原則に他ならない。これらのうち、「補足性の原理」に従うならば、生活保護よりも、民法上の扶養義務者による扶養が優先的に行われるべきことになり、扶養照会は、そうした観点から正当化されることになる。また、「申請保護の原則」に従うならば、生活保護は、原則として、生活保護を受けたいという意思を表明する本人の申請に基づいて行われるべきものであるとされ、それゆえに、自ら辞退届を出した者に保護費の支給を継続することは、この原則に反した不適正な対応であるということになる。

こうした意味での「原理・原則」への言及は、遠島を死に至らしめたことの責任は、生活保護行政を末端で担っている城之内、三雲、上崎をはじめとする杜浦市福祉保健事務所の職員個々人にあるのではなく、彼らの職務遂行を規律する日本の生活保護法の構造にあるということを含意している。遠島の餓死は、生活保護法が「補足性の原理」や「申請保護の原則」に立脚していているがゆえに生じた事態であり、その責任を特定の個人に帰着させることはできないという理解が、「原理・原則」の強調から導き出される帰結なのである。

上崎の述懐においては、こうした含意を有する「原理・原則」へ言及に加えて、東日本大震災という誰の責めに帰すこともできない自然災害の結果として生じた、被災地の福祉事務所の職員のオーバーワークや、日本の財政状況の悪化を背景とした、「漏給」を防止するようにとの国や厚生労働省からの圧力への言及もなされていることは、既述のとおりである。それらの言及もまた、責められるべきなのは特定の個人ではないという含意を有している。すなわち、上崎の述懐は、城之内の語りと同様に、遠島の餓死に帰結した生活保護の「漏給」が、特定の個人に帰責できないものであることを、視聴者に伝えているのである。

『万引き家族』が、年金の不正受給へと追い詰められていく「疑似家族」の姿を描き出していると言うことができるとしたならば、『護られなかった者たちへ』は、生活保護の不適切な打ち切りへと追い詰められていく福祉事務所職員の姿を描き出していると言うことができる。前者においては「濫給」が、後者においては「漏給」が、その責任を特定の個人に帰着させることのできない事象として扱われているのである。

以上の分析を踏まえて、最後に、本章で取り挙げた２本の映画における、家族の扱いについて、簡単に触れておきたい。

まず『万引き家族』は、配偶者や血縁を有する者との家族としての生活に失敗した者や、そうした生活から弾き出された者が、偶然に出会い、それなりに安住できる「場」を作り出していった結果として形成された「疑似家族」の生活を描きだしたものである。年金の不正受給は、そうした「疑似家族」を破綻へと導いた１つのエピソードに他ならない。

『護られなかった者たちへ』においても、配偶者や血縁関係のある家族に頼ることができない者たちの集合体としての「疑似家族」的結合が重要な意味を持っている。すなわち、被災地の避難所で偶然に出会った老女と青年と少女の関係は「疑似家族」的なものであり、この「疑似家族」的結合が、復讐としての殺人事件の母胎のような位置づけを与えられている。また、その一方で、遠島にとって、実の娘は、里子に出してしまったことへの負い目ゆえに、自分が極度の貧困状態に陥ってもなお、頼ることのできない存在である。

配偶者や血縁関係のある家族に頼ることができないという状況は、今日においては、ごく少数の者のみが遭遇する例外的なものではなく、誰もが経験しうるものとなっているように思われる。そして、そうであるがゆえに、映画に描き出され、そうした状況に随伴する様々なエピソードが、多くの人々に共感を持って受け止められるのではないかと考えられる。

それとともに強調しておく必要があるのは、『ベヴァリッジ報告』が公表された時代はともかく、少なくとも今日においては、配偶者や血縁関係のある家族に頼ることができないがゆえに経済的に困窮しているという事態は、そうした事態に至った理由がどのようなものであるにせよ、社会保障制度が正面から対応すべきものであると考える余地があるということである[7]。そうであるとしたならば、この章で取り挙げた２本の映画は、社会保障制度が対応すべきであるのに対応できていない事象を描き出したものであるいうことになる。そうした理解を踏まえるならば、これらの映画は、それぞれで取り挙げられている社会保障に関連したエピソードが濫給もしくは漏給に該当するか否かや、濫給もしくは漏給に該当するとして、その責任はどこに帰着させるべきなのかといった問いに加えて、今日の社会において社会保障制度はどのようにあるべきかという、より根源的な問いも発していると言うことができる。

【注】

1　生活保護における濫給と漏給に関しては、原田（2010）および関（2012）も参照。

2　我が国の生活保護の捕捉率の低さに対する批判として、稲葉（2013：67-70）および今野（2013：25-26）を参照。

3　外国籍の者は長らく国民年金の加入資格がなかったために、加入資格が認められた後に加入しても、保険料の拠出期間が年金受給資格を得るために必要な期間を下回り、高齢に達しても年金の支給は受けられないことから、加入を断念し、それゆえに無年金となってしまった在日コリアンが、そうした経緯ゆえに年金の支給を受けられないのは、法の下の平等を保障した憲法14条１項に違反していると主張し、その結果被った損害の賠償を求めて日本国を訴えた訴訟において、裁判所は原告の主張を認めていない。この在日コリアン無年金訴訟の背景、経緯、および結果については、金（2019）を参照。

４　もっとも、「扶養照会」が行われる可能性が、貧困状態にある者に生活保護の申請を躊躇させる要因となっていることを批判する論考は少なくない。例えば、田川（2014）、小久保（2021）、中村（2021）等を参照。

５　2013年の生活保護法改正に関しては、吉永（2015：64-90）を参照。

６　日本の生活保護法の４原理および４原則と、それらの原理・原則のそれぞれの意味については、江幡（2007：52-64）、岩永（2016：72-77）、小島（2020：127-135）を参照。

７　そうした方向で社会保障制度の役割を再考するうえで、ライフスタイルの多様化に社会保障制度がいかに対応すべきかを検討した笠木（2014）が示唆的である。

【参考文献】

阿部昌樹（2017）「就労なき社会的包摂の可能性」大阪市立大学都市研究プラザ編『包摂都市のレジリエンス』水曜社

稲葉剛（2013）『生活保護から考える』岩波書店

岩永理恵（2016）「生活保護制度の原理と種類」岩田正美・杉村宏編『公的扶助論：低所得者に対する支援と生活保護制度〔第３版〕』ミネルヴァ書房

江幡五郎（2007）「生活保護制度の位置づけ」川村匡由編『公的扶助論』ミネルヴァ書房

笠木映里（2014）「社会保障における『個人』・『個人の選択』の位置づけ」荒木尚志編『岩波講座現代法の動態３：社会変化と法』岩波書店

神尾真知子（2022）「社会保障法の全体像」神尾真知子・増田幸弘・山田晋編『原理で学ぶ社会保障法』法律文化社

金敏寛（2019）「無年金問題：在日コリアン高齢者無年金国家賠償請求訴訟」朝鮮大学校政治経済学部法律学科創設20周年記念誌刊行委員会編『今、在日朝鮮人の人権は』三一書房

小久保哲郎（2021）「生活保護の『扶養照会』問題」『賃金と社会保障』1776号、旬報社

小島晴洋（2020）『ナビゲート社会保障法〔第２版〕』信山社

今野晴貴（2013）『生活保護：知られざる恐怖の現場』筑摩書房

関智弘（2012）「保護率の行政学：誰が政策を変容させるのか」『公共政策研究』12号、有斐閣
田川英信（2014）「生活保護における扶養調査の実際と課題」『貧困研究』12号、明石書店
手塚洋輔（2010）『戦後行政の構造とディレンマ：予防接種行政の変遷』藤原書店
中村健（2021）「生活保護申請と扶養照会の問題点」『人権と部落問題』73巻９号、部落問題研究所
林正義（2008）「地方財政と生活保護」阿部彩・國枝繁樹・鈴木亘・林正義『生活保護の経済分析』東京大学出版会
原田久（2010）「生活保護政策における『過誤回避』・試論」『季刊行政管理研究』132号、行政管理研究センター
ベヴァリッジ，ウィリアム（2014）『ベヴァリッジ報告：社会保険および関連サービス』一圓光彌監訳、法律文化社
宮本太郎（2021）『貧困・介護・育児の政治：ベーシックアセットの福祉国家へ』朝日新聞出版
山口道昭（2015）『政策法務の最前線』第一法規
吉永純（2015）『生活保護「改革」と生存権の保障：基準引下げ、法改正、生活困窮者自立支援法』明石書店

第５章

映画から読み取る中国の社会保障の変遷

『苦い銭』
『三姉妹―雲南の子』
『薬の神じゃない』

楊 慧敏

１．はじめに

中国は1970年代の改革開放の施行以来、経済が急成長してきた。それと同時に、経済成長を支えてきた国民の医療・労働・年金など基本的な生活保障は整備されつつあるものの、多くの課題が残されている。中でも、国民の「看病難、看病貴[1]」医療問題、出稼ぎ労働者[2]の長時間労働や貧困、都市部と農村部の社会保障や経済格差などは社会問題としてしばしば取り挙げられている。

本章では多くの課題のうち、出稼ぎ労働者および、重大疾病の一つである慢性骨髄性白血病患者の状況や課題が描かれている３本の映画を取り挙げる。それらの内容紹介と分析を行いながら、中国の社会保障の変遷を考察することを目的とする。

３本の映画を簡潔に紹介すると、１本目は、2010年代初頭出稼ぎ労働者のストライキが多発している中過酷な労働実態を描いたもの（『苦い銭』）、２本目は父親の出稼ぎにより貧しい農村部に残された子どもの生活の厳しさ（『三姉妹―雲南の子』）がありのまま撮られているドキュメンタリー、３本目は、医薬業界が激震した2014年の「ニセ薬」に関する事件に基づいたノンフィクション映画である（『薬の神じゃない』）。

映画の紹介や分析に入る前に、それらの舞台である2010年代初めの中国の社会情勢や社会保障について紹介しておく。

2．出稼ぎ労働者と医療をめぐる問題

中国では、人口の約８割も占める農村人口の都市部への移動を規制するために、1958年から戸籍制度が実施されてきた。農村人口の営みは農業であったが、1970年代の農村経済体制の変化により農村余剰労働力が発生した。

そこで中国政府は、農村企業の起業と発展を通して各地域の農村余剰労働力を吸収するという「就地移転（離土不離郷）」政策方針を打ち出した。一時的に政策効果があったものの、農村企業の成長はしだいに鈍化し、余剰労働力の吸収が難しくなった。1990年代以降の外資企業の急激な中国進出と相まって、農村企業は解散や合併および人員削減などが余儀なくされるようになった。この時期の農村余剰労働力は、およそ1.2億人、全農村労働力の３割弱を占めると推計されている（大島、2016：35）。

上述したような変化を受け、農村余剰労働力は1980年代から都市部に出稼ぎに行く（離土又離郷）ようになった。出稼ぎ労働者の規模は1990年代に入ってから急激に増大し、彼（女）らとその家族が都市部へ流入する、いわゆる「民工（出稼ぎ労働者）潮」が発生した。2008年に創設された「出稼ぎ労働者観測調査制度」によると、出稼ぎ労働者の数は2008年の2.2億人から年々増加し、2021年時点では2.9億人にのぼる[3]。なお、産業別でみると、2020年の出稼ぎ労働者は主に第二次産業（48.1％）、第三次産業（51.5％）に従事している（国家統計局、2021）。業種の上位は、第二次産業の製造業（27.3％）と建築業（18.3％）、第三次産業の住民サービス業、修理・その他サービス業（12.4％）となっている。年齢構成比が最も大きい層は、31～40歳（26.7％）である。

出稼ぎ労働者の増加に伴い、彼（女）らをめぐる多くの問題が出てきて、対策が打ち出されるようになった。対策の１つは、国務院（日本の内閣府に相当する部署）が2006年に公表した「出稼ぎ労働者問題の解決に関する国務院の若干の意見」である。意見では、出稼ぎ労働者が直面している問題として、低賃

金、賃金支払いの遅延・不払い、長時間労働、劣悪な労働環境、社会保障の欠如、子どもの義務教育の保障、生活居住面の問題などが挙がっている。本章に直接関連する、出稼ぎ労働者の低賃金と子どもの義務教育について補足する。

まずは、低賃金について、出稼ぎ労働者は法定の最低賃金を下回り、時間外労働の支払いがない、いわゆる、「同労働別賃金」（張、2011：190）という問題がある。賃金問題をめぐるストライキは2010年から多発していた。発端となったのは、2010年５月に広東省で起きた部品工場の出稼ぎ労働者が賃上げを求めるストライキである。その後、出稼ぎ労働者による賃上げや労働環境改善などのストライキが中国各地で数多く起きた。成功したケースもあれば、賃上げの実現に至らなかった、または、出稼ぎ労働者の要求からはほど遠い結果となったケースもある。

次に、出稼ぎ労働者の子どもに関連して義務教育の保障について言及されている。親に出稼ぎ先に連れられて、住む場所を転々とする「流動児童」と、戸籍所在地に残されて親族・近隣とともに生活する「留守児童」の２種類がある。2020年時点、それぞれの人口数は、7,109万人と1,289万人である（国家統計局、2022）。学齢児童は戸籍所在地に設置された学校に就学するのが原則とされている中、流動児童は親の出稼ぎ先（非戸籍所在地）において義務教育が受けられず、留守児童は受けられる教育資源の量と質が不足しているといった課題が残されている。

ところが、出稼ぎ労働者の子どもが直面している困難は義務教育問題だけではない。留守児童の例を挙げれば、親と離れて暮らす子どもは、生活費の不足や学費滞納、家庭教育の欠如、悲観的・孤独になりやすいなどの不利を被っている。子どもの権利を保障するにはそれらの不利を是正する必要性があるのは言うまでもない。

21世紀初めの中国では、もう１つのホットイシューは医療問題である。中国政府が医療に対する支出を削減したため、患者の個人負担が増え、過剰診療を抑制するメカニズムが機能せず患者へ必要以上の検査や薬剤投与を行うことが横行していた（三浦、2009：10）。世論調査によると、58％が「看病難、看病貴」を挙げ、次に高い「就労・失業」（33％）を大きく上回った（汝ほか、2006）。

胡錦濤政権（2002〜2012年）は、深刻化しつつある医療問題を最優先課題として位置づけ、積極的に取り組んだ（李、2016：77）。その成果として、1998年に改革を図った都市従業員基本医療保険に続き、2003年に農村住民を保障する新型農村合作医療保険制度、2007年に都市住民を対象とする都市住民基本医療保険制度が構築された[4]。だが、それらの医療保険は被保険者の自己責任を強調し、医療費の一部しか保障していない。それがゆえに、国民は医療保険に加入したとはいえ、重大疾病を患うと、高額の医療費の支払いを強いられ、中には家計崩壊や多額の借金を背負うケースもある。

被保険者の高額医療費負担を軽減するため、2002年に都市従業員を対象とする企業補充医療保険、2015年に都市・農村住民を対象とする大病[5]医療保険が施行された。それにより被保険者が高額医療費を支出した場合、上記の医療保険給付のほかに、規定内の企業補償または大病医療保険の給付受給が可能となった。

まとめると、社会の変化や経済の発展に伴い、国民の生活や就労、そして必要となる社会保障の内容は変化しつつある。農村企業の労働力の吸収力が弱まり、都市部の労働力の需要が増えていく中、出稼ぎ労働者をめぐる生活、労働保障の需要が生じ、増大している。それに関連して彼（女）らの子どもの生きる・育つ・守られる・参加する権利の保障が求められている。そして、医療は医療サービスへのアクセスや自己負担の軽減から、大病までの保障が必要となっている。

３．映画から見る社会保障の改革

１）『苦い銭』

・監督：ワン・ビン
・イギリス公開年：2016年
・日本公開年：2018年
・主要キャスト：シャオミン、ユェンチェン、シャオスン、リンリン、アルツ、

ラオイエ、ファン・ビン、ホアン・レイ
※第73回ベネチア国際映画祭オリゾンティ部門
脚本賞・ヒューマンライツ賞受賞

本作は、2014年から2016年の浙江省・湖州市で働く出稼ぎ労働者の過酷な労働、そして日々に現れる感情、生活中の衝突を記録したドキュメンタリーである。

映画はシャオミン（上図の左）と家族、里帰りをしている出稼ぎ労働者ユェンチェン（上図の右）および近隣の住民が裁縫工場の出稼ぎの話し合いをしている場面から始まる。内容は法定就労年齢に達していないシャオミン（当時15歳）を就労させる方法である。その方法とは、年齢が記載されている身分証を提示しないこと、学年と年齢を改ざんすることである。

画面が変わり、シャオミン、ユェンチェン、シャオスンの３人はバスと列車を乗りつぎ、故郷の雲南省から約2,200キロ離れた浙江省の湖州市に向かう。列車には多くの出稼ぎ労働者も乗っている。１人の男性が仕事内容の多さと危険さについて語っている。座席指定のない乗車券を購入した乗客は、列車の乗車口周辺の床に荷物、または持参の椅子を置き座っている。その中には、赤ちゃんを抱いている若い女性もいる。

乗車して約20時間後シャオミンたちはようやく駅に着いた。駅から出た３人は小さいバスに乗り、宿泊先に向かう。約30分後目的地周辺に到着。シャオミンはユェンチェンと階段を上がり、玄関から続く長い廊下を渡り、一番奥にある彼女たちの部屋にいく。部屋にはベッド、テーブル、椅子以外、洗剤やタオル、鍋などの生活必須品だけが置いてある。シャワーやトイレは共同である。

シャオミンは、街にある店で子どもの服とラベルを包装袋に入れる仕事をしている。作業台やラックの上下には服が山のように置かれ、壁にセットアップした服が展示されている。店の奥にすでに包装袋に入れた服が大きい袋に梱包されている。作業台の前に立って仕事をするシャオミンの横に座り、夫との喧嘩の話をしているのは、安徽省出身のリンリンである。彼女は夫と喧嘩して家から追い出され、妹のところに身を寄せている。リンリンは夫から暴力を受けている。

カメラは、店から出て妹のところに向かうリンリンを追う。電灯のない階段を登り、リンリンは廊下で妹夫婦と夫のこと、お金のことそして今後のことを話し合う。妹から母親が、リンリンの夫婦喧嘩の間に入っている自分を叱ったと告げる。妹夫婦と別れたリンリンは夫と経営する売店に向かう。小さい店には商品棚やレジ台のほか、１台の麻雀マシンが置かれ、４人の客が麻雀をしている。

リンリンが夫に自分が追い出される理由はないと言った途端、夫のアルツは「黙れ、出ていけ」と怒鳴る。口論が続く中、アルツがリンリンの髪の毛を引っ張って、ひたすら出ていけと怒鳴る。暴力はどんどんエスカレートする。それを見ていた４人の客は麻雀をやめ、お金を払って店から出る。その後、リンリンはアルツからの暴力暴言を受け続けた。友人のラオイエが止めに入ったが、アルツはやめようとしない。リンリンは店から出て道端に立ち、ラオイエを通してアルツに里帰りの交通費や息子、母親へのプレゼント代を要求したが、もらえなかった。夜の道端に腕を抱え、困惑するリンリンの姿が撮られる。

夫婦喧嘩の原因について、アルツは事故で右手が不自由になった自分に対して妻の配慮が足りないという。今回は、自分が食事を作ったのに洗い物をするよう言われたので腹立ったとアルツが語る。

場面がシャオミンとユェンチェンの部屋に戻る。シャオミンと一緒に出稼ぎにきたシャオスンが座っている。彼は１週間しか働いていないが、仕事を辞めて帰るという。工場の仕事に慣れず、加えて勤務時間が１日12時間以上で、昼休みがない、とその理由を語る。駅に向かうバスの中、シャオスンは街の様子を眺めていた。

深夜、流行りの音楽が流れている部屋で、リンリン夫妻の喧嘩を止めにはいったラオイエが、上半身裸でミシンを動かして服を作っている。ラオイエと一緒に服を作るのは他の男女３人と、奥の部屋にいる数人である。仕事が終わったラオイエは住まいに戻っていく。そこに住んでいる複数の出稼ぎ労働者の日常や会話がカメラに収められている。若い女性の２人が自然に囲まれる故郷の写真、男性たちの仕事に対する不満や不安などがありのまま写されている。ホアン・レイは、雇用主が給料を出さないため工場の仕事を辞めたいがお金がない。ファン・ビンは、仕事が遅いとの理由で解雇されたため別の工場で働くことにした。彼（女）らの話題は仕事から、マルチ商法の講習会になる。１人の女性は、マルチ商法を見破り、信じられないと語る。

喧嘩していたリンリン夫婦が再登場する。仲直りできていないようだが、２人は夜まで一緒に包装袋に入れられた服の梱包作業をしている。リンリン夫婦が幅１メートルを超える梱包袋を広げ、１人の男性が服を詰めて入れる。作業をしながら、個人経営の小さい工場と大工場との競争の難しさが語られる。雨が降る中、彼（女）らが懸命に梱包作業をし続けるところで中、本作の終幕を迎える。

最後に本作の撮影地である湖州市と出稼ぎ労働者の簡潔な説明がテキストで映し出される。「湖州市は、１万8,000 の裁縫工場、30万人を超える出稼ぎ労働者がいる。出稼ぎ労働者は主に、雲南省、貴州省、江西省、安徽省、河南省の農村部出身者である。」

２）『三姉妹―雲南の子』

・監督：ワン・ビン
・イギリス公開年：2012年
・日本公開年：2013年
・主要キャスト：インイン（長女）、チェンチェン（次女）、フェンフェン（三女）、イエンイエン（従姉妹）、スン・シンリャン（祖父）、スン・シュンパオ（父親）、チュ・フーリェン（伯母）

※第69回ベネチア国際映画祭オリゾンティ部門グランプリ賞受賞

本作は、標高3,200メートルの雲南省の山中の貧しい村（洗羊塘村）にいる10歳、6歳、4歳の三姉妹の2010年の日常生活を記録したものである。彼女たちの母親が家出し、父親は出稼ぎに行っていた。祖父や伯母は近くにいるものの、彼女たちは自宅で生活していた。彼女たちが置かれていた環境の劣悪さ、生活の厳しさは、同じ農村出身の筆者に大きな衝撃を与えた。

最初のシーンは、山に囲まれ、自然の豊かな村の全貌である。場面が変わると電気の灯りのない部屋の一角に、起床したばかりの三女のフェンフェン（左図の右）が、座っていた長女のインイン（左図の真ん中）と次女のチェンチェン（左図の左）の周りを歩いている。その後、フェンフェンはチェンチェンと遊んでいたが、チェンチェンに足で強く押されたフェンフェンが床に倒され、泣きながら「お父さんに言う」と言う。2人の横で火起こしをしていたインインはフェンフェンを起こして慰める。

3人は、汚れている服を身につけ、高原で生活しているため頬が赤くなっている。彼女たちの住まいは、平屋の土間およびリビングと思われる部屋があり、床は凸凹している。寝室の2つのベッドは黒く汚れた壁のすぐ横に置かれ、一部がすでに黒くなっている藁と汚れのついた毛布がその上に置かれている。玄関の扉は鍵付きの上下二段の木製ドアで、玄関先とその周辺は石が敷かれている。そして、石の中に彼女たちの飲料水と生活用水である井戸水を汲むための簡易蛇口がある。

家から出かけた三姉妹は、伯母（チュ・フーリェン）の家にやってきた。伯母の家には、大量のジャガイモが置いてある。ジャガイモは家族の主食であり、家畜の食材でもある。チェンチェン1人で伯母の家の豚を内庭から囲いに入れ、インインは家の中で料理をする。

場面が変わると、濃い霧に包まれる丘の上でインインはチェンチェンの足の様子を確認する。チェンチェンが履いている靴がボロボロで、彼女の足サイズに合っていないため、踵に傷ができている。チェンチェンはタバコの箔紙に唾をつけて踵に貼り付けた（絆創膏のような使い方)。その後、インインはフェンフェンの頭や体を確認し始める。長い間入浴できていないため、フェンフェンの身体にノミがいるからである。

外で豚の放牧をしていた三姉妹が伯母の家に帰るとすぐ、インインとチェンチェンは、もの運びのお手伝いさせられた。土の塊のような大きいものを奥のスペースに移動し、小さい方を外に出す。途中、伯母に「早く！」と急かされる。小さい塊がいっぱい入っている大きいちりとりは重くて、何往復かするとインインの息が上がり、苦しい表情となる。

お手伝いがようやく終わったインインは、教科書のカバーを作ろうとしていたイエンイエン（従姉妹）の横に座った。インインは教科書を自分の膝に置き、咳をしながら宿題をする。ボロボロでいつも濡れている靴を履いたインインは風邪をひいたようである。鉛筆削りのないインインは、農作業用の鎌を使って鉛筆を削る。インインは年齢の近いイエンイエンに、自分のクラスはレッスン５まで終わったと話す。その後、伯母に家畜のための草刈りをするように言われたインインはしぶしぶ教科書を置いて草刈りに行き、家畜（アヒル、鴨、鶏）の世話をする。インインは、ジャガイモを洗ったり、運んだりした後、伯母が加熱し容器に入れた野菜やジャガイモを足で踏んで潰す。母親と一緒に家畜を囲いに入れたイエンイエンは、別の容器でジャガイモを踏み潰す。

薄暗い電気がついている伯母の家で三姉妹がご飯を食べながらテレビを見ている。３人が茶碗を手にして、テーブルの上に料理が載せられた皿が並んでいる。だが、明かりが暗すぎるため、彼女たちの食事の内容はよくわからない。しばしテレビを見た後インインが懐中電灯を使って、妹たちと自宅に帰る。

翌朝、次女のチェンチェンは井戸水で洗濯をしている。外出から帰ってきた長女のインインはチェンチェンに代わって洗濯を終わらす。体を暖かくし、濡れた靴を乾かすためインインたちは火を起こした。三女のフェンフェンが靴を脱いでインインに、「みて、私の足が濡れている」、「あなたの靴は私のより濡れている」と言う。それに対して、インインは「どっちの方が濡れているかの争いはしない」と言い、靴を火の横に置いた。インインの足は寒さで赤くなり、足指に泥がついている。その後、３人は火で熱したジャガイモを味付けなしで食べた。

父親（スン・シュンパオ）が帰省した。３人がとても喜んで、笑顔で父親を出迎えに行った。甘えん坊のフェンフェンが父親の膝の上に座り、お湯で手足を洗ってもらう。その横にチェンチェンが座って自分で手を洗いながら、「もう何年も手を洗っていない」、「お父さんが出てから手を洗っていない」と言う。

姉妹の父親と祖父（スン・シンリャン）が料理を作りながら、父親（32歳）の再婚について話していた。姉妹の父親は母親が戻ってくるのを待っていたが、今どこにいるかがわからない。食事を終えて、インインは父親と祖父の会話を気にしながら食器洗いをする。唯一学校に通っている長女のインインを家に残し、次女と三女を父親の出稼ぎ先に連れて行くと父親が祖父に話している。その理由は、都市部の学費が高いからである。父親がインインに「私はあなたを見捨てない」と言い、インインは「私は祖父がいる」と返す。

２日後、父親が三女を肩に乗せ、次女を脇に抱えて橋が整備されていない川を渡り、バスに乗り込んだ。姉妹２人は前日に父親と姉のインインに手足を綺麗にしてもらい、新しい服を着ている。山路を走るバスの中、フェンフェンは父親の膝の上、チェンチェンがその横で寝ている。

残されてたインインは休み時間に学校の前でお菓子を購入して食べる友だちの様子を眺めている。カメラが教室に移ると、壁の白い塗料が剥がれている教室に約20人の生徒がいる。インインは一番後ろの列に座り、先生の板書を懸命に教科書に写していた。

家に帰ったインインは父親からもらった新しい靴を履いて井戸水でジャガイモを洗う。夕飯は祖父に作ってもらう日もあれば、インイン１人で火を通したジャガイモを食べる日もある。暗闇に１人でしゃがんで味付けのないジャガイモの皮を剥いて食べるインインの姿に筆者の胸が痛んだ。

１年後、出稼ぎ先での生活を続けられなくなった父親は、娘２人と、子連れの女性（再婚相手）とともに村に戻り、農業と家畜で家計を立てる。継母は父親の前では姉妹に優しく接するが、裏では三姉妹に暴言を吐き、暴力をふるっている。

最後のシーンは、次女のチェンチェンと三女のフェンフェンが継母と姉のインインが洗濯する川の横で遊び、チェンチェンが手で顔を隠して笑いながら童謡を歌う。その歌詞は、「世界中でお母さんが一番、お母さんがいる子どもが宝物、お母さんに抱かれてとても幸せ」である。

３）『薬の神じゃない！』

・監督：ウェン・ムーイエ
・脚本：ウェン・ムーイエ、ハン・ジャニョ、ジョン・ワイ
・中国公開年：2018年
・日本公開年：2020年
・主要キャスト：チョン・ヨン（シュー・ジェン）、リュ・ショウイー（ワン・チュエンジュン）、リウ・スーフェイ（タン・ジュオ）、リウ牧師（ヤン・シンミン）、ボン・ハオ（チャン・ユー）、チャン・チァンリン（ワン・イエンフイ）、ツァオ・ビン（ジョウ・イーウェイ）
※第55回金馬奨オリジナル脚本賞・新人監督賞受賞

この作品は、お金に困っていた主人公が、金儲けのためにインドから輸入した慢性骨髄性白血病のジェネリック薬の密売を始め、後に販売グループを結成して利益を得ていたが、警察に密輸犯として目を付けられ、追われる身になりながらも白血病患者の切実な訴えに応えるため低価格で販売し続けた物語である。

映画は、2002年の上海で、男性向けのインド産回春薬を扱う売店の店主チョン・ヨン（上図の真ん中）が色んな支払いを迫られているシーンから始まる。チョン・ヨンは、店の家賃や父親の手術費を払えず、離婚した妻からは息子の移民の同意を求められていた。

ある日、「血液のがん」ともいわれている慢性骨髄性白血病患者のリュ・ショウイー（上図の上顎マスクをしている男性）がチョン・ヨンの店にやってきた。彼は、国内で認可されているスイス製薬会社の治療薬グリニック薬が非常に高価であるため、より安価で成分が同じインドのジェネリック薬を仕入れてほしいとチョン・ヨンに依頼した。

場面が変わり、お金が必要だったチョン・ヨンは、半信半疑でインド工場に行き、ジェネリック薬を密輸して販売するようになった。販売価格は、一箱2,000元（約４万円）で、国内の治療薬（３万7,000元、およそ72万円）のたった20分の１である。ジェネリック薬は患者にとって手頃な価格で、効果があるため、購入する人が増えていった。より多くのジェネリック薬を仕入れ、販売するため、チョン・ヨンはリュ・ショウイーを含め、５人グループを結成した。他の３人のメンバーは、白血病の娘をもち白血病患者が集まるネットコミュニティの管理人のリウ・スーフェイ（上図チョン・ヨンの左）、リュ・ショウイーと同じく白血病を患いインド側と英語で交渉できるリウ牧師（上図リュ・ショウイーの右）、力仕事が得意な不良少年のボン・ハオ（上図チョン・ヨンの右）である。

密輸密売ビジネスは順調に拡大していった。しかしそれにより認可されているスイスの製薬会社の利益は損なわれた。そこで、スイスの製薬会社はチョン・ヨンたちのジェネリック薬を"ニセ薬"だと訴え、警察に取り締まるよう要求した。チョン・ヨンは密輸密売で捕まれば重い刑期になることを知り、自分や仲間の身を守るためにグループを解散し、代理権をチャン・チァンリン（上図リウ・スーフェイの左。長年偽薬を販売している）に譲ることにした。

チョン・ヨンはグループ５人で売店で酒を飲みながら鍋を食べていた時、「明日から私はこの薬を販売しない」と告げる。４人は「また飲みすぎた？」「これは面白くない」「何言っているの？」と驚きを隠せない。大雨の中、４人は怒り、悲しみを抱えながら次々と店から出ていく。

１年後、チョン・ヨンは密輸密売で稼いだお金で裁縫会社を立ち上げており、経営がうまくいっている様子が映される。そこにリュ・ショウイーの妻が訪ねてきて、治療薬がなく手術するお金がないためリュ・ショウイーの状況はかなり悪く、自殺を試みたと告げる。代理権をもっていたチャン・チァンリンはジェネリック薬の価格を２万元に値上げしたため、患者が密告し、チャン・チァンリンの逃走を受け患者がジェネリック薬を手に入れることができなくなった。チョン・ヨンはリュ・ショウイーのお見舞いに行って、病気の苦痛で変わり果てたリュ・ショウイーの姿をみて心を痛めていた。リュ・ショウイーの病気は、骨髄移植以外治療方法がないと医者が言う。ある日の夜、痛みで目が覚めたリュ・ショウイーは、病床の横に寝ている妻と幼い子どもをみて微笑んで、窓から飛び降りた。チョン・ヨンがリュ・ショウイー宅に弔問に行くと、リウ・スーフェイとリウ牧師もいた。そこから出たチョン・ヨンが目の当たりにしたのは、狭い廊下に２列に並んでいる患者同士である。チョン・ヨンは彼（女）らの注目の中でその場を後にした。階段に座っているボン・ハオが泣きながらみかんを食べていた。

以前の輸入方法が使えなくなったため、チョン・ヨンは再びインドに渡り、無事に薬の輸入経路を確保でき、グループメンバーに呼びかけ薬の再販売を開始する。そして、患者の負担を軽減するため仕入れ値（2,000元/箱）の４分の１の値段（500元/箱）で販売する。その差額は裁縫会社の利益から補った。

薬の再販売は警察に目をつけられ、捜査が開始される。薬を所持している多くの患者が警察に連行された。捜査リーダーを務めるツァオ・ビン（チョン・ヨンの義理の弟）は患者に薬の出所を聞くが、誰も答えない。１人の老婆が帰ろうとするツァオ・ビンを呼び止める。３年間、72万円/箱の認可薬を飲み続けた結果、家がなくなり、家族が自分から離れたと語る。「ニセ薬と言われている薬の真偽は患者である自分たちが一番わかっている」「まだ死にたくない。生きていきたい」とツァオ・ビンに哀願する。

港の警備員の通報を受けて警察がチョン・ヨンたちの薬輸入場所にやってきた。トイレに行ったボン・ハオは警察が来ていることを見た。ボン・ハオは運転免許を持っていないがチョン・ヨンを残して薬を積んだトラックを運転する。警察に追いかけられた彼は無理やり門から出たものの、トラックに跳ねられ、亡くなった。

ある日の夜、薬を運んでいたチョン・ヨンが警察に逮捕された。法廷上、「慢性骨髄性白血病の治療に有効なのは、インドのニセ薬ではなく、認可を受けているスイス製薬会社の治療薬だ」と原告側の弁護士が述べる。被告側のチョン・ヨンの弁護士は、チョン・ヨンの行為は法律に触れたが、ここ１年あまりに1,000名の慢性骨髄性白血病患者がジェネリック薬で命をつないでいる。そして、高価な認可薬の価格の合理性に疑問を呈しながら、チョン・ヨンは利益を追求しているのではなく人の命を助けていると述べる。

判決は、チョン・ヨンが国の承認を得ていなかった「ニセ薬」の密売の罪で

５年の有罪判決であった[6]。法廷外では、多くの患者がチョン・ヨンの移送を見送っている。チョン・ヨンは移送車内から涙ながらにマスクを外した患者たちをみる。そのなかには、亡くなったリュ・ショウイーとボン・ハオの姿もあった。

中国政府はこの事件を重要視し、チョン・ヨンの刑期を５年から３年に減刑した。それと同時に、医療保険の改革を行い、慢性骨髄性白血病患者は治療を受けやすくなっている。

終幕は、出所したチョン・ヨンを迎えに行ったツァオ・ビンが、「治療薬は医療保険の保障範囲に入れられた。これからも回春薬を売って」と言うシーンとなっている。

４．ボトムアップ方式で創設された社会保障とその改革

中国の社会保障の特徴として、トップダウン方式がしばしば取り挙げられている。だが、上の３本の映画の紹介を通して、国民の要求が社会保障に反映されている、つまり、ボトムアップ方式の形があるといえよう。

より具体的に述べると、大病や難病に関する医療保険制度は、『薬の神じゃない！』の原型に基づいて改革が行われた。治療や薬の保障範囲の拡大により、患者は治療を受けやすくなると同時に、経済的負担が軽減できる。そして、『苦い銭』に映り出された出稼ぎ労働者の低賃金や賃金の未払いおよび長時間労働などを解決するため、中国政府は関連政策を打ち出してきた。その政策は、前述した「出稼ぎ労働者問題の解決に関する国務院の若干の意見」のほかに、出稼ぎ労働者が社会保障の失業保険、医療保険などに加入できると明記するものがある。

『三姉妹—雲南の子』に見られる留守児童と貧困問題に関しては、2015年の「国務院による貧困からの完全脱出に関する決定」や2016年の「農村留守児童を支援・保護する事業に関する意見」などの対策が打ち出された。習近平政権の１つの目玉政策である貧困脱却の成果として、三姉妹の撮影地である洗羊塘村のすべての村民は、2017年にインフラが整備されている老店鎮尹武地域に移住したことを挙げられる。

このように国民の切実な願いが社会の関心を集め、制度改革につながる可能性がある。そして、社会の関心を喚起するために映画が大きい役割を担っている。例えば、『薬の神じゃない！』は、中国で500億円を超える大ヒットを記録した。誰もが病気になり、薬や治療が必要となる現代社会において、映画の物語は「自分ごと」になるかもしれない。そのため、多くの国民の関心を集めた。

前述した問題は多くの人々が直面、または、直面しうるものであるため、共感および対策の実行につながりやすい。他方で、これまで当たり前だと思っているが、実は問題視すべきものがある。一例を挙げれば、重いケア負担を担う子ども、いわゆるヤングケアラーである。儒教の影響が強い中国においては、子どもが家族のケアを担うことが美徳とされている。だが、なかにはケア負担が重いがゆえに、本人の学校生活や健康、進路などに影響を与え、子どもの権利が損なわれてしまうケースがある。『三姉妹—雲南の子』の長女インインはまさに担うヤングケアラーである。妹たちの世話や伯母の家の家事、家畜の世話で風邪を引いてもインインはそれらのケアを担い続けていた。インインのような子どもの実態把握、そしてそれに基づいた支援策の構築がこれから求められるものとして挙げられるのではないか。

【注】

1　「看病難、看病貴」とは、国民の医療へのアクセスが難しく、医療費、とりわけ自己負担が高額だという意味を表している。

2　出稼ぎ労働者とは、農村戸籍と請負耕地を有するが、農業に従事せず、主として非農業産業に従事し、その賃金で生活する者をいう（劉、2006）。出稼ぎ労働者は中国語で、「農民工」である。用語の違いによって誤解を招くことを避けるために、本論では「出稼ぎ労働者」に統一することを断っておく。

3　2020年の出稼ぎ労働者の数は前年より1.8％減少した。その要因として、中国人事科学研究員の呉師は①都市化の進展による農村戸籍人口の減少、②新型コロナウイルスの影響、③出稼ぎ労働者の教育レベルの上昇による労働市場への参入の遅れを挙げている（宗金、2021）。

4　中国の公的医療保険制度は、本人の戸籍（農業戸籍・非農業戸籍）や、就業の有無によって、大きく2つに分類される。都市で就労する会社員等の被用者（非農業戸籍）は「都市従業員基本医療保険」に（強制）加入し、都市の非就労者（非農業戸籍）や農村住民（農業戸籍）は医療保険制度に（任意）加入する。なお、2016年の「都市・農村住民基本医療保険制度の統合に関する意見」に、農村住民と都市住民を保障する２本の医療保険を１本にまとめるという方針が出された。

5　大病とは、医療費の自己負担が一定額を超え、家計に重大な打撃を与えたゆえに貧困に陥ったり、再び貧困に陥ったりという状況をもたらす悪性新生物や普通慢性疾患などの重い病気を指す。

6　原型となる2014年の「陸勇事件」の主人公である陸勇は、ニセ薬販売だけではなく、クレジットカード管理妨害罪などの容疑で逮捕され、起訴された。そして、陸勇は数百名の白血病患者の連名の起訴取り下げの請願のもとで釈放されたというハッピーエンドである。

【参考文献】

大島一二（2016）「中国農村における余剰労働力問題の展開」『桃山学院大学経済経営論集』57（3），33-48

張玉菡（2011）「中国都市部における出稼ぎ労働者の社会保障」『千葉大学大学院人文社会科学研究科』23，181-196

三浦有史（2009）「中国の医療格差と医療制度改革：経済成長の持続性を問う」『環太平洋ビジネス情報』9（33），6-43

宗金建志（2021）「農民工の規模が初めて減少、高齢化も進展（中国）：国家統計局『農民工観測調査報告』より」日本貿易振興機構（ジェトロ）地域・分析レポート https://www.jetro.go.jp/biz/areareports/2021/f3f3980ce36fb73f.html（最終閲覧日2023年２月１日）

李蓮花（2016）『全民医療保障』の虚実：中央の戦略と地方の実践」沈潔・澤田ゆかり編『ポスト改革期の中国社会保障はどうなるのか：選別主義から普遍主義への転換の中で』ミネルヴァ書房

（中国語文献）

国家統計局（2021）「2020年出稼ぎ労働者観測調査報告」

国家統計局（2022）「共にいる！中国流動人口子女の発展報告2021」

汝信・陸学芸・李培林（2006）『2007年：中国社会情勢の分析および予測』社会科学文献出版社

劉懐廉（2006）「関於農民工政策的幾個問題」国務院研究室課題組編『中国農民調査報告』中国言実出版社

第3部

ジェンダー・LGBTQ

第６章

日本の娘たちの経験の同時代性と今日性

『あゝ野麦峠』
『サンダカン八番娼館 望郷』
『百合子、ダスヴィダーニヤ』

坂本 知壽子

１．はじめに
立場としての「娘」、空間としての「日本」

家父長制社会において、「娘たち」は多くの意味や役割、ときには「価値」を持つ。家父長制の語源的な意味は「父の支配（rule of fathers)」であり、この「父の支配」には「性による支配」と「世代による支配」の２つが含まれる（上野、1990：93-94）。本章で論じる「娘たち」とは、女性を未熟で無垢で無力な存在とし家父長的な欲望をもってまなざされる「少女」ではなく、性支配と世代間支配が交差する地点に存在する「立場としての娘たち」を意味する。娘たちは移動可能な身体とみなされ、移動をともないながら―時には買売[1]されながら―家族はもちろん、社会や国家など大小のあらゆる共同体の中で「娘たち」としての役割を要求されてきた。

本章では、日本の近代化と家父長制社会を生き延びた娘たちを描いた映画３編をテキストとして、日本の娘たちの経験の同時代性と今日性に着目する。「日本社会から娘たちの移動をとらえる」のではなく、「娘たちの移動から日本社会を問い直すこと」[2]を試みたい。娘たちの移動と、空間としての「日本」

が出会うとき、単なる地理的な位置を示す日本を表すだけでなく、経済的、歴史的、文化的など様々なコンテクストを持つカギ括弧つきの「日本」となる。したがって「移動」という経験が娘たちの人生にもたらす影響や意味もまた多様化していく。

移動する娘たちの身体と、日本社会における娘たちの生きづらさをテーマに、ジェンダー、クラス（階層）、地域（都市部と周辺地域）における格差という観点から、日本の近代化過程の同時代を生きた女性たちが登場する次の３編を選んだ。糸引き工女について描いた『あゝ野麦峠』、からゆきさんについて描いた『サンダカン八番娼館 望郷』、職業と結婚と同性愛について描いた『百合子、ダスヴィダーニヤ』である。当時の日本の娘たちを想起しながら、国籍を問わず今日の日本社会につながる娘たちについて考えたい。

２．娘たちに要求される３つの役割

日本社会において娘たちは、主に賃金労働、家事労働（再生産労働）、性労働という３つの労働や役割が要求されてきた。さらに移動可能な身体という認識のもと、古くから娘たちは農魚村から都市へ、日本から海外へと移動してきた。のみならず、海外（とりわけアジア地域）の娘たちもまた日本へと移動している。近年では日本のみならずグローバルな娘たちの移動は「移民の女性化あるいは国際移動の女性化（feminization of migration）」と呼ばれている。

日本の近代家族成立以降を（1）明治以降の近代化過程、(2) アジアへの植民地支配拡大期（大日本帝国時代）、(3) 戦後復興期（高度経済成長期）、(4) 現代（グローバル社会・新自由主義社会）という４つの時期区分で考えてみるとき、時代が移りゆく中で、「送り出し地域（プッシュ要因）と受け入れ地域（プル要因）」（伊豫谷、2007：8）が変化し、娘たちは時代ごとに名称を変えながらも、本質的には同様の３つの役割を求められてきたことがわかる。

賃金労働は、家族の口減らしとして養子や奉公に出されたり、家族の生計を支えたりするために公的領域で行われる経済活動である。(1) 近代化過程では「女工」と呼ばれ、(2) 植民地支配拡大期には富国強兵政策の中で「勤労挺身隊」と呼ばれた。(3) 戦後復興期には日本国内で農村部から都会への移動や海外から日本への移動労働を「出稼ぎ」や「季節労働者」と呼び、(4) 現代では人手不足や長時間・低賃金労働の職場においては「移住労働者」や「外国人技能実習生」が増えている。

家事労働（再生産労働）[3]は、イエの存続のために生じ、家という私的領域で行われる市場外の不払い労働である[4]。(1) 近代化過程では「良妻賢母」が求められ、(2) 植民地支配拡大期には「大陸の花嫁」や植民地同化政策として「内鮮結婚」が奨励された。(3) 戦後復興期には日本の嫁不足解消のための「アジアの花嫁」が登場し、(4) 現代では海外につながる妻を「結婚移住女性」と呼び、多文化家庭に関する政策や支援が少しずつ整えられつつある。

そして性労働は、本来は私的領域である家の中の寝室という究極のプライベートエリアで交わされるセクシュアルな営みが、男性たちにより商品化されたものである。(1) 近代化過程では遊女あるいは海外へ移動した「からゆきさん」[5]と呼ばれ、(2) 植民地支配拡大期には「慰安婦」、(3) 戦後復興期には日本の性産業で働く外国人女性（おもにアジア）を「じゃぱゆきさん」と呼んだが、(4) 現代では「エンターテイナー」として日本に入国している[6]。

3．映画から見る娘たちの経験

本章で取り挙げる3編の作品における同時代性について、触れておきたい。娘たちに求められる3つの役割の賃金労働として『あゝ野麦峠』、性労働として『サンダカン八番娼館 望郷』、そして再生産労働（家族の維持）として『百合子、ダスヴィダーニヤ』を選んだ。

糸引き工女の政井みね（1888/明治21年、岐阜生まれ)、からゆきさんとなった山川サキ（推定1896/明治29年、天草生まれ)、セクシュアリティに苦悩する湯浅芳子（1896/明治29年、京都生まれ)、異性愛と同性愛に揺れる中條百合子（1899/明治32年、東京生まれ）の4名は、同時代に生まれ、実在した娘たちである。

彼女たちが生まれ、思春期を過ごした時代は、明治維新により、大日本帝国が近代化とともに軍事化へと向かう中で、ナショナリズムを強化していった時代である。彼女たちは家族（血縁）が所有する娘たちであると同時に、国家が所有する娘たちでもあった[7]。

映画に描かれたこの４名の娘たちは同時期にそれぞれの事情や背景から移動を経験しており、みね以外の３名は海外生活を送る。彼女たち４名の人生から、日本の近代化過程では居住地域（都市部と貧困地域）や社会的階層（富裕層と貧困層）、あるいは家族としての機能（特に保護者）などによって大きな格差が存在したことがうかがえる。同時に保守的な性の規範が日本社会を支配しており、彼女たちを生きにくくしている様子も見て取れる。ときには女性の分断を生み、またときには女性の人生経験や思考に大きく影響している。

さらに『あゝ野麦峠』で政井みねの家にいた軍服姿の兄（あに）サは、戦地ではからゆきさんたちのいる娼館を利用したかもしれない。また、みねたちは長野県の製糸工場で女工として働いたが、『サンダカン八番娼館 望郷』でからゆきさんだった山川サキが好きになった日本人男性・竹内は長野県出身で「お蚕さんだけが頼みの綱」だった生活の中で、桑畑が霜でやられて、仕事を求めて南洋に来た。『百合子、ダスヴィダーニヤ』の湯浅芳子は、京都の花街で育ち、芸者遊びも好きで、芸妓セイと同棲もしていた。また中條百合子は、エリート建築家の父親とともにアメリカで生活をしていた際に荒木茂と出会った。日本社会に復帰するきっかけを失っていた荒木は、百合子との結婚により日本への帰国を果たし、大学教員の職も得た。この３編からは、性別や階層や地域は異なりながらも、同時代に様々な事情や背景により移動が生じ、移動と移動が出会い、交差し、消費し、利用している様子もまた窺える。

1）『あゝ野麦峠』

・監督：山本薩夫
・脚本：服部佳
・主要キャスト：政井みね（大竹しのぶ）、政井辰次郎（地井武男）、足立藤吉（三國連太郎）
・日本公開年：1979 年
※配給収入14億円で 1979年の邦画配給収入ランキング第2位、同年キネマ旬報ベストテン9位となる大ヒットであった。1979年第34回毎日映画コンクールでは

日本映画大賞ほか受賞。同年第33回日本映画技術賞では撮影賞、美術賞ほか受賞。1980年第3回 日本アカデミー賞では各部門賞を総なめした。

⑴　あらすじ

本作品は、1902（明治35）年から1910（明治43）年まで岐阜県飛騨地方から野麦峠を越えて長野県岡谷にある製糸工場で過ごした女工、政井みねたちの姿を描いている。

「ドナウ川のさざなみ」の曲とともに、1902年、日本蚕糸振興会が主催した生糸生産高世界一祝賀会会場の様子が映し出され、映画は始まる。赤じゅうたんが敷かれた洋館の大広間で、ドレスとタキシード姿の欧米人や日本人の男女が優雅にダンスを踊っている。同じ頃、長野の製糸工場（キカヤ）ではぎっしりと女工たちが座りつめ、機械の轟音に包まれ、茹でた蛹により40度に上る室温の中、汗だくになってせわしなく糸を引いている。

主人公の政井みね[8]やキクたちは、新しく女工となった。飛騨の古川から長野県岡谷まで40里（約157.08km）強の深い雪道を３泊４日かけて徒歩で移動する。

工場に到着すると社長から「縁があって工女になったからには、おめぇたちのとっちゃまだ。大事な娘だ。親子の契りを結んだ以上、おめぇたちはわしの言うことをよく聞いて、立派な工女になってくれ」という挨拶がある。父の支配ゆえに売られた娘たちは、家を離れることにより父から物理的には「解放」されたが、40里強も離れた工場で再び新たな「父と娘」という支配構造に組み込まれた。

やがて歳月が流れ、故郷に帰った娘たちは、出迎えた親たちと再会し、それぞれの家に帰っていく。みねは百円工女になっていた。みねの家では家族が集まり囲炉裏を囲み、みねをねぎらう。軍服を着た兄サは「自分の命は１銭５厘。おめぇは百円工女サマサマだ」とみねを称える。妹たちは自分たちもキカヤに行きたいとはしゃぐ。

優等工女であるみねの家には、年季明けのみねを欲しがる各社の検番たちが訪れる。百円工女になっても、みねの家はまだまだ貧しい。父親は酒に明け暮れ、家族に暴力をふるい、「みねがキカヤで稼いでくる」、「俺のハンコ１つで、銭はどっからでも入ってくるんじゃい」、「俺は百円工女さまのとぅっつぁま（父様）だぞ」と悪態をつく。

娘たちは再び工場に戻る。事務所では金庫から120円がなくなり、会計係のシンキチが疑われる。シンキチと恋仲のキクは検番に相談するが、その場で検番から性暴力の被害に遭う。翌日、水車が止まり、工場の機械が止まってしまう。水車には、キクとシンキチの水死体が引っ掛かっていた。

ときは大恐慌が訪れ、生糸の市場価格が大暴落してしまう。みねの工場も輸出用の糸はすべて返品される。社長は、アメリカの市場が回復するまでは、国内用生糸でつなごうとする。工女たちの労働時間を延ばすため、社長の息子ハルオは時計の針を朝は20分早め、夜は20分遅らせて元に戻す。

とうとうみねは体調を崩し、実家に「ミネビョウキヒキトレ」という電報が届く。みねを案じる女工たちに、ハルオは「政井みねのことは忘れるだ。お前らは糸を取る大事な機械じゃでな。糸を取れんようになったら、廃棄品として捨てられるだ。それが機械の運命だ」と言い放つ。

みねを迎えにきた兄は、みねを背負い、故郷に向けて出発する。やっと故郷が近づいたとき、「飛騨が見える」と故郷を恋しがりながら、みねは息を引き取る。みねの死後、ようやくアメリカ経済が持ち直し、いよいよ「日本の生糸輸出高世界一位の黄金時代を迎えようとしている」というナレーションとともに「ドナウ川のさざなみ」に合わせて踊る男女と、キカヤの女工たちの糸を取る姿で映画は終わる。

本作には、「クルクル回る」描写がたびたび登場する。ドレスを着た女性たちは優雅に踊りながらクルクル回る。女工たちの手により糸を取られる蛹は湯立った桶の中でクルクル回り、蛹から糸を取る機械もまたクルクルと回る。機械がクルクル回るためには、水車がクルクル回らなければならない。その水車を止めたのは、息絶えた娘の身体であった。夏祭りの盆踊りでは故郷の飛騨太鼓に合わせてクルクル回りながら踊る。社会も、経済も、景気も、時代も、父親（本当の父親と社長）の態度も、娘たちの人生も、クルクルと回りながら変化し翻弄されていく。

図1　DVDジャケット写真より

⑵　映画、その後：他者の苦痛に対する表象の（不）可能性

女工といえば女工哀史[9]というイメージが長く日本社会に存在する。かつて作家山本茂実は、野麦峠を越えた元女工当事者の飛騨の女性たち380人に対して聞き取り調査を行い、『あゝ野麦峠』(1968）を発表した。工場における女工たちの労働や生活の様子に関する貴重な記録として女工研究の代表的な作品の１つに挙げられる。副題もまた「ある製糸工女哀史」となっている。このようにして「女工哀史」言説は、女工研究の主要な言説となっていった。一方、『あゝ野麦峠』には苦しかったことも、悲しかったことも、懐かしい話も、恋の話も丁寧に記述されており、女工たちの経験は非常に多彩で多様である。

当時の日本の製糸工場には、1872年（明治５年）にフランスの技術を導入して設立された富岡製糸場のような官営工場と、外国から輸入された機械や技術を模倣した民間の工場があった。官営工場であった富岡製糸場は元士族の娘たちが多く集められ、労働環境も配慮がなされていた。一方、信州にあった民間工場では、飛騨の山奥で冬場は仕事がない貧困家庭の娘たちが集められた。同じ工場で働いたとしても鉄道が生まれる前と後では移動にかかる心身の負担も大きく異なる。工場の運営方法や、女工として過ごした時期や配属先や仕事内容によっても、娘たちの経験は異なる。

ところが映画化されたことにより、視覚化された娘たちの苦痛について、「製糸工場の女工」の姿として「事実」ではないという指摘と反発が生まれた(山本、2010：20-21、23)。まず工場があった長野県側では受け入れがたい描写であると指摘された。また映画が上映された当時、女工経験のある当事者たちが存命であったため、自分の経験と異なるという女性もいた[10]。上述のとおり、変化の激しい激動の時代にあって、勤務した時期や仕事内容によって女工の経験は大きく異なることについて、映画製作者も当事者すらもナイーヴ過ぎたのかもしれない。こうして映画と原作本は、地域や当事者たちと少なからず摩擦を生んでしまった。

これまでの女工研究では、女工たちが工場にいた時期、場所、空間に関する視点はなく、「女工」(←紡績か製糸などの区別がない)、あるいは「製糸工場の女工」(←多様な変数を看過）としてナラティヴに接していたため、女工当事者からも、共感と違和感という相反する声が調査者たちに語られてきた。

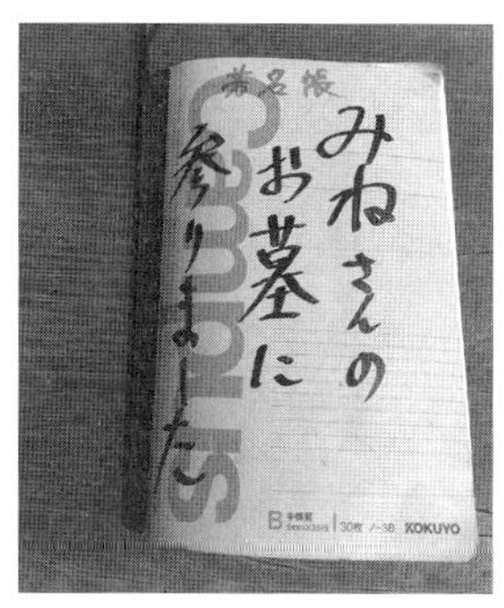

図２　（左）政井みねの生家跡、（真ん中）専勝寺にある政井みねのお墓と（右）芳名帳
現在も多くの人が訪れる。岐阜県飛騨市河合町（旧　河合村）　撮影：坂本知壽子（2022年9月）

一方、『あゝ野麦峠』に書かれた女工たちの苦痛は事実ではないと「否認」する主張の中には、別の脈絡も存在する。現在、岐阜県と長野県の境にある飛騨、高山、岡谷、松本の四市は、観光地域として日本版シルクロードを計画中であり、従来の「女工哀史」イメージを払拭し、ひたむきで純粋な女工イメージやたくましく家族思いの女工イメージを強調する。残したい歴史と残したくない歴史がせめぎあっている。

２）『サンダカン八番娼館 望郷』

・監督：熊井啓
・脚本：広沢栄、熊井啓
・主要キャスト：三谷圭子（栗原小巻）、北川サキ（田中絹代）
・日本公開年：1974年
※本作で主演の田中絹代は第25回ベルリン国際映画祭銀熊賞（最優秀女優賞）を受賞した。本作品も第48回アカデミー賞で外国語映画賞にノミネートされた。

⑴　あらすじ

本作品は、1896（明治29）年に生まれ、1906（明治39）年にボルネオに売られて行ったサキへの聞き取り調査をもとに、からゆきさんたちの姿を描いている。

アジア女性史研究者である三谷が東マレーシアのコタキナバルの空港に降り立ちサンダカンに向かう姿から映画は始まる。

この日より３年ほど前に三谷は、元からゆきさんであるサキに出会い、サキの家でしばし滞在させてもらった。しばらく一緒に暮らすことになった三谷をサキは、息子の嫁だと周囲に紹介する。そうして共同生活が始まる。１週間が経過しても、三谷はまだサキにからゆきさん時代のことを聞き出すことができずにいた。

ある夜、サキの家で眠る三谷が、全裸の男に襲われたことをきっかけに、サキは意を決したように、三谷が聞きたい話を話し始める。

父が亡くなり、畑も人手に渡り、貧しい家庭で、母と兄の安吉とサキは暮らしていた。1907（明治40）年、母が再婚することになる。仲介人の太郎造どん（のちの女衒）は、安吉に１日30銭で三菱炭鉱で住み込みで働くよう勧める。サキには前金300円でいい着物を着て白米をいくらでも食べられる外国に行くよう勧める。サキは外国行きを決意し、送金する金で家を建て、田畑を買い戻し、結婚するよう、兄に勧める。

出発当日、サキの母が織ったつむぎの着物を着たサキを含め３名の娘が太郎造どんに連れられて密航船で故郷を離れる。サンダカンに到着すると、サキたちは太郎造どんの店、八番館に連れていかれる。サキたちは、使い走りや掃除など女中のような仕事から始めた。

1914（大正３）年[11]、女主人が突然、サキの髪を結い始め、サキはその夜から客を取ることになる。逃げ惑うサキに、太郎造どんは「体で稼げ」と暴力を振るう。サンダカンまでの船賃やこれまでの飯代などで、借金は2,000円になっていた。

現地人男性客から衝撃的な性行為があった翌朝、もう「昨夜のようなことはしたくない」という意思表示として、サキは母親が作ってくれた着物を着ていた。太郎造どんは「地味な着物では商売にならない。結婚しても男と女がすることは同じだ。商売と変わらない」と言いながら、サキの大切な着物の袖をむしり取ってしまう。サキは着物をほどき、綿を詰めて布団を作り、客を取る決意をする。覚悟を決めたサキは、「１人でも多くの客を取り、借金を返して内地に帰りたい」と客引きを始める。

1918（大正７）年、日本人男性の竹内と出会う。長野県出身の竹内は、お蚕さんで家が破産し、役場の勧めで仕方なく南洋に来た。サキはこれまで５年間、「男という動物にいじめられどおし」で、「女であって女でなかった」と嘆く。竹内に「今夜こそ、本当の女になりたい」と話し、２人は愛し合う。やがて竹内はサキに結婚を約束する。

ある日、日本の軍艦が港に到着した。人々が日の丸や日章旗を振る中、大勢の海兵たちが行進しながら娼館に吸い込まれていく。娼館では女性１人につき海兵30人ずつ引き受けても終わりそうにない。階段にすし詰めで順番を待つ海兵たちから、太郎造どんは「前金５円」を集める。海兵たちが去った後、サキを心配して竹内が訪れるが、心身ともにボロボロになったサキは放心状態だった。まもなく竹内はマレー人の雇用主の娘と結婚する。裏切られたサキは、男には二度と惚れないと決めた。

1930（昭和５）年、内地より、貴族院議員の一条実孝が南方視察に来た。当時、からゆきさんたちは「目障り」だと言われる一方で、女衒たちは南洋開発功労者として政府から勲章をもらった。サンダカンの娼館界隈で有名な女主人キクは、からゆきさんたちに「国へ帰ってもろくなことはないので帰るな」と教え、サンダカンで他界した日本人のための共同墓地を作った。

しかしサキは翌年、天草に戻る。母は亡くなっており、兄の安吉はサキの送金で大きな家を建て、結婚をし、子どももいた。安吉は外国に奉公に行ったサキを疎んじる。故郷の実家でも居場所を見つけられず、サキは満州へ向かう。奉天で結婚し、息子ユウジもできたが、戦争で財産は消え、引き揚げ途中で夫も失う。サキは京都でユウジを育てたが、成長したユウジは、「女郎暮らし」の経験のある母を恥じて、サキを天草に返した。その後、音信がない。

ある日、三谷は京都のサキの息子の嫁ではなく、何かを調べに来ている東京の人間だと村で噂になる。三谷は去る時期を悟り、サキの家の障子や襖やゴザを新しくし、住まいを整えたうえで、サキに別れを告げる。三谷は本当のことを話す。サキの話を本に書くことをサキは承諾する。

図３　（左、真ん中）女主人木下クニ（劇中名キク）がからゆきさんたちのために建てた墓石と、（右）風化されつつあるからゆきさんのお墓[12]マレーシア・サバ州サンダカン　撮影：坂本知壽子（2007年6月）

サンダカンを訪れていた三谷は、サキの証言をもとに、キクが建てた共同墓地を探す。木々に覆われたジャングルから墓標が見つかり、三谷は墓地を整える。日本に帰ることを拒んだキクが作った墓石はすべて日本に背を向けて眠っていることに気づいた三谷は、からゆきさんたちを想起し、心情をおもんぱかる。

本作には、サキにまつわる「家」が登場する。生まれた家は父を失い、母も兄も働く貧困と勤勉の空間、再婚した母の家は居心地が悪く、入りたくない空間、娼館は失うものが多く苦しい場所であると同時に送金するお金を稼ぐ場所、兄の家は自分の送金で建てられたが、自分の居場所はない他人（兄家族）の領域、奉天の家は家庭を築いたが戦争で失った幻、天草の家は古びて汚くて誰も寄り付かないが三谷と過ごしたつかの間の幸せの場として、描かれている。

⑵　近代化とセクシュアリティ：海を渡る「からゆきさん」

日本には近世（16世紀）より「公権力による買売春統制制度」である公娼制度が存在した。19世紀後半、鎖国時代の江戸時代末期ごろから、社会的貧困に耐えかねて、密輸船などを利用し、海外に出稼ぎに行く「からゆきさん」が現れる。海外との玄関口であり、貧困が深刻であった天草地域は、女性のからゆきさんが多く、その多くは海外の性産業へと送られていった。

映画監督である今村昌平は、海外に置き去りにされ、日本社会から忘れ去られたからゆきさんたちを訪ね、貴重なドキュメンタリー作品『からゆきさん』（1973年）を残している。その中で、からゆきさんたちには日本の被差別部落出身者が多いことも言及している[13]。

1930年代半ばに入り、日本軍は「慰安婦」制度を整え始めたと言われている。『サンダカン八番娼館』の著者である山崎朋子氏は「日本軍人が訪れた」、「日本軍『慰安所』経営に関与した」などの証言を元からゆきさんから聞き取っている[14]。本作品の中でも海兵たちが娼館に押し寄せる場面がある。このことから、日本軍人たちは「慰安所」[15]と呼ばれる「性的慰安施設」ができるまでは、「からゆきさん」がいる娼館を利用していたものと思われる。

⑶　映画、その後：日本から韓国へ、ホスト国の入れ替わり

フィリピンの労働雇用省（Department of Labor and Employment: DOLE）の管轄下にあるフィリピン海外雇用庁（Philippine Overseas Employment Administration: POEA）は、興行ビザでの出国状況を調査している（表1）。移動の変化が顕著な2001年から2008年をみると、2001年では日本への出国者（74,093名）は 興行ビザ（70,244名）が大半で、日本への出国者数と興行ビザの取得者数の増減は完全に一致している。これに対し韓国は反比例しており、特に興行ビザに関しては2007年の日本への移動の大幅減少[16]と韓国への移動の大幅増加が一致している。日本と韓国への入国者の数字の入れ替わりが「人身売買」に関する国際的批判と関連していることに着目し、フィリピン女性の日

Table 22. Deployed Landbased Overseas Filipino Workers by Destination (New hires and Rehires)

	2001	2002	2003	2004	2005	2006	2007	2008	Growth Rate
ASIA	285,051	292,077	255,287	266,609	259,209	222,940	218,983	219,598	0.3%
Japan	74,093	77,870	62,539	74,480	42,633	10,615	8,867	6,555	-26.1%
Korea	2.555	3.594	7.136	8.392	9.975	13.984	14.265	12.367	-13.3%

Table 26. Deployment of Overseas Performing Artists by Selected Destinations - New hires

Destinations	2001	2002	2003	2004	2005	2006	2007	2008
Japan	70,244	73,246	57,605	70,628	38,533	6,672	4,592	2,380
Korea	94	256	237	615	687	487	1,350	1,020

表１　目的地別フィリピン人海外移住労働者の新規および再雇用状況（table 22）と、目的地別新規雇用の海外興行ビザ発給状況（table 26）

https://www.dmw.gov.ph/archives/ofwstat/compendium/2008.pdf より日本と韓国の部分を抜粋。

本および韓国への移住問題も視野に入れながら私は調査を進めてきた（サカモト、2009b）。

「慰安婦」問題の被害者が存在する韓国は他のアジア地域よりも早い時期から活発に解決運動を展開してきた。しかし、韓国における経済発展や血縁文化、さらには分断国家であることに起因する駐韓米軍基地の存在などにより、現在は同じ「慰安婦」被害国であるフィリピンの移住女性たちのホスト国となり、性産業を発達させている。経済によって被害国に位階化が生じている現状の中で、フィリピン人「慰安婦」とその家族たちは韓国や日本をどのように理解することで、自己を保ち、生活を維持し、生き延びようとしているのだろうか。送り出し国フィリピン、ホスト国日本・韓国の３地域でのフィリピン人女性たちのエージェンシーを私は研究中である（サカモト、2009a）。すでに行ったパイロット調査で、韓国の基地村で性産業に従事し、その後、韓国にあるシェルターに保護されたフィリピン人女性たちの中には、日本で働いたのち、韓国へ移動した女性もいた。

３）『百合子、ダスヴィダーニヤ』

・監督：浜野佐知

・脚本：山﨑邦紀

・主要キャスト：湯浅芳子（菜葉菜）、中條百合子（一十三十一）、荒木茂（大杉漣）

・日本公開年：2011 年

・公式サイト：https://tantansha.main.jp/yuriko.html

※文化芸術振興費補助金助成作品。日本国内外の女性映画祭やLGBT映画祭で上映され、2013年（スロベニア）リュブリャナ国際G＆L映画祭（29th Ljubljana Gay and Lesbian Film Festival）「ピンクドラゴン賞」（審査員賞）受賞。

(1) あらすじ

本作品は、1924（大正13）年の湯浅芳子と中條百合子の出会いから1927（昭和2）年、芳子と百合子が留学のためにソビエトへ行くまでの2人の愛を描いている。

中條百合子は、17歳で作家デビューし天才少女と騒がれた。19歳で15歳年上の荒木茂と結婚するが、5年後、2人の結婚生活は行き詰まっていた。一方、湯浅芳子はロシア文学を専門としていたが、生活のために雑誌『愛国婦人』の編集をしていた。芳子は、同棲相手の芸妓セイと別れを迎えていた。

1924（大正13）年、作家・野上弥生子邸で、芳子と百合子は出会う。百合子は荒木と「憎み合っているけど別れられない」関係であり、芳子との出会いに「この5年間、こういう嬉しさに飢えて暮らしていた」ことに気づく。

荒木は、大学教員としての体面を気にしており、百合子とは理想的な結婚だと周囲から思われているため、離婚はできないと言い張る。当初から荒木は、百合子を愛しておらず社会的地位を得るための結婚だと言われてきた。

百合子と芳子は多くの意見を交わし、お互いを理解しはじめる。ある日、椅子に座ったまま寝入ってしまった芳子に百合子はキスをしようとする。百合子は芳子に特別な感情が芽生え始めていることを感じ、「リーべか、フレンドシップか（恋人的なものか、それとも単なる友情か）」について想いを語り合う。芳子は「女性同士であっても、男女の恋人と同じ衝動はあると思っている」と答えるが、百合子は同性同士における激しい親愛の表現との違いをまだ掴みかねており、芳子との対話を通して自分の感情に向き合う。

芳子は、百合子が荒木と別れるために自分を必要としており、方便として使われたくないと言う。セイとの別れが芳子の恋愛を臆病にさせていた。内心では恋愛を避けて、友愛を理想の愛まで高めようとする芳子とは対照的に、百合子は芳子への想いを自覚し「この大事な愛を完全に近く2人の人間が及ぶ限りに育てたい」と自分の言葉で情熱的に表現する。

ところが荒木との関係を清算するはずだった百合子が結局、荒木のもとに戻ることになり、「だから女なんて嫌だ」と芳子は百合子に絶望する。「男が女に惚れるように女に惚れるタチ」だという芳子の言葉の意味を百合子はようやく理解し、荒木との夫婦関係を終わらせる決意をする。

その後も百合子と芳子は毎日、お互いの想いを綴った手紙を交わした。異性愛しか経験してこなかった百合子は、同性愛者の芳子に性的生活に関する考えを尋ねる。「日夜抱いている私の心持ちは、もう睦まじき友という域を超え、切迫したもの。新しき１つの恋愛と言うべきもの」と話す。芳子との対話から自分の気持ちの揺れを確認した百合子は、これを題材として新たな小説『伸子』を書き始める。

さらに百合子との離婚を考えたくない荒木に、ついに百合子は決別を告げる。「あんな嘘だらけの暮らし方には、もう戻れない。君が幸せになるなら、何でもすると言うが、本当は、アメリカでの生活に疲れて、休める場所が欲しいだけ。日本には妻や母という位置に引っ張られて、自分の仕事を半分にし、しかも両方への愛着を口にしながら、生活している女は無数にいる。女が今の日本で自分の力量を示すことができるか。女でもやり遂げれば、どれほどの美と真実を味わうことができるか。一生かけて示してみようと決めた」。

百合子の言葉に荒木は「生活はその覚悟だけで成り立つものでもない」と嘲笑する。「あなたが男の私でなく、女の湯浅さんを選ぶということは、変態の仲間入りをするということ。将来を嘱望された小説家、中條百合子がそれでいいのか？」と続け、芳子には「どんないやらしい技を使って、百合ちゃんをたぶらかしたのか」と罵る。そんな荒木を芳子は殴り倒す。女性同士の愛について、もがき苦しんでいた芳子は、荒木への百合子のこの「演説」を聞き、百合子の覚悟を確信する。

３年後の1927（昭和２）年、２人は民間の日本女性として初めてソビエト・ロシアに留学する。1932年に帰国し、百合子が共産党員の宮本顕治と結婚したことで、７年間の２人の愛の生活は終わる。

図４　（左）宮本百合子、（右）湯浅芳子

本作は、登場人物たちが残した手記や私小説をもとに作られており、非常にセリフが多い。心情を表現する「ことば」を身につけた女性たちの対話は深い。公表されている手記や私小説はもちろんのこと、私的に交わされる書簡や日記に綴られる内容も、セクシュアリティや日本の家庭内で求められる妻の役割、そして女性の生き方などに対する悩みや疑問が、自分の「ことば」で表現される。

またそのような「ことば」を持つ女性の姿に加えて、百合子と芳子の高まる情熱は障子に映る水の影で表現されるなど、「ことば」では表しきれない情動をメタファで対照的に絶妙に表現されている。

⑵　映画、その後：日本社会から押し出され、自分らしさを求める娘たち

映画の中では、一貫して女性同士の愛に悩む芳子と、異性愛と同性愛の間で揺れ動く百合子が丁寧に描かれている。社会通念やマジョリティの中にいた百合子が逸脱とマイノリティへの学びを受け入れる過程であるともいえる。

芳子自身は同性愛者だったが、相手として選ぶ女性は必ずしも同性愛者だとは限らない。そのため「愛した女たちは、いつも男のもとへと去っていく」という不安と、相手が去った後には「だから女なんて嫌だ」と背信を繰り返し味わっている。芳子の愛は「私はあなたによって良くされ、あなたも私によって良くされる。あなたを愛し、あなたの仕事を愛する」という真のパートナーシップであった。

百合子は日本の社会通念のままに異性愛者として男性と結婚はしたものの、日本社会に通底する妻に対する抑圧は受け入れられなかった。百合子が女性同士の愛の生活へと飛び込んだ理由は、自分らしさが奪われる男性中心的な結婚を否定したかったからであった。自分らしく生きられる生活を大切にしている百合子にとって、同性との愛は、前提ではなく結果だった。したがって自分らしく生きられるのであれば、相手の性にこだわらない。エリート男性（荒木茂）や、エリート女性（湯浅芳子）との愛の生活を経た末に、百合子が最終的に選んだ相手は、共産党員の男性（宮本顕治）だった。

映画では、女性同士の愛情を育む過程を通して、日本社会にある男性中心的なセクシュアリティと女性たちの生きづらさが表現されている。実際には、映画では描かれなかったソ連での生活と帰国後の生活という二度の大きな移動が、百合子と芳子の思想や人生においてどのように影響し、２人の関係性がどのように変化していったのかという点も大きなテーマである。

４．娘たちの移動と経験から学ぶ
経済中心から娘たちが生きやすい社会へ

『あゝ野麦峠』の政井みねは、飛騨の貧困家庭を支えるために父親によって製糸工場へ売られていった。『サンダカン八番娼館 望郷』のサキは、天草の貧困家庭で父の死後、母親の再婚を機に居場所を失い、ボルネオの娼館へ売られていった。『百合子、ダスヴィダーニヤ』の芳子と百合子は、裕福な家庭に生まれ、人生を見つめる余裕と豊かな感性と自分を表現する「ことば」を獲得した結果、家父長的な日本社会から追われるようにソビエトへ押し出されていった。

1929（昭和４）年に発表された小林多喜二の『蟹工船』が、2008年に再評価され、日本はもちろん海外でも蟹工船ブームが起きた。本章で取り挙げた３編の映画もまた『蟹工船』と同時代を舞台にしていることを踏まえれば、これら３編の今日性と向き合う意義もあるだろう。

日本の近代化とは社会の貧困層を深刻化させ、「娘たち」が売られていくシステムを作り上げたが、売られていった「娘たち」が稼いだお金により家族は維持され、「娘たち」の労働によって獲得した外貨により近代化、さらには富国強兵が達成される仕組みでもある。

時空間の圧縮（ハーヴェイ、1990=1999）と、グローバル経済や新自由主義が交差する今日の国際社会において、本章で取り挙げた娘たちの経験は衰退するどころか、いまや地球規模で拡大している。一方、家父長制社会の中に閉じ込められ、正当化されてきた娘たちの経験は、社会問題として提起されてきている。国連で現代奴隷制および人身売買問題に関するコンサルタントを兼任する社会学者ケビン・ベイルズは、「用が済んだら捨てる」、「処分できる」などの意味を用いて「Disposable People使い捨ての人々」として取り挙げた（ベイルズ、2000=2002）。

かつては親孝行や国家のためともてはやされた娘たちへの支配や搾取は、今日ではヤングケアラーなどの用語とともに問題提起され、対策や支援が議論されている。日本では男女雇用機会均等法（1985年制定、1986年施行）や出産・育児休暇なども設けられたが、家庭内領域における労働は女性１人が抱え込まざるを得ないワンオペからは、まだ完全に脱しきれていない。

「女性は産む機械」（2007年、柳沢伯夫厚生労働相＝当時）、「同性カップルは生産性がない」（2018年、杉田水脈衆議院議員）などの発言の背景としては、男性中心主義や異性愛中心主義が今なお日本社会に根深く存在することが挙げられる。同時に、これらが社会問題となる現代の日本社会は遅まきながら、人権意識や多様性に対する理解が共有され始めているとも考えていいだろうか。そこには押し出されるように移動せざるをえなかった娘たちが、悔しさや悲しさから流した多くの涙と、異議を唱え続けてきた娘たちの実践が存在する。深刻な不景気の中に沈む日本社会は、経済中心のオトコ社会から娘たちが生きやすい社会へ移行することこそが、生き延びる道ではないかと思う。

※紙幅の都合上、本章で言及できなかったが、家父長制社会に異議を唱える娘たちの実践として、『われ弱ければ：矢嶋楫子伝』（2022年、山田火砂子監督）、『何を怖れる：フェミニズムを生きた女たち』（2014年、松井久子監督）、『この星は、私の星じゃない』（2019年、吉峯美和監督）の三編の映画を紹介しておく。

【注】

1　市場の原理は、需要（買いたい欲望）が供給より先んじるため、特に人身買売や性買売では、「買売」と表記する。

2　移動から場所を問い直すことを試みた伊豫谷登士翁によると、ながらく移民研究においては、移動する人々は周辺化され、「人の移動はあくまでも一時的で例外的な出来事であり、移動そのものは正常からの逸脱と捉えられてきた」という（伊豫谷、2007: 3）。「社会の様々な変化が人の移動としてあらわれる」ため、これまでの移民研究がおこなってきた「場所から移動をとらえる」だけではなく、「移動から場所を問い直すこと」が求められている（伊豫谷、2007:4-10）。本章はこれに倣う試みである。

3　私的領域における家事労働はマルクス主義フェミニズムによる発見である。さらに上野千鶴子は家事労働のみならず再生産労働も含めるべきだと指摘した（上野、1990）。

4　私的領域は「競争と効率のストレスの多い公領域からの避難所、愛と慰めの聖域として作りだされた」が、「私領域が男に対して持っている意味と、女に対して持っている意味とはまったく違っている。男にとっては避難所であっても、そこで愛と慰めを供給するように期待されている女にとっては、家庭は職場の一種に過ぎない」（上野、1990：77）。

5　「からゆきさん」は、厳密には江戸時代末期である19世紀後半から様々な労働機会を求めて貧困地域から海外へ押し出された男女を指す。次第に性産業に従事した女性たちを指すことが多くなった。昭和初期である1920年代ごろまで続いた。

6　エンターテイメントビザ（興行ビザ）や短期ビザで日本に入国するが実質的には人身買売や性買売と繋がっていることが多い。

7　このことは「野麦峠はダテには越さぬ　1つは身のため親のため」、「男軍人、女は工女　糸をひくのも国のため」など糸引き工女たちの歌にも表れている（山本、1968：416）。

8　明治35年11月、契約期間5年、手付金5円という契約書にみねの父親が押印し、女工となった。

9　「女工哀史」は、細井和喜蔵の著書（1925、改造社）のタイトルであり、工場労働者であった著者の目撃と経験をもとに、工場における労働搾取について記録されている。

10　サンドラ・シャール（2020）は、二次資料として既存のインタビューと、長野県における本人による面接調査を一次資料として、工場生活を懐かしむ女工たちの声を掬いあげた。

11　実際にボルネオに渡ったのは1906年、初めて客を取らされたのは1907年、サキが12歳の時であった。

12　木下クニが建てたからゆきさんの墓地は、日本人墓地の中にある。現在では、サンダカン在住日本人の減少にともない、墓の管理も容易ではなくなり、風化されつつある（坂本、2007）。

13　今村監督は、明治後期から昭和初期にかけて女衒であった村岡伊平治をモデルにした劇映画『女衒 ZEGEN』（1987）も製作している。

14　山崎氏がクアラルンプールで出会った「キヌ子おばさん」は日本軍用の慰安所を開設・経営しており、山崎氏は「キヌ子おばさん」から数名の「からゆき」を紹介してもらったことから「キヌ子おばさん」もまた「からゆき」だったのだろうと推測している（山崎、1977:101-116）。

15　「慰安所」は「1）占領地女性への強姦によって生ずる対日感情悪化防止、2）性病予防、また占領地女性を買春することなどによる性病罹患が招く兵力低下防止、3）兵士の不満・暴発防止および戦意高揚、4）軍の機密保持とスパイ防止」を目的として設置されたが、実際には強姦も性病も防げず、むしろ慰安所が性欲を刺激し、強姦を誘発・助長したという指摘もある（金、2002:18-19）。

16　このことは日本への人身買売自体の減少を意味しない。

【参考文献】

伊豫谷登士翁（2007）「序章　方法としての移民：移動から場をとらえる」伊豫谷登士翁編『移動から場所を問う：現代意味研究の課題』有信堂

上野千鶴子（1990）『家父長制と資本制：マルクス主義フェミニズムの地平』岩波書店

金富子（2002）「'慰安婦'問題」井上輝子・上野千鶴子・江原由美子・大沢真理・加納実紀代編『岩波　女性学事典』岩波書店

小林多喜二（1929）「蟹工船」『戦旗』２（6）、戦旗社

坂本知壽子（2007）「『からゆきさん』から日本軍『慰安婦』、そして……」『VAWW-NET ジャパンニュース』2007年5・6月合併号、20-22頁

サンドラ・シャール（2020）『『女工哀史』を再考する：失われた女性の声を求めて』京都大学学術出版会

細井和喜蔵（1925）『女工哀史』改造社

森崎和江（1976）『からゆきさん』朝日新聞社

山崎朋子（1972）『サンダカン八番娼館：底辺女性史序章』筑摩書房

山崎朋子（1974）『サンダカンの墓』文藝春秋　※文庫は 1977年

山本茂実（1968）『あゝ野麦峠：ある製糸工女哀史』朝日新聞社

山本和加子（2010）『「あゝ野麦峠」と山本茂実』角川学芸出版

Bales, Kevin（2000）*Disposable people : new slavery in the global economy*, University of California Press（ケビン・ベイルズ著 大和田英子訳（2002）『グローバル経済と現代奴隷制』凱風社）

Harvey, David（1989）*The condition of postmodernity*, Basil Blackwell（デイビッド・ハーヴェイ著、吉原直樹監訳・解説（1999）『ポストモダニティの条件』青木書店）

（英語サイト）

Philippine Overseas Employment Administration　https://www.dmw.gov.ph/archives/ofwstat/compendium/2008.pdf（最終閲覧日2023年４月17日）

（韓国語（ウェブジン））

사카모토 치즈코（サカモトチズコ）（2009a）'"친구가 한국에서 인신매매 당했어요" 필리핀여성, 한국에이전트 통해 미군전용클럽에 팔려'『웹진 일다』2009年10月19日付 https://www.ildaro.com/5007（最終閲覧日2023年４月17日）

사카모토 치즈코（サカモトチズコ）（2009b）'국제인신매매 통로, 일본－＞한국 이동: 필리핀 여성들의 성을 소비하는 한일 남성들'『웹진 일다』2009年11月6日付 https://www.ildaro.com/5031（最終閲覧日2023年４月17日）

第７章

台湾における性の多様性の受容と分断

『君の心に刻んだ名前〔刻在你心底的名字（Your Name Engraved Herein)〕』
『親愛なる君へ〔親愛的房客〕』

川瀬 瑠美

１．はじめに

台湾という言葉を聞いて、どのようなイメージを持つだろうか。いくつか挙げてみるとすれば、美食、新日、IT産業、両岸関係などがあろう。その中でも近年よく見られるのが、同性婚合法化などを引き合いに、台湾で多様性が尊重されているというイメージではないだろうか。

2019年５月に、台湾では司法院748号解釈施行法が採択され、性別が同一の者同士でも、婚姻の登記が行えるようになった。事実上の同性婚を認める法制度が成立したのである。それをきっかけに日本では、台湾のアジア初の同性婚法制化を取り挙げる記事が様々なメディアで出され始めた。そこでは、婚姻した同性カップルがそれまでの苦労や結婚の喜びを語るインタビューや、デモやパレードに参加した当事者によるライフヒストリーが取り挙げられ、感動的なストーリーとして描かれた。それはさらに、2022年１月に同性婚を認めていない国出身者との国際結婚も認められるようになると、勢いを増した。なかには、「日本も台湾に続け」という趣旨の報道もなされた。

確かに、台湾がアジア初の同性婚法制化を実現し、性の多様性が社会的にも認められる側面を有しているのは事実である。しかしながら、同時に考えておきたいのが、台湾は多様性が認められる風土だけを有してきたわけではないし、現在も強弱はあれど社会の中での軋轢は存在している、ということである。

東アジアのクィアスタディーズを専門とする福永（2017）は、台湾を「LGBTフレンドリーな地域」と表象する言説のみを広げる危うさに警鐘を鳴らし、そのような言説は台湾社会に内在する性的少数者をめぐる問題を不可視化してしまうと主張している。台湾では、性的少数者による運動が発展していくことに反発するように、宗教団体を母体としたバックラッシュ運動（ある政策などに対する反動的な揺り戻し運動）が高まっていた。そうした動きは2000年代後半から急速に規模を拡大させ、2016年には同性愛を含む「ジェンダー平等教育」や同性婚に反対する運動が全国規模で展開されるようになった。つまり「LGBTフレンドリー」な言説と、性的少数者に対する嫌悪的な言説が共存しているのが、台湾の現実だと福永（2017）は指摘する。

またアジアの地域とジェンダー研究を専門とする田村（2022）は、台湾で共有されてきた家族規範について次のように述べている。1949年の中華民国政府の移転から2000年代までの約50年間にわたり、台湾では家父長主義的な家族規範と女性観が残り、社会政策もその思想を活用して設計されてきた。そのなかで、台湾が同性婚を認める法を制定するに至ったのは、当事者やその支援者による運動だけでなく、「人権大国」であることをうたう国際社会へのアピールや、中国大陸の中国共産党との差別化をしたいといった政府の戦略との合致があるのだという。

このように台湾は、自然に多様性を積極的に受容されてきた地域ではない。むしろ、儒教的価値観や華人文化などから作られた家族観を基盤に、長らく「あるべき男女観・家族観・婚姻」が人々のなかで共有され、政府によって制度設計がなされてきた地域と言える。その中で近年、政府戦略と当事者運動が合致し、性の多様性を認める社会の大きな動きが生まれたのである。台湾の社会のなかには、性の多様性をめぐる分断は確かに存在してきており、ある部分では乗り越えられ、ある部分では未だに存在しているのであろうことは、想像に難くない。

本章ではそのような、日本では不可視化されがちな側面に焦点を当てて議論をしたい。具体的には台湾の社会において、性の多様性というものがどのように受容されてきたのか、どのような分断が存在してきたのか、2つの映画をもとに示したい。まず1つ目の映画は、戒厳令解除直後の台湾を舞台にした『君の心に刻んだ名前〔刻在你心底的名字（Your Name Engraved Herein）〕』である。非常に厳しい言論弾圧が行われた戒厳令が解除された直後の台湾で、自身が性的少数者であることを認識し、性的少数者として生きることを考える主人公の目線を通して、当時の性的少数者に対する社会の態度が描かれる。この映画を通して、戒厳令解除直後の台湾での性の多様性受容を考えたい。そして2つ目の映画は、2000年代の台湾を舞台にした『親愛なる君へ（親愛的房客）』である。現代の台湾で、同性のパートナーを亡くした主人公とその家族の関係を通して、同性カップルをめぐる現代の社会的、法的な立ち位置が描かれている。この映画からは、2000年代（現代）の台湾での性の多様性受容がどのようなものなのかを考えたい。そして、この2つの映画の対比を通して、台湾社会に存在してきた分断とはどのようなものか、そして存在している分断とはどのようなものか示したい。

2．台湾の政治と多様性というテーマ

本章では、台湾の性の多様性の受容について、映画を材料に戒厳令解除直後と2000年代の比較から示す。その議論の前段階として、台湾の政治が、市民の言論や多様性というものに対してどのような態度をとってきたのか、歴史的展開を整理したい。

1）戒厳令下の体制

1945年の第二次世界大戦後、50年間日本の統治下にあった台湾は、カイロ宣言によって中華民国に帰属することとなった。その後1949年に、中国共産党との内戦（国共内戦）に敗れた蒋介石率いる中華民国政府が台湾に移転した。そこで蒋介石政権は、反対勢力を弾圧する「戒厳令」を敷き、強固な権威主義的統治を行った。戒厳令下の台湾では集会や結社、言論、出版の自由が厳しく制限され、政権批判だと判断されれば逮捕・投獄される「白色テロ」が横行した。

そのような政治体制の中で行われたのが「中華文化復興運動」である。これは中国共産党による共産主義革命と文化大革命に対して提唱されたものである。中華の伝統である「家は国家の基本、家を整えて国に尽くす」という儒教思想と家庭倫理を政策の重要な柱とした。儒家の始祖である孔子を祭る孔子廟が、19世紀末に建立されていた台北市のものに加え、1970年代に台中や高雄にも建立された。大陸ではあまり行われていなかった伝統行事なども奨励された（田村、2022）。

そこで施行された民法では、「夫が主たる家計の担い手である、夫の居住地が妻と子の居住地となる、妻は夫の姓を冠し、子は夫の姓を名乗る、結婚後の妻の財産、未成年の子に対する親権の行使は父の意思を優先する、離婚した子の監督権は父親に付与される」（Chen、2000）と規定されており、男女で構成される家族の中で男女役割が固定化されるという伝統的ジェンダー観が固辞された（田村、2022）。

さらに性的マイノリティへの弾圧は非常に厳しく行われた。警察に「性的不道徳者」を取り締まる権限が与えられており、売春婦（夫）、性的マイノリティはその対象とされた。1985年に台湾人初のAIDS感染者が確認されると、保健省は麻薬常習犯と売春婦（夫）、性的マイノリティの取り締まりを一層強化した（田村、2022）。

このように、戒厳令下の台湾では、大陸の中国共産党政権に対して「台湾こそ真の中華民国である」ことを示すために、中華の伝統的な儒教思想と家族観が堅持され、そこから外れるものは厳しい弾圧の対象となった。そのような中で、性の多様性などといったことは社会で存在を許されることもなく、弾圧の対象として排除された。

２）戒厳令解除と市民運動の活発化

厳しい言論統制が行われた戒厳令体制は、解除案が1987年に立法院（日本の国会にあたる）を通過し、７月15日に解除となった。ここから台湾は、民主化に向けた政治体制に方向転換され、市民においても様々な社会運動が行われるようになった。

この当時、日本を始めとする多くの国は中国との国交を優先し、台湾との正式な国交を行わない国がほとんどであった。国際的に孤立する台湾にとって、「民主化」は国際社会にその存在をアピールするツールとして活用された。さらに人権やジェンダー平等の重視は、「脱儒教」や「脱中国」を表現するためのスローガンとして、政府方針の中心に据えられた。その中で、市民による運動も多種多様に積極的に行われた。環境保護、消費者、労働者、農民、女性、老兵、身体障害者、宗教、先住民族など、様々な市民運動やそれを行う団体が起こり、運動しない者がいないとまで言われた（鈴木、2022）。

これらの活動の中心となったのは、欧米の大学や大学院で学び、戒厳令解除とともに帰国した研究者や活動家であった。彼らは、「読書会」という緩やかな組織形態を持ちながら、様々な社会運動の団体を組織していった。中でも台湾のジェンダー平等政策に影響を与えた団体が「婦女新知基金会」である。1987年に組織された当団体は、当時の政権を握っていた民進党に強く働きかけ、性被害犯罪防止法や性別平等工作法の制定を実現した（田村、2022）。

性的少数者による社会運動は、これらの動きに少し遅れる形で始まった。先述の「婦女新知基金会」で立ち上げられた読書会の１つである「歪角度」に在籍した数人のレズビアンが中心となり、1990年３月に「我們之間」が発足された。これを皮切りに、大学生などを中心に、性的少数者の運動団体が発足されるようになった。この動きに対しては、政治側からのかかわりも持たれてきた。1993年12月に民進党の立法委員（日本の国会議員にあたる）顏錦福氏によって「誰が同性愛者の人権に配慮するのか公聴会」が開催された。この公聴会では、立法院で当時議論されていた差別禁止法草案の審議に対して、同性愛者についての条項がなかったことから、これに関する意見を聴取するために開かれた。性的少数者の団体の代表が出席し、性的少数者の人権を草案に組み込むことが主張された。結果としてこの法案自体は採択されなかったものの、性的少数者の人権が政治側のテーマとされる初端となった（鈴木、2022）。

このように戒厳令の解除は、台湾社会において市民の自由な社会運動が「始まった」時期と言える。そこでは、あらゆるカテゴリの人々の権利を主張する運動が行われた。そしてそれは、「脱儒教」「脱中国」「民主化」による国際社会へのアピールを目指す政府によっても活用され、一部は政策への反映が行われていった。性の多様性についても、当事者団体が生起し、当事者同士の出会いや共同、在り方についての発信が行われた。そしてその動きは、一部ではあるが政府側にも関心を持たれることになったのである。

3）政府の国家戦略の中での性の多様性への注目

2000年に入ると、性の多様性というテーマは政治的に特に着目されるようになる。2000年に、国民党の李登輝から民進党の陳水扁が総統に就任すると、台湾政府は「人権立国」のスローガンを掲げた。国際人権条約の国内法化を図ることで国際社会から受容されるよう条件を整えることを目指し、人権保障基本法草案の作成が進められた。その草案の24条に、同性愛者の人権について明文化されたのである。この草案は、結果として野党の反対により棄却されたが、与党の草案に盛り込まれるほどの注目がなされたことは重要な点である（鈴木、2022）。

その後、具体的に法制度の中に性的少数者の人権が明記されたのは、教育法規の「性別平等教育法」であった。本法１条では、「性別地位の実質的平等を促進し、性別による差別を解消し、人格の尊厳を守り、性別平等の教育資源及び環境を育成、確立するために、特に本法を制定する」と目的が示されている。そして13条、14条では、学校が学生募集、就学の許可、教学、評価、賞罰などにおいて「性別、性的指向により差別的待遇を行ってはならない」と差別禁止規定が置かれた。そこに2011年の法改正では、差別禁止の規定が加えられた。まず性別、性的指向のほかに、「性的特徴、性自認」による差別禁止が規定され、これに反する状況があれば罰則として学校に対して１万元以上10万元以下の過料が科されることとなった（36条）。そして、学校の学修環境整備における尊重、考慮事項（12条）として、学生および教職員の性的特徴、性的指向のほか、異なる性別と性自認についても加えられた。さらに、性的いじめの定義も新設され、「言語、肢体又はその他の暴力により、他人の性的特徴、性的特性、性的指向又は性自認に対して蔑み、攻撃又は脅威を与え、かつセクシュアルハラスメントには当たらない場合を指す」とされた。本法では、教育現場での実施主体として、全国8,100の各教育段階の学校（幼稚園から大学）、県市政府、中央の教育部に性別平等教育委員会の設置を義務付けている（7〜9条）。このように、法律やその実施細則において性的指向、性的特徴、性自認といった概念が規定されることで、性的少数者にかかわる問題が正式に公共の場へ持ち出され、政治化されることとなった（鈴木、2022）。

2000年代になると、性の多様性は政治の場面において着目されることで、政治の場での議論がなされるようになった。これによって、社会における性の多様性に対する理解が進んだとも言える。しかしながら、同時に賛成派と反対派の双方が激しくキャンペーンを仕掛け合うことも行われた。この動きが激化した2016年には、婚姻の平等化に関する国民意識調査において、それまで賛成５割と反対４割であったのに対し、2016年には反対５割、賛成４割と、逆転した結果となった（鈴木、2022）。公的な議論が巻き起こることにより、市民の対立が明確化してしまう状況も生まれていたのである。

３．映画から見る台湾社会における性の多様性の受容

前節では台湾の政治と市民の言論、性の多様性とのかかわりについて歴史的展開を整理した。そこでは、市民の言論が開かれてゆくにつれて性の多様性は政治的イシューとなっていったことが示された。そしてそれによって社会での理解は進んでいったものの、市民の対立も明確化していったことも示された。

それを受けて本節では、社会における性の多様性が具体的にいかにしてなされたのか、２つの映画を題材に議論をしたい。

１）戒厳令解除直後における性の多様性の受容：『君の心に刻んだ名前〔刻在你心底的名字（Your Name Engraved Herein）〕』

・監督・脚本：リウ・クァンフイ
・台湾公開年：2020年
・日本公開年：2020年
・主要キャスト：エドワード・チェン；ツェン・ジンホア；レオン・ダイ；ジェイソン・ワン；ファビオ・グランジョン

⑴　男女交際の禁止と当然視

この映画は、戒厳令解除直後の台湾を背景に、厳格なキリスト教系の全寮制男子高校を舞台としている。主人公は、高校２年生のジアハンとバーディである。

前述のように、戒厳令の解除とともに台湾では民主化が進み、市民運動も活発となった。しかし、実際の生活規範の中には戒厳令下の影響は色濃く残っていた。映画の冒頭でも、寮の舎監による厳しい持ち物検査が行われている。舎監は、「違反品を隠していないか」と生徒たちの持ち物を次々に漁っていく。そこでは「若者にふさわしくない」としてカセットが没収されたり。その中で「戒厳令は解除されても学校は変わらない」という舎監のセリフがある。戒厳令が解除されても、学校という場では依然として世俗的なものや男女交際が禁止されており、そのために厳しい監視が続いていることがわかるシーンとなっている。

さらにここで言えるのは、男女交際については、“あって当然”という認識が存在することである。寮の舎監は、乱れたものの象徴のように男女交際を明確に禁止している。そこには、若い男は放っておくと女に走る、といった常識が指導者側に根付いていると言える。男女の恋愛は、禁止の対象となるような、存在して当たり前のものなのである。この男女交際の当然視は、指導者側に限らないことも次のシーンでは描かれている。

冒頭シーンが終わると、主人公のジアハンが友人たちと寮から抜け出すシーンへと切り替わる。そこではジアハンたちは、寮から抜け出して他校の女子高生と落ち合い、人目のない場所でデートをする。つまり男女交際は、禁止をされてはいるものの、隠れてであれば“行うことができる”のである。このような男女交際が当然視される中で、主人公のジアハンが自分だけ女性と馴染めないことに戸惑う様子も描かれ、女性に恋愛感情をもてないことへの戸惑いが表現されている。

ジアハンは、戸惑いを抱える中で、もう１人の主人公バーディと出会い、友人への感情とは異なる感情を覚え、バーディの存在が気になるようになっていく。

⑵　性的少数者への周囲のまなざし

同性の恋愛について、それぞれの場でどのように扱われるのか、この映画では主人公ジアハンの周囲の人々の言動から表現されている。深夜に、バーディは友人たち（先ほどのシーンで一緒に抜け出したメンバー）が、後輩を〈ゲイであること〉を理由にリンチをしているところを見てしまう。その様子を見ていたことが見つかったジアハンは、「こいつ（後輩）はキモい奴だ。殴れ」「こいつの病気は周りに感染する。だから殴れ」とけしかけられる。結果的にジアハンは後輩を殴らなかったものの、学校とその友人たちの中では性的少数者の存在は〈認められない〉〈力での排除の対象〉とされていることが表現されている。

では外の世界ではどのように捉えられているのか。当時の蔣経国総統が死去したことを受け、ジアハンとバーディの学校では追悼式に参加する場合は特別休暇が認められることとなった。それを利用し、２人は学校を離れ、追悼式が行われる首都台北市に遊びにいくこととなった。台北には学校で禁止されているカセットや映画、飲食店など別世界が広がっており、２人は自由を楽しんでいた。その途中、「同性愛は病じゃない」というボードを持った男性に遭遇する。その男性は女性物の服を身に着け、街頭に立っていた。しかししばらくすると、複数名の警察官が駆け付け、その男性を連行してしまう。学校とは別世界のように開かれて見えた台北の街でも、性的少数者がそれをカミングアウトすることや権利を主張することは検挙の対象であり、その存在は許されないものだということが描かれている。

ジアハンとバーディの２人は、そのような性的少数者の存在があらゆる場所で許されない風潮に内心で反発するように、長期休暇のほとんどを２人で過ごす。新学期になり、友人たちに「バーディは変態（ゲイ）だ。近づくな」と言われても、気にせず一緒に過ごすことを続ける。

⑶　バーディたちへの攻撃、別れ

新学期になると、学校の体制にも変化が起こる。教育部（文部科学省に当たる）の政策により、女子の入学が許可され、２人が所属するブラスバンド部にも女子部員が入部してくる。普段の授業は男女別に行われ、教室も別だが、部活は同じ場所で行われるようになる。だがそこで、「部活での男女の席は離すように」と、教官[1]の１人がブラスバンド部の顧問であるオリバー神父に主張し始める。顧問のオリバー神父が「そのようなことは練習の妨げになる」と言い、拒否した。オリバー神父は、厳格に男女を分けようとする学校側の体制に意義がないことを、表向きではないものの生徒たちに語り続けていた。ここでは、主人公たちの生活環境において、女子が入学したことをきっかけに〈男女の恋愛の当然視〉と警戒が、より一層強まったことが描かれている。

その中で、バーディはジアハンの仲間にリンチされる。ジアハンの仲間は「ジアハンに近づくな」「変態め」と言い、ジアハンが止めてもやめず、「お前（ジアハン）のためだ」と言い続けた。そしてこの日を境に、バーディはジアハンと距離を置くようになってしまう。さらに、バーディは後輩の女子と交際し始める。ジアハンは、自分たちのこれまでの関係や恋心をなかったことにしようとするバーディに怒りを覚えつつも、自身の性的指向に対する葛藤もより強く抱えるようになっていく。自らも女性と交際しようと試みるも上手くいかなかったり、ゲイの男性と行為に及ぼうとするが嫌悪感が湧き上がり罵倒してしまうなど、〈女性を好きになれない自分への嫌悪〉と〈男性が好きな男性への嫌悪〉を同時に抱えていた。

後輩の女子と交際を続けていたバーディであったが、交際が学校に露見し、バーディは厳重注意、女子生徒は退学となってしまう。学業をおろそかにして校則違反をしたことに、バーディの父親は激しくバーディを叱責した。その争いをジアハンは止めに入ったが、バーディに「お前は恋人でもないくせに。関係ないだろ」と突っぱねられ、バーディとジアハンは殴り合いになる。そこへブラスバンド部の顧問であるオリバー神父が止めに入り、２人を引き離した。

ジアハンはオリバー神父から手当てを受けながら、自分のバーディへの恋心を打ち明ける。しかしオリバー神父は、「キリスト教ではそのようなことは許されない」「その愛は勘違いだ」と諭し、ジアハンの想いを否定してしまう。ジアハンは、常に自分たちの味方をしてくれていたオリバー神父も自分たちの恋愛（同性愛）を否定することにショックを受けつつ、自分たちは間違っていないと主張し続けた。

その後、バーディがジアハンの実家におり、実家の両親が呼んでいるという連絡がジアハンのところに入る。バーディはジアハンの両親に「ジアハンがバーディの彼女を横恋慕しようとしたため殴り合いになった」と嘘の報告をしていたのである。ジアハンの母親が「彼女なんて大学で作ればいいのに」と言うと、バーディが「（ジアハンに彼女が）ずっとできなかったら？」と返す。それを「やめろ」と言うジアハンに、バーディは「臆病なのはどっちだ？」と問いかける。つまりここでバーディは、「性的少数者であることを自分もお前も受け入れて生きていくことはできないだろう？」とジアハンに問いかけているのである。そのシーンはジアハンは何も語ることなく、終わる。次のシーンでは２人は電車に乗り、遠い場所の海へ行く。そこでしばらくの時間を過ごすが、その後はお互い受験勉強に専念し始め会うことはなくなった、というナレーションが入り、シーンは終わる。

⑷　性的少数者としての自分たちの想いを受け入れる

高校卒業から30年後、ジアハンはバーディを探していた。当時バーディと付き合い退学となった女子生徒は、その後バーディと結婚したが離婚していた。ジアハンは、オリバー神父の出身地であるカナダを訪れる。オリバー神父はすでに亡くなっており、オリバー神父の知人に会う。そこでオリバー神父には同性パートナーがいたこと、それによって苦しんでいたことを知る。オリバー神父は、ジアハンが自分のようにならないために、引き留めていたことがわかる。

オリバー神父とパートナーが行きつけにしていたバーで、ジアハンはバーディを見つける。そこでついに２人は、高校時代になぜバーディが女子生徒と付き合ったのか、その理由とともに、当時のお互いの想いを打ち明ける。映画は、誰もいないカナダの街を夜２人で歩く後ろ姿で締めくくられる。

⑸　まとめ

本映画の舞台である戒厳令解除直後の台湾では、性的少数者に対して「存在しないもの」「生存が認められないもの」という社会のまなざしがあったことがわかる。現実の台湾でも、戒厳令の解除によって民主化が推し進められ思想の自由の気運は高まっていたものの、性的少数者への影響は遅れていた。

1987年の戒厳令解除後、次々と起こる社会運動や当事者団体の設立に遅れをとりつつ1990年に、ようやく台湾初の性的少数者当事者団体である「我們之間」が発足する。そこからさらに遅れて、台湾大学に男性の同性愛問題を研究する学生サークルとして「台大Gay Chat」が発足される。ここからようやく、性的少数者同士の交流や読書会、広報誌の発刊による社会への情報発信が行われたのである。それまでの台湾は、戒厳令下で、性的少数者を性的不道徳者と捉える風潮が続いていたことは、想像に難くない。

事実、性的少数者への差別的な行為は続いていた。1995年に、台湾大学公衆衛生研究科の副教授による「同性愛者の流行病学研究報告」が発表された。新公園、ゲイバー、ゲイサウナなど男性同性愛者が集まる場所で、性行為の実態についてのアンケート調査である。回収率はわずか２％であった。この研究では、同性愛者の性的側面にのみフォーカスし、不正常、偏頗、病態といった差別的用語が使われており、血液検査を受けるようにと勧める内容となっていた。これは性的少数者が負うスティグマを強化することになった。この研究は当事者の強い反発を生み、反対デモなどが起こった（鈴木、2022）。研究倫理や公平性が求められる研究者においても、性的少数者の人権という意識は必ずしも共有されていなかったことがわかる。

このように、戒厳令解除直後の台湾は、性的少数者がカミングアウトすることは自身の生命すらも脅かすこととなるような社会であった。映画の中でも、主人公たちは周囲の人々の言動や社会の様子から〈自分たちの想いをなかったものにする〉ことを選択していった。主人公たちは最後のシーン、〈30年後〉〈外国で〉〈同性カップルもいるバーがいるような土地で〉〈周りに誰もいない空間で〉、ようやく自分たちの想いを認めることができたのである。

２）2000年代における性の多様性の受容：『親愛なる君へ（親愛的房客）』

・監督・脚本：チェン・ヨウチエ
・台湾公開年：2020年
・日本公開年：2021年
・主要キャスト：モー・ズーイー；ヤオ・チュエンヤオ

⑴　主人公ジエンイーとワン家

本映画は、2000年代の台湾を舞台としている。主人公は中年男性のジエンイーであり、数年前に同性のパートナーを亡くしている。パートナー亡き後、パートナーと元妻の子ヨウユー、パートナーの母シウユーと同居し２人の世話をして暮らしている。

冒頭シーンは、旧正月で亡きパートナーの弟リーガンが帰省してくるところから始まる。ヨウユーはジエンイーに非常に懐いており、料理をするジエンイーについて回っている。ジエンイーは旧正月の会食のための食事を１人で作るが、シウユーから禁じられ、先祖へのお祈りや会食には参加させてもらえない。旧正月のお祈りや会食を一緒に行うことは、台湾では〈家族の重要な行事〉とされている。それらに参加させてもらえないことで、ワン家の人々、特にシウユーはジエンイーを〈家族〉として認めていないことがわかる。

⑵　シウユーの死

旧正月から半年後、シウユーが急逝する。その知らせを受けて駆け付けたリーガンは、今後のヨウユーの養育についてジエンイーに問いかける。そこで、リーガンは初めてヨウユーが法的にもジエンイーの養子であることを知る。シウユーはジエンイーが、法的にヨウユーの養父となっていることを公言していなかったのである。シウユーは特にジエンイーを家族として公言することを避けていたことがわかる。

シウユーの葬儀後、リーガンはシウユー達の家を売却することを企み始める。しかし土地の権利者がヨウユーになっていることがわかり、彼を養子にすることを画策し、リーガンは、「おばあちゃん（シウユー）は本当に病死なのか？　ジエンイーがお前を養子にしたのは家を狙っているからだ。ジエンイーを信じるな」とヨウユーに吹き込み始める。そこからリーガンは、ジエンイーによるシウユー殺害を警察に訴え、警察や検察も捜査に動き始めることとなる。

⑶　検察官からの問い

リーガンの訴えを受け、シウユーの遺体は司法解剖にかけられることとなった。そこでジエンイーは、裁判官から聴取されることになる。

裁判官：「あの家族とどんな関係なのか？　なぜ日常的な世話をしたり生活費を払っていたのか？」
ジエンイー：「ヨウユーの父は僕のパートナーでした」
裁判官：「パートナー？　どういうこと？」
「故パートナーの死後、家を出ようと思わなかったのか？」
ジエンイー：「僕が女性で、亡くした旦那の家族の世話を続けていたら、同じ質問をしましたか？」

この会話からわかるのは、同性のパートナーということが裁判官という法的に中立である専門職においても想定されていないということ、養子縁組という法制化された制度の下でも家族と同居していることに疑問を持たれる、という台湾の社会状況である。

その後、司法解剖によってシウユーの体から違法薬物が見つかってしまう。警察はジエンイーに対して家宅捜索と取り調べを行い、ジエンイーは職場で冷遇されるようになる。さらにリーガンは、ジエンイーがヨウユーに虐待をしていたとして児童精神科を受診させ、ジエンイーの立場を危ういものにしようと画策した。その中で、ジエンイーが出会い系アプリで出会っていた男に取り調べが行われ、その男が「ジエンイーに違法薬物を売った」と供述してしまう。それをきっかけに、ジエンイーに逮捕状が出る。ジエンイーは職場を退職し、ヨウユーを連れて、亡きパートナーとかつて一緒に登った山へ出かける。その山で警察に見つかり、ジエンイーは逮捕される。

⑷　ジエンイーとシウユーの真相

逮捕されたジエンイーは、検察官へ違法薬物の購入と殺人の罪を認める。しかし回想シーンによって、真相が描かれる。

生前シウユーは、重い糖尿病により足のひどい痛みを訴え、病院へ運ばれていた。病院へ連れて行ってくれたジエンイーに対してシウユーは「あんたはいい男だ。ヨウユーを養子にしてほしい」と話していたのだ。外の目がない場面では、シウユーはジエンイーのことを〈家族〉として扱おうとしていたのである。

養子縁組を行う前、ヨウユーは学校の先生から「宿題のチェック欄に書いてあるジエンイーとは誰だ」と聞かれる。ヨウユーは「パパだ」と答えるが、クラスメイトに「間借り人だ」と指摘される。先生からは「間借り人でもいいから本当のことを言いなさい」と言われる。これはヨウユーにとって、ジエンイーはパパだ、という自分の主張は信じてもらえない出来事であった。

シウユーの望みもあり、ジエンイーはヨウユーと養子縁組の手続きをする。その日、ヨウユーはジエンイーに「なぜ養子にするのか」「自分がいない方が気楽だろ」と問う。するとジエンイーは「いた方が幸せだ。ずっと面倒を見られる」と答える。そしてヨウユーは裁判所の調停で、裁判官に「ジエンイーのことをパパ２号と呼びたい」と話す。ヨウユーは、ジエンイーを「パパ２号」として家族とみなすことができたのである。

シウユーは、入院中に足の痛みを和らげるために鎮静剤を投与されたことから、痛みを薬で和らげる行為に依存するようになる。そして違法に近い民間療法の薬を自己判断で使用するようになってしまう。その薬によって症状は悪化し、足を切断する手術が必要になる。しかしシウユーは手術を拒否し、ジエンイーに「家に帰りたい」と懇願する。それを聞いたジエンイーはシウユーは手術を受けさせず帰宅させる。

帰宅するとシウユーは、ジエンイーに「痛み止めの薬を買ってこい。病院には行かない」「この苦しみを取り除いてくれ」と懇願し始める。しかし病院に行かせるべきと考えるジエンイーは、シウユーが望む薬を買って来ることを拒否する。そんなジエンイーに対してシウユーは突然、「息子（ジエンイーの亡きパートナー）はあんた（ジエンイー）と居て幸せだったか」と問う。ジエンイーはそれに、躊躇いながら「はい」と答える。するとシウユーは「幸せだったならいい。もうあんたを責めない。あんたも自分を責めなくていい」と言う。それは、これまで亡きパートナーの死の原因が自分ではないかと責任を感じ続けているジエンイーを、許すという意味にもなった。ジエンイーは泣き崩れ、シウユーに感謝を伝える。そのことがきっかけとなり、ジエンイーは、違法の鎮痛剤を、出会い系アプリで出会った男から買ってしまったのである。

ジエンイーが買った違法の鎮痛剤は、“半錠以上”飲ませてはいけない薬であった。しかし、ジエンイーが寝ている間にシウユーはヨウユーに薬を持ってくるように言いつける。１錠飲んだところで、シウユーは「もっと飲みたい。あと３粒」と言う。何も知らないヨウユーは、言われるがままに飲ませてしまう。最後にシウユーは「何かあれば、ジエンイーがお前の面倒を見てくれる」と言い残し、薬の作用で亡くなってしまう。ジエンイーは、ヨウユーが罪の意識を感じないよう、罪を被っていたのである。

回想のシーンが終わり、ジエンイーが罪を認めた後にシーンは戻る。事件後、ヨウユーはリーガンに引き取られて上海に引っ越し、家は売却されることになる。ジエンイーは出所後、新しい音楽教室で講師として働くことになった。ヨウユーとジエンイーは離れ離れとなり、ヨウユーが上海から送ったカセットテープだけが、２人を繋ぐものとなった。映画は、カセットテープの歌声を聞くジエンイーのシーンで、終幕となる。

⑸　まとめ

本映画は、戒厳令の解除から15年以上経った2000年代を舞台として描かれたものである。そこでは、性的少数者は、暴力や取り締まりの対象にはならないものの、〈家族として〉〈養育者として〉など社会的な立場を認められない様が描かれていた。

具体的には、シウユーの〈ジエンイーを対外的には家族として認めない〉態度にまず表れている。シウユーは息子リーガンの前では、ヨウユーがジエンイーの養子になることを自分が頼んだこと、ジエンイーが自分の世話をしてくれていることに感謝していることは表出しようとしなかった。しかしジエンイーやヨウユーの前では、それらをジエンイーに伝え、〈家族〉として認めるような態度を取っていた。

次に、検察官や学校の先生による〈家族や養育者として理解しようとしない〉態度である。検察官は、最初の取調べでヨウユーと法的枠組みの中で養子縁組もしているジエンイーに「パートナーの死後、なぜ出て行かないのか。なぜ身の回りの世話や生活費の負担をするのか」という問いをぶつけている。そして学校の先生は、ヨウユーがジエンイーをパパだと言うことを信じず、「本当のことを言いなさい」と言っている。

このような、生死は奪わないものの性的少数者の社会的立場を認めない、社会のまなざしは、現実社会にもみられる。2003年に、台湾で初のLGBTQパレードが開催された。ここには、台北市民政局による公費補助も出され、世界の華人社会で初めてのLGBTQパレードとなった。しかし、この公費による助成に対して、市議会内で「良い風俗を乱して、社会を害する」として批判の声が上がったのである。これにより台北市からの公費補助は打ち切られ、第二回パレードからは性的少数者の団体が独自に開催することとなった。当時の市長である馬英九は「台北市は国際的な都市として、異なる族群グループ、文化を尊重しなければならない。世界の主要都市には大規模な同性愛者のコミュニティがある。同性愛者のコミュニティも同様に尊重されることが、１つの都市が豊かで多様であることを示す重要な要素の１つである」と挨拶をしている。性的少数者を尊重することが、当時の政治家や権力者からも重視され、メッセージとして打ち出されていたにもかかわらず、公費を投ずることに関しては、批判が行われるという状況があったのである（鈴木、2022）。その後、台湾でのLGBTQパレードは2023年現在まで毎年開催され、台湾内だけでなく世界中から多くの参加者が集う一大イベントとなっている。

さらに、台湾では2004年には多様な性について言及した初の法令である「性別平等教育法」が採択されたり、2006年に同性婚を認める民法改正草案が立法院に提出されるなど、性的少数者の権利を擁護するための法整備が推進されていった。しかしそのような動きに対して、アンチ同性婚団体が次々に発足されるなど、激しいバックラッシュ運動も起こった（鈴木、2022）。このように、現実社会でも性的少数者に対しては、映画に描かれたようなまなざしが向けられていたのである。

４．おわりに

性の多様性を受容する法制度と社会に存在する分断の関係を捉える

最後に２つの映画の対比から、台湾において性の多様性の受容がどのように行われてきたのか考察したい。

まず、戒厳令解除直後の台湾を舞台とした『君に刻んだ名前』では、同性愛者は生存が認められない（暴力、取り締まりの対象）であるように描かれていた。そこで主人公（当事者）たちは、自分たちの想いをなかったものにすることを選択した。その後、〈現代〉〈外国〉〈同性カップルもいるバーがあるような土地〉〈周りに誰もいない空間〉という条件が揃って初めて、自分たちの想いを自ら認めることができた。

戒厳令直後の現実社会では、性的少数者による社会運動団体や大学サークル、広報誌の刊行などさかんに行われ始めた時期ではあった。しかし実際には、性的少数者と感染症を結びつけた研究が大学で行われるなど、性的少数者の人権は無視されることが当然に行われてもいた。

次に2000年代の台湾を舞台とした『親愛なる君へ』では、性的少数者は〈暴力や取り締まりの対象〉にはならないものの、〈家族として〉〈養育者として〉の存在は認められなかった。自らの想いは自分では認めることができるものの、主人公たちは息子の学校や息子にも関係性を話しておらず、対外的に表出することはできなかった。また生命の危険を感じるようなことや、目に見える日常的差別はなくなっているものの、法的な立場や家族関係の中での立場は認められていないことが描かれている。現実社会では、同性婚の草案提出や、教育法規の創設など、性的少数者の人権を守ることが政治や司法でも議論されるようになった。さらにLGBTQパレードの開催など市民レベルでは性的少数者の存在は広く認知されるようになった。しかし第一回LGBTQパレードでの台北市による公的補助に批判が起きたり、アンチ同性婚の団体の結成、宗教団体を主としたバックラッシュ運動など、性的少数者の権利擁護や同性婚法制化に対する強い反発を示す派閥も活発化した。

つまり、台湾では近年になっても、同性カップルが養子をもつことや、同性パートナーを家族として認めることについては、市民レベルでの理解はなされていない現実があると言える。性的少数者の権利を法的に制度的に認めるべきという価値観には、未だ反発も多いのである。

２つの映画で描かれたような、台湾に存在してきた、性の多様性をめぐる社会のまなざしは生存を認めない・存在を認めないものであった。『親愛なる君へ』は2000年代を舞台としていたが、その時期であっても、元パートナーの家族や警察官、裁判官といった人々と、主人公の間には深い分断があったことがわかる。

台湾では、法制度としては同性婚の法制化や教育法規の改正、政府の動きとしては教育部発刊の季刊誌での特集など、政治や制度の上では性的少数者の人権保障や理解促進は進んでいる。しかしながら、福永（2017）が指摘するように、性的少数者を対象とした法整備を進めるほどに、バックラッシュ運動は過激になっていったという事実も存在する。また同性婚の法制化のための民法改正に関する国民投票が行われた際は、反対派多数という結果となったのだ。

しかしながら反対派と賛成派による複数回による法案草案の提出、メディアでの双方による複数回の意見主張、といった国会議員や市民の過熱する動きとともに、中国共産党との差別化と国際社会への存在感誇示という政権の戦略が重なり、同性婚の法制化は実現された。つまり台湾は、地域全体が一枚岩となって性別平等教育法や同性婚合法化が行われたわけではない。性の多様性をめぐる分断は確かに残っているのである。

制度が整備され、法的・制度的障壁が緩和される中で、残された分断をいかに解消していくのか、というのが次に台湾が迎える段階であろう。「LGBTフレンドリー」などといったキーワードでひとくくりに捉えるのではなく、社会にある分断と台湾がどのように向き合っているのか、これからの台湾で行われる議論や社会運動をみていくことこそ、外にいる我々にとって重要ではないだろうか。

【注】

1　軍部から派遣されている人材で、教師とともに生徒の生活指導を行う。

【参考文献】

鈴木賢（2022）『台湾同性婚法の誕生：アジアLGBTQ+燈台への歴程』日本評論社

田村慶子（2022）「第３章 重い家庭の負担からの逃避：台湾の家族と女性」田村慶子・佐野麻由子編著『変容するアジアの家族：シンガポール、台湾、ネパール、スリランカの現場から』pp.79-110、明石書店

Chen, Fen-Ling（2000）*Working Women and State Policies in Taiwan : A Study in Political Economy*, Palgrave Macmillan.

福永玄弥（2017）「「LGBTフレンドリーな台湾」の誕生」『世界』898号、pp.89-95、岩波書店

第4部

社会的弱者と差別

第８章

多様なライフコースが交差する多文化空間
韓国の移住者の現在

『バンガ？バンガ！』
『ワンドゥギ』

川本 綾

１．はじめに

韓国は日本とほぼ時を同じくして外国人の流入と定住化が進み、移住者（韓国では「移住民」）に対する法的整備を進めていった。その背景には外国人労働者や国際結婚移住女性の急増があったが、特に移住女性とその子どもたちの社会統合は当時も今も外国人政策の柱となっている。定住が始まってから10年以上が過ぎた現在、彼ら、彼女たちやその子どもたちは何を思いながら暮らしているのだろうか。また、地域でともに生きる人々とどのような関係を結んでいるのだろうか。韓国における移住者の今を捉えるために、韓国の映画２本を紹介したい。超過滞在者と韓国人青年の交流を描いた『バンガ？バンガ！』、期せずして母がフィリピン人であることを知った高校生を描いた『ワンドゥギ』である。

韓国の移住者にかかわる歴史を紐解くと、19世紀末に清国から渡り、華僑として暮らしている人が多くいる。日本と同じく外国人に対して排他的な政策をとってきた韓国にとって長らく「外国人」といえば華僑を指しており、アジア太平洋戦争後に講じられた外国人政策も華僑を意識したものがほとんどだった。その様相が変わるのが1990年代である。1988年のソウルオリンピックのころより好景気と中小企業の人手不足を背景に、90年代には「研修生」という名目で実質的な外国人労働者が流入するようになったのだ。また同じ頃、中国系韓国人の結婚移住を皮切りに宗教団体を通じて日本人女性なども韓国に移住し、2000年代に入ると東南アジアを始めとするアジアの女性が嫁不足に悩む韓国の農漁村地域に入っていった。

2002年には定住する外国人を対象とした「永住」資格が初めて設置され、2005年には「永住」資格保持者への限定的地方参政権が付与された。そして2006年には盧武鉉元大統領が国会で「多人種・多文化社会の進展は逆らうことのできない大きな流れである」と述べたのをきっかけに、政策的な移住者の社会統合が本格化していった。例えば2006年の「居住外国人支援標準条例案」の各自治体への示達、2007年の「在韓外国人処遇基本法」、2008年の「多文化家族支援法」は定住する外国人に対する支援を目的に策定され、移民統合政策を積極的に推し進める政府の基本方針を表していた。また、2007年には2004年から施行された「雇用許可制度」に非熟練の外国人労働者を雇用する枠組みが一本化され、本格的に外国人労働者の受け入れに乗り出した。そして2010年の国籍法の改定では、国内で外国籍にともなう権利を行使しないという誓約をする限りにおいて重国籍が認められるようにもなっている。

なかでも「多文化家族支援法」は、政府の外国人政策の中心となっているものだが、移住女性の韓国語の習得、就労支援、DV被害者の保護、子どもの教育支援などが盛り込まれており、全国各地に多文化支援センターが設置され、移住女性と子どもを対象とした各種プログラムが実施されている。2009年ごろからは高学歴の移住女性を多文化言語講師として育成、派遣し、学校や地域で移住者の子どもたちに親の言語や文化を教えるとともに、韓国の子どもたちへの多文化教育をも行う二重言語教育政策も開始した[1]。これら「多文化政策」ともいえる一連の政策が展開された背景には、深刻な少子化が存在していた。韓国はOECDの中でも合計特出生率が低い国家であるが、2001年には1.31と日本を超して最下位となり、2005年に1.085まで落ちた際には「1.08ショック」という言葉まで登場した[2]。少子化の波は近年更に加速し、韓国の2022年の合計特殊出生率が過去最低の0.78を記録したことがメディアなどで日本でも報道されたのは記憶に新しい。

これらを見ると、多文化政策が当初の目的であった少子化対策として功を奏しているのかどうかは疑問であるが、日本よりも急速に移住者をめぐる法整備は進んでいるように思われる。しかし、なかなか生活圏における隣人としての移住者の姿が見えてこない。今回映画を通して韓国の移住者たちの姿を垣間見るにあたり、１人の生活者として生きる彼ら・彼女らの生き方をより深く理解するためにライフコースの視点から分析してみようと思う。ライフコースとは「年齢によって区分された生涯時間を通じての道筋であり、人生上の出来事についての時機（timing）、移行期間（duration）、間隔（order）にみられる社会的パターン」（エルダー・ジール編著、2003）と定義づけられる。すなわち「ある一定頻度で出現する複数の道筋を社会的なライフコース・パターンとみなし、観察していく」（嶋﨑、2008：20）手法である。多様な生のあり様が当たり前となっている現代において、皆が同じ人生を歩むことはもはやあり得ない。どのライフコースを歩んでも生きやすい社会を作るにあたり、複数の道筋を観察してその中に存在する時代的な影響を同定し、同時に個人が持つ生のダイナミズムにも着目するこの手法は有効であるように思われる。２本の映画を通して映画の時代的背景をわかる範囲で補足しつつ、主人公や主人公を取り巻く人々の相互作用と生きざまを紹介したい。

１）韓国における移住者の現在

韓国には19世紀末に清国から朝鮮半島に渡り定住の道を歩んだ華僑が仁川をはじめ全土で暮らしており、様々な社会的・法的抑圧の中で生活の基盤を築いてきた。しかし、現在「移住者」と言う時に主に想定しているのは、先にも述べたように、1980年代から労働者、または国際結婚で外国から移住してきた人々である。行政安全部が毎年公表している「2021地方自治団体外国人住民現況[3]」によると、韓国には2021年11月現在、帰化者や韓国人の配偶者との間に生まれた子ども等、韓国籍の人々も含めた「外国人住民」がおよそ213万人暮らしている。ここで言う外国人住民とは実質的な移住者とその子どもたちを指している。この統計には、外国籍の人だけでなく、帰化した人、または外国にルーツを持つ韓国籍の子ども含まれているのが特徴的で、全人口比は約4.1

％である。居住地は『バンガ？バンガ！』の舞台となっている安山市が属する京畿道、ソウル特別市、仁川広域市の首都圏におよそ６割が集中している。出身国を見ると、「韓国籍をもたない人の国籍と割合」（図１）は、中国東北部出身の韓国系中国人（31.7％）が一番多く、ベトナム（12.1％）、中国（11.7％）、タイ（9.6％）と続き、他のアジア諸国・地域も含めるとアジア出身者が全体のおよそ９割を占めている。

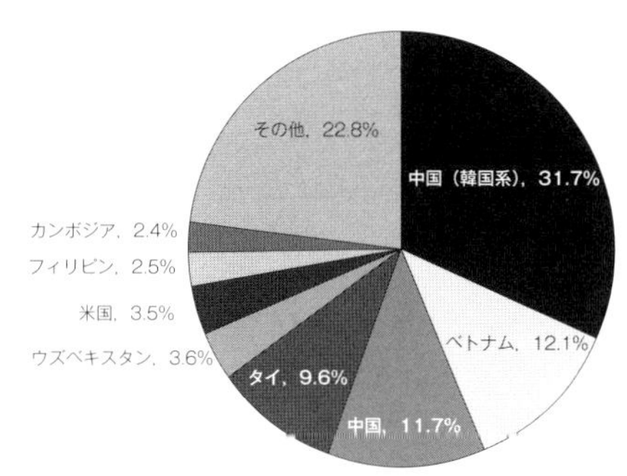

図１　韓国籍をもたない人の国籍と割合
出所：行政安全部（2022）「2021地方自治団体外国人住民現況（'21.11.1）」より作図

また、「外国人住民の類型」（図２）を見てみると、外国人労働者として居住している人が一番多く（18.5％）、外国籍同胞（17.3％）、外国人住民の子ども（12.8％）と続き、結婚移住者も8.2％を占めている。この中に非正規滞在者も含まれているが、この調査では実数を知ることができない。

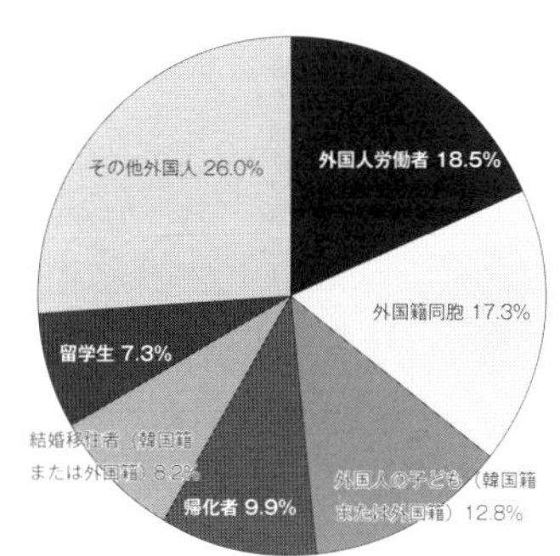

図２　外国人住民の類型
出所：行政安全部（2022）「2021地方自治団体外国人住民現況（'21.11.1）」より作図

非正規滞在者数が別途抽出されている法務部の「2021出入国・外国人政策統計年報」によると、2021年現在、約38万9千人の非正規滞在者がおり、短期、中長期を含めた総外国人数（約200万人）のおよそ２割と大きな割合を占めている[4]。『バンガ？バンガ！』の登場人物や『ワンドゥギ』にも出てくる一部の外国人ははまさにこの非正規滞在者である。非正規滞在者の場合、見つかれば強制送還のおそれがあるため、生活のあり様が表舞台には出ることはないものの、韓国社会の中で隣人として暮らしている人々である。

次に、「外国人住民の子ども」をみてみると、韓国籍、外国籍を合わせて約29万人の子どもがいるが、そのうち出生と同時に韓国籍を取得した韓国生まれの子どもが９割以上を占めている。外国出身の親の出身国はベトナム（34.3％）、中国（18.0％）、中国（韓国系）（14.3％）、そして『ワンドゥギ』の主人公の母の出身国であるフィリピン（8.4％）と続く。年齢を見てみると、未就学児（満６歳以下）が39.6％、小学校（満７～12歳）が37.6％、中学校（満12～15歳）が22.8％と、低年齢層の割合が高いのが特徴的である。

２）「多文化家族実態調査」から

韓国では2007年の「多文化家族支援法」に基づき３年ごとに多文化家族[5]世帯を対象とした実態調査を行っている。2021年の調査結果では、多文化家族世帯でも少子化と高齢化が進んでおり、配偶者がいない高齢の移住者や帰化者が貧困に陥る可能性が高いことが指摘されている。就業状況を見ると、国民一般より失業率が高く、業種は単純労働、サービス業に集中しており収入が相対的に低い。また家族以外に家庭生活や仕事、趣味活動、子育てなどを相談したり、体の具合が悪い時に助けを求められる人がいないと答えた移住者がおよそ３割近くにのぼり、社会関係をうまく結べていないことも明らかになっている。また、子どもに関してみると、差別を受けた経験は前回の調査より減っている。就学率は、小中高の就学率は全体に比べたら低いものの多文化家族ではない子どもたちと同じぐらいの水準まで上がっているが、大学への進学率が31.0％も低いこともわかった。この原因についてはまだ十分な究明がされておらず、政策的な関心が必要だと指摘されている[6]。社会関係に関する障壁は、結婚移住者のほとんどが女性であることを鑑みると、配偶者と死別または離別した移住女性が孤立していくことが憂慮され、また同年代の韓国の子どもたちと比べて極端に低い大学進学率は、外国にルーツを持つ子どもたちの自己実現を阻み、貧困が再生産される可能性を示唆している。あからさまな差別は少なくなってきたとはいえ、異国で老いるということや韓国生まれの子どもたちが抱える見えない壁など、言葉や文化を教えるだけでは追い付かない課題が露呈し始めているといえよう。

2．映画から見る多文化とライフコース

1）『バンガ？バンガ！』

- 監督・脚本：ユク・サンヒョ
- 韓国公開年：2010年
- 日本公開年：2011 年「東アジア市民共生映画祭2011」にて上映
- 主要キャスト：パン・テシク（ キム・イングォン）、ヨンチョル（キム・ジョンテ）、レティ（シン・ヒョンビン）
- 第47回百想芸術大賞シナリオ賞、第47回百想芸術大賞新人演技賞（シン・ヒョンビン）、第20回釜日映画賞脚本賞

本作品は、地方出身で何をやってもうまくいかず就職もできない韓国人青年（パン・テシク）が、ブータン人バンガ・キャルキに扮して外国人労働者が働く椅子工場に潜り込み、右往左往しながらそこで出会った人々と仲間になっていく姿を描いた映画である。「バンガ　バンガ」とは、当時ネット上で流行していた俗語で「会えてうれしい」という意味である。作品が扱っている題材は深刻で笑い飛ばせるものではないが、外国人が日々直面している差別や偏見を逆手にとって闘ったり、そのいびつさを痛烈に皮肉ったりと、きれいな言葉で語られる「多文化」とはまったく異なる韓国社会の現実がコメディタッチで描かれている。この作品の舞台である京畿道安山市は外国人労働者の集住地で、2009年に全国で初めて非正規滞在者も対象として「外国人住民人権増進条例」を制定し、特に外国人が集住するウォンゴク洞（町）一体が政府により「多文化特区」に指定されるなど、国内でも先駆的な「多文化のまち」として知られる地域である。この地域で、移住者たちはどのように暮らしているのだろうか。

⑴　就職難と居場所のなさ

主人公のパン・テシクは小柄でどことなく異国情緒漂う風貌の青年である。故郷に母を残し都会に出てきたが、５年間にわたる就活もことごとく失敗し、廃業の危機に瀕しているカラオケ店を営む幼馴染ヨンチョルのところに居候している。２人で故郷に店を開く夢を抱いて都市に出てきたものの、特別な資源を持たず文字通り身一つの地方出身者が簡単に成功できるほど都会は甘くない。特にどうしてもうまくいかないテシクのために、この２人が窮余の策として編み出したのがテシクが外国人労働者に扮して仕事を得ることだった。だがパキスタン、ベトナム、モンゴル、ネパール……、テシクはどのコミュニティの仕事もまともにできずに追い出され、最後に残ったのが韓国に大使と大使夫人しかいないブータン人に扮することだった。

ブータン人としてなんとかもぐりこんだ椅子工場で出会った仲間がバングラデシュ出身の班長アリ、インドネシア出身のラジャ、ウズベキスタン出身のマイケル、ネパール出身のチャーリー、ベトナム出身のチャンミことレティだ。みな家族や婚約者を故郷に残して仕送りをする非正規労働者で、非正規であることにつけ込んでパワハラやセクハラを繰り返す工場監督の韓国人男性の仕打ちに耐えながらたくましく働いている。しかしここでもまともに仕事ができず仲間外れにされるテシク。印象的なのが昼食のシーンだ。テシクはブータン人として働いていることを忘れたのか意図的なのか同じ工場で働く韓国人労働者のテーブルにつこうとしたことがあった。しかし韓国人たちはテシクに向かって外国人たちが座るテーブルを指し「お前はあっちへ行け」と吐き捨てた。仕方なくアリらが座るテーブルに行くがそこでも冷たく拒否された。韓国人には汚いものでも見るかのように疎まれ外国人労働者に扮しても受け入れられず居場所のないテシクであった。

ところで、韓国での就職活動においてよく聞くのが「スペック」という言葉だ。「スペック」とは大学名、大学の成績、TOEIC の成績、語学留学の経験、様々な資格を指し、非正規労働者が増えた文在寅政権時に格差が広がってからはさらに就職が難しくなったため、ボランティア活動、インターンシップの経験、受賞の経歴などが追加された[7]。学歴社会で大学進学率が７割を超える韓国では、入試に合格するのが「空の星をつかむようなもの（夢のまた夢）」といわれる「SKY（ソウル大学、高麗大学、延世大学）」出身者でさえ名の知れた企業に入社するためスペックを高めるのに必死であるという。この作品は2010年公開であるが、まさに2009年に大学進学率（大学登録者基準）は77.8％とピークに達しており[8]「スペック」と誇れるものがない、または環境的にその余裕がなかったテシクのような若者は働いて自立した生活を営むことすらままならない。格差の拡大という構造的なうねりに飲み込まれ、不器用ではあるが機転が利きごく普通の青年であるのに就職先も居場所も見つけることのできないテシクは、やり場のない閉塞感を抱く現代の多くの韓国の若者の１人ともいえよう[9]。

(2)　それぞれの生存戦略

作品の中で何度か出てくるのが「入管だ‼（Immigration!）」という叫び声で蜘蛛の子を散らすように外国人たちが逃げる場面である。日本も同様だが非正規滞在者は入国管理局（入管）の手入れで捕まると強制送還となるため、入管に捕まらず逃げとおすことが韓国で生き延びる最も重要なことである。この工場にいることが就労の最後のチャンスであるテシクは、アリら外国出身の同僚と仲良くなるため、幼馴染のヨンチョルと組んで入管の手入れを装ってベトナム人女性レティを助け、仲間の信頼を得ることができた。そして同僚たちが地域の外国人のど自慢に出場するために歌の練習をしていることを知ったテシクは、カラオケ店をたたんで故郷に帰ろうとするヨンチョルを止めるため、同僚たちをカラオケ店に連れていき、利益を上げることに貢献した。そうこうするうちにテシクは次第に同僚たちと打ち解け、生来のお調子者気質もあいまって、入管に捕まった前任者の代わりにブータン人バンガとして地域の外国人の代表に選ばれてしまった。新任の外国人代表講師として招かれた講演で、移住者たちを前に彼らが常日頃聞かされている韓国語の悪口雑言、「この野郎、クズ野郎、豚野郎、くそったれ！」の意味や使い方を真面目にかつ生き生きと伝授する場面、そしてのちに工場での差別的待遇に同僚と立ち向かう時、工場の韓国人監督に向けてその悪口を使わせる場面は抱腹絶倒である。

最初は冷たく見えた同僚たちも、故郷に大切な家族を持つ誰かの夫、父親、息子、そして娘であることがわかってきたテシクは同僚と仲良くなり、ベトナム人女性レティに好意を寄せていく。テシクに好意を持っているように見えるレティはベトナム人男性との間に韓国で生まれた男の子を育てており、「子どもを韓国人にするため韓国人男性と結婚しなければならないの」とテシクに打ち明ける。子どもも自分も在留資格がないがベトナムに帰ることはできないレティが在留資格を回復し、子どもを外国人ではなく豊かな韓国社会の一員として育てるためには、とにかく韓国人男性と結婚することが彼女にとって一番現実的な道なのである。レティはレティで重い責任を一身に背負い、その中でも子どもにはよりよい生活をさせるため、自由に生きることはできないのだ。

⑶　本音と裏切り、そして共感

レティへの思いに悶々とするテシクは、よりによって女癖の悪いヨンチョルがレティと付き合っていることを知る。本気なのかと詰め寄るテシクに「あいつから近寄ってきた。あいつはベトナム人の子持ち女だぞ！　親に紹介できるか？　異国情緒を味わうだけだ」と言うヨンチョル。レティもまた下心を持っていたにせよ、多くの韓国人男性や母親世代が東南アジア出身女性を見る眼差しが露呈した場面だ。そして悪いことは重なり、テシクが韓国人の身分証を持っていることがアリたちにばれてしまった。しかもテシクがブータン人なのに韓国人としての身分証を偽造したと勘違いした彼らが自分たちにも偽造の身分証を作ってくれと頼み込んできたのだ。悪計をめぐらせたヨンチョルと、ヨンチョルへの借金のためにヨンチョルの強引な誘いを断ることのできないテシクは、工場の仲間たちが血のにじむ思いで何年も働いて貯めた金をだまし取り、逃げるように故郷に向かった。故郷に向かう車中、悪事を隠蔽するためにヨンチョルが彼らを入管に通報したことを知ったテシクは、「それが何を意味するのかわかるのか?!」と感情をむき出しにし、もめた挙句に「お前も人間の心を取り戻してくれ」と言い残し、１人車を降りて彼らが収容されている入管に向かう。その後の驚くべき展開についてはぜひ作品を見ていただきたい。

非常に面白かった点は、外国人労働者の置かれた境遇について特段何の考えもないまま外国人として働くことになったテシクが、同僚と同じ立場で働くうちに、彼ら、彼女らが日々受けている差別的な眼差しや不当な仕打ちを同様に受けるようになり、両方の立場を知る者として、韓国社会を揶揄するかのように（当たり前だが）流ちょうな韓国語と罵詈雑言を駆使して搾取側の韓国人を糾弾する姿である。テシクは誰のために声をあげているのか。レティたち移住者の姿は、故郷の母の手術費用のために借金を背負って社会の隅に追いやられ生きづらさを抱えるテシク自身の姿と重なる。不条理な韓国社会への異議申し立てを、外国人の姿を借りて行っているかのような印象を受けた。ただ、どんなに同僚たちと仲良くなったとはいえ、テシクは韓国人で、彼ら、彼女らは入管に電話一本かけるだけで韓国社会から排除されてしまう存在であることは変わりない。だがテシクもまたあらゆる手を使って混沌とする韓国社会で生き延びなければならないのだ。そんな矛盾を抱え、時には誠意よりずるさが勝ってしまうテシクが故郷に向かう車中で気持ちを変えるきっかけとなったのは、目に映った湯気が上る田舎の風景だった。以前レティと田舎町を２人で歩いていた時、レティにテシクの故郷の様子を聞かれ、夕飯時になるとお母さんたちがご飯の支度をする湯気が立ち込めると話したことがあった。レティはそれを聞き、ベトナムではその様子を「ごはんの霧」というと懐かしそうに話した。テシクもレティもご飯時に方々から湯気が上がるような田舎から出てきた１人であり、言葉も故郷も置かれた境遇も違う２人の心を揺らす原風景はとても似ていたのだ。

その後の入管での職員とのやりとりでも見られたが、知らない者たちが出会って言葉を交わし、ふとした時に覚える共感が人と人との関係を強く結びつけることがある。その瞬間がこの作品では非常に魅力的に描かれている。この「共感」は、異なるライフコースを生きている人々が同じ空間で重なる時、相手を１人の人として認め、敬う契機となるのである。

２）『ワンドゥギ』

・監督：イ・ハン
・脚本：キム・ドンウ
・原作：キム・リョリョン
・韓国公開年：2011年、日本公開年：2012 年
・主要キャスト：ワンドゥギ（ユ・アイン）、ドンジュ（キム・ユンソク）、ワンドゥギの父（パク・スヨン）、ワンド

　ゥギの母（イ・ジャスミン）
・第21回釜日映画賞：最優秀監督賞（イ・ハン）
・第３回今年の映画賞：主演男優賞（キム・ユンソク）
・第３回今年の映画賞：発見賞（ユ・アイン）

本作品は、障がい者の父と知的障がいを持つ青年と暮らす高校生ワンドゥギが、憎き担任ドンジュに導かれてフィリピン人の母親と出会い、周りの大人に支えられながら道を切り開いていく物語である。ケンカは強いが勉強に興味が持てず夢も特にないワンドゥギは学校に心を許せる友だちもいない。なぜかワンドゥギにかまい傍若無人にふるまうドンジュは、あろうことかワンドゥギの隣家の屋上部屋に住んでおり、大声でワンドゥギを呼んではプライベートにまで干渉してくる。うっとうしくてたまらないワンドゥギは近くの教会を訪ねては「くそドンジュを殺してください」と祈りを捧げる日々である。ある日、そのドンジュからいきなりこの世に存在しないと思っていた母親がいると告げられたワンドゥギは、どうしたらいいのか自分でも気持ちの整理がつかない。自らの境遇を嘆き自暴自棄になっていたワンドゥギは母を知り、またキックボクシングと出会うことによって変わっていく。

⑴　ワンドゥギの「四重苦」

ワンドゥギと暮らす父親は障がいのため背は低いが卓越したダンスの能力を持ち、キャバレーで働きながらワンドゥギを育ててきた。共に暮らすミングはキャバレーで父親が呼び込みの仕事をしている時に路上で花売りをしていた知的障がいを持つ青年で、ワンドゥギの父のダンスに魅かれてついてきてワンドゥギ親子と暮らすようになった。ミングはワンドゥギの父を心から尊敬し、ワンドゥギが父に言い過ぎた時は優しくそっといさめてくれる存在で、ワンドゥギにとって心を許せる数少ない大人である。ある時キャバレーの閉店に伴って父親が職を失ったためただでさえ貧しい暮らしがさらに苦しくなり、父とミングはワンドゥギを家に残し地方に行商に出ることとなってしまった。隣家の屋上部屋に住むドンジュと父親は仲が良く、ドンジュは教室でワンドゥギの父が行商に出たことや、困窮する家庭に学校を通して配給される生活支援物資をワンドゥギがまだ取りに来ていないことあけすけに言い、ふてくされるワンドゥギに「貧しいことは恥ずかしいことではない」とまで言う嫌でたまらない存在である。ある日、ドンジュに呼び出されたワンドゥギは、フィリピン人の母がいること、まだ両親が離婚していないこと、母がワンドゥギに会いたがっていることを聞いた。実はこの担任、ワンドゥギと同じ教会に通う熱心な信徒で、教会内で外国人への支援活動をしているときにワンドゥギの母親と出会ったのだ。

突如現れた母の存在に激しく動揺するワンドゥギであるが、「貧しい家、障がい者の父、思春期」に加えて母が「フィリピン人」であることが自分の不幸を表していると嘆く。ワンドゥギは障がい者の父が路上で行商しているときにヤクザに足蹴にされたりばかにされたりする姿を見ており、自分たち父子が韓国社会からつまはじきにされる存在であることを知っている。それに加えて、母がフィリピン人であることは、ワンドゥギにとって実態は知らずともネガティブな事実でしかないのである。

(2)　母との出会い

ワンドゥギが母に会うかどうか決めかねている時に母がワンドゥギの家を訪ねてきた。父は行商に出ていて不在、ワンドゥギは動揺しながらも家に招き入れてインスタントラーメンを２人分作る。「キムチはないの？　こんなものばかり食べたら体に悪いのに」と言いながらも自分のお椀からラーメンを少し息子のお椀に移す母。母と子だったらよくある光景もワンドゥギにとっては初めてのことだっただろう。ワンドゥギが見た母の靴は薄汚れていて母の生活を垣間見るようだった。母は手紙でワンドゥギを置いていったことを謝り、片時も忘れたことがないことを拙い韓国語で綴って残した。それから度々韓国料理を重箱に詰めては玄関先に置いていく母。のちにわかったが、味付けが少し塩辛いのは、父と母が夫婦として過ごした日々の名残でもあった。

行商から帰った父に母に会ったことを告げ、なぜ別れたのかと問いただすワンドゥギ。父は「キャバレーの仕事を理解しなかったからだ」と最初は言っていたがさらに問い詰めると「キャバレーの連中が妻をこき使うのを見るのがしのびなかった」と言った。そして「国が貧しいだけで彼女は母国できちんと学んだ人だ」とも。後日、授業でミレーの「落穂拾い」を鑑賞し教師から感想を求められたワンドゥギは、落穂を拾う農民を出稼ぎの労働者になぞらえて母の境遇とも重なるような独特な解釈をし、「この人たちは国が貧しいだけできちんと学んだ人たちだ」と父の言葉をそのまま述べた。ワンドゥギのユニークな解釈はぜひ直接作品を見て確かめていただきたい。この場面はワンドゥギの中で「フィリピン人」の母が自分にとって「大切な存在」へとなりつつあることを表すシーンでもあった。

そしてワンドゥギの発案で父に母を会わせるため母と２人で行商先を訪ねたが、両親の再会は喧嘩別れになってしまった。母を送る途中で靴屋を見つけ母に靴を買ってあげると言うワンドゥギ。不躾な目で母をじろじろ見て、「外国人ね。どういう関係？」と聞く女性店員の言葉を無視して黒のパンプスを買ったワンドゥギは「母です。母」と言い残して店を出た。この店員のような眼差しは韓国の所々に当たり前のように残っているのだろう。だがワンドゥギにとって母はもう自らの不幸を象徴するような存在ではない。２人でバスを待つ途中、「あなたを抱きしめさせてほしい」とお願いする母に身を預けるワンドゥギの顔は、強がるいつもの顔ではなく傷つきやすく繊細な子どもの顔だ。

⑶　担任と移住者との出会い

この作品の中でもう１つのテーマになっているのが担任ドンジュの存在である。ワンドゥギが「くそドンジュを殺してください」と祈る教会は、ドンジュが外国人支援活動で深くかかわっている教会でもあった。ドンジュはある日突然授業中に警察に連れていかれ、その理由が非正規滞在の外国人支援にかかわっていることだったことをワンドゥギは級友から伝え聞いた。ドンジュが釈放された時、ワンドゥギや父親の前で「外国人といることがなぜ悪い」とうそぶくドンジュ。実はドンジュのワンドゥギの父親は外国人労働者を雇う側の人間だった。彼は外国人労働者の足元を見て従業員をモノのように扱う父親に反発し、思春期のころから深い葛藤を抱えてきたのだ。ドンジュは外国人への不当な仕打ちで父親を告発し、その父親に報復されて警察に捕まったのだった。教職を追われるかもしれない危険を顧みず外国人支援にのめりこむドンジュは、高校生の時に大けがをした外国人労働者を父が治療もせずに放り出したのを見て傷ついたという経験があった。ドンジュが実は金持ちの息子だったことを知ったワンドゥギが、貧しさを装うことの欺瞞性を批判したことがあった。そして自分を見てこんな不幸な奴がいると面白がっていたのか、と詰め寄るワンドゥギに、ドンジュは「面白いね。お前は何もかもを人のせいにして死ぬのかと思うとな！」と言い放った。彼もまた、親との葛藤を抱え、そこから逃れようともがき苦しみ、自らの道を探る１人の息子だったのだ。ドンジュがワンドゥギにかかわろうとする理由の１つは、自らの置かれた境遇に絶望を感じ将来に希望を持てなくなっているワンドゥギが、かつての自らの姿と重なったからだろう。当初はどちらかというとすべてのことに受け身だったワンドゥギは、うるさいが自分をいつも気にかけてくれる担任や突如現れた母親、父との関係、キックボクシングとの出会いを通して、日々を生きる実感と希望を自らの力でつかもうとし始めた。

⑷　地域を巻き込んだ居場所の創出

物語の終盤、ワンドゥギがドンジュを泥棒と間違えて叩きのめしてしまったシーンがあった。骨にひびが入って入院したドンジュの快気祝いを、ワンドゥギの家で行った。もう一度やり直すことにした両親、ミング、隣家の兄妹もともに母が準備したフィリピン料理と韓国料理を食べ、思い切り飲んで笑い、踊った。寂しかった家が温かい笑い声に包まれ、ワンドゥギは何とも言えない嬉しそうな目で楽しそうに踊る大人たちを眺めていた。ここに参加した隣家の男性は、もめごとばかりのワンドゥギ親子やドンジュをいつも神経質に怒鳴りつけ、露骨な差別意識を隠そうともしないで、どちらかといえば自身が鼻つまみ者のような人物であったが、いつのまにかドンジュやワンドゥギたちに巻き込まれて友人となっていた。男性は初めてのフィリピン料理に目を白黒させながらも「ワンドゥギは母に似たからいい男なんだなあ」と場を和ませた。ともにぶつかりあったその先に、これほど穏やかで温かい空間が待っていたのである。その席でドンジュから発表されたのが、借金をして買い取った教会で多文化センターを開所し、ワンドゥギの父とミングが地域の住民にダンスを教える計画だった。そしてそのセンターで母親は韓国料理を地域の外国人に教えることとなった。気難しい隣家の男性は実は画家で、センターに続く壁に可愛らしい花を描いてくれた。オープニングには多くの外国人、住民が訪れてみな楽しそうである。

社会に居場所がなく片隅に追いやられていた人々が主人公となる場所。ないのならば作ればいいというドンジュの破天荒な試みが周囲を巻き込み、衝突の末に人が集まる場所となった。ここでも『バンガ？バンガ！』と同じく多様なライフコースを生きる人々が同じ空間で交わり、それぞれが時代的な制約や逆風に翻弄されながらも、「人生の同伴者」とともに自ら人生を切り開く姿が描かれている。多文化社会は、鳴り物入りの政策や調査報告だけで説明されるものではなく、名も無い市民が人として異なる文化背景を持つ人と出会い、ぶつかりあったり共感しながらともに暮らす空間を作る過程の積み重ねであることを改めて気づかせてくれる作品であった。

３．おわりに

本章では韓国の多文化空間について政策と調査報告書から整理し、『バンガ？バンガ！』と『ワンドゥギ』という韓国の移住者の姿を描いた作品を紹介した。

『バンガ？バンガ！』では、就職難で追い詰められた韓国人青年が外国人に扮して移住労働者とともに働くことになって期せずして同僚たちが置かれている境遇を知り、やりきれない自らの境遇と重ね合わせるように関係を深めていった。互いに引き返せない生き残り戦略を立てながらだましたりだまされたりするなかで、主人公の気持ちが大きく変わり、友をだますことなくまっとうに生きようと決めたきっかけは、彼ら、彼女らと似たような原風景を共有していることに気づいた時だった。主人公以外にも登場人物１人ひとりに起こった小さな共感が波紋としてつながり、本章では書かなかったが最後に大きな奇跡を呼び起こした。

『ワンドゥギ』では、学校でも家でも希望が持てず、貧しさ、障がい者の父、そしてフィリピン人の母の存在までも不幸の連鎖にしか思えなかった高校生が、家族や隣人たちを人生の同伴者として見直し、自らの足で人生を切り開いていく姿を見た。主人公に大きな影響を与えた担任の教師もまた、父親との間に葛藤を抱えながら自らの道を模索し、排他的な父親とは異なる、誰にも開かれた空間を友とともに作った。

両作品に共通するのは、ともすればすれ違ったまま出会うこともない異なる文化背景を持つ人々が、ふとした瞬間に、また衝突の末に交わる瞬間を丁寧に描いていることだ。その背景には、同時代に韓国に住む者として、韓国社会が持つ構造的な不平等や不公平に韓国人も移住者も生きづらさを感じているという現実があった。故郷に残す病弱な母のために借金を背負い、韓国社会の熾烈な競争からこぼれ落ち、労働市場で最底辺にいる外国人労働者に扮しなければ働く場所さえないテシク、故郷に残した家族のために足元を見られながらも非正規で働き続ける移住者たち、韓国人男性と結婚して息子を韓国人にし、よりよい生活を送らせたいベトナム人女性のレティ、貧しさと父親への差別に傷つき、将来に希望が持てず、母がフィリピン人だったことに落胆するワンドゥギ、子どもを韓国人の夫の元に残したまま家を出て、いつか子どもと会える日を夢見て靴がボロボロになる生活をしながらも韓国に居続けたワンドゥギの母親。明確な言葉が見つからないが、この登場人物たちは国や境遇を越えて同時代に韓国社会で生きる者として深くつながっている。その状況から周囲の力を借りて一歩を踏み出した時、想像もできなかった相互作用が生まれ、知らない自分を見つけ出していく。それは移住者もそうでない人も同じである。異なる背景を持つ人々が同じ空間でともに生きる方法のヒントがこれらの作品には込められているのだ。

最後に印象的だったシーンを紹介して終わりたい。

『バンガ？バンガ！』に登場するベトナム人女性レティの子どもタンプンは、両親ともベトナム人だが韓国生まれ韓国育ちで、韓国の小学校に通い自分を韓国人だと思っている。ベトナム人コミュニティでおまえはベトナム人だと言われても納得することができない。ベトナム語もわからない。タンプンが唯一知っているのは、母から習ったベトナム語の「アイラブ　コリア」のみである。しかし血統主義をとる韓国では両親がベトナム人なので韓国生まれでも韓国国籍を取得することはできず、母子ともに非正規の在留資格のままでは帰化も認められないだろう。レティが考えているのは、おそらく韓国人と結婚して子どもとともに在留資格を回復し、タンプンは韓国人の子どもとしてなんとか韓国籍を取得する方法である。ただそれもうまくいくかどうかはわからない。

入管につかまり母とともに強制送還されそうになった時、タンプンは調書を作成する入管の職員に向かって「僕は韓国で生まれた韓国人です。ベトナムに行きたくありません」と訴える。実際に韓国のみならず日本でもこのように在留資格のない日本生まれの子どもが200人あまりいると言われ、決して他人ごとではない。私たちは、それぞれ違う背景を持つ個人として自分のライフコースを歩み、日々多様なライフコースと交差する中で、どの道を歩んでも人としての尊厳が保障され自分らしく生きられる方法を探ろうとしている。もし私が、あなたがタンプンのような境遇の子どもたちに直接訴えられた時、１人の大人として何を思い、何と答えるであろうか。

【注】

1　韓国の多文化政策については川本（2018）を参照。

2　朝鮮日報2005年５月９日記事（https://www.chosun.com/site/data/html_dir/2006/05/09/2006050970037.html,2023.2.22）

3　行政安全部HPより（https://www.mois.go.kr/frt/bbs/type001/commonSelectBoardArticle.do?bbsId=BBSMSTR_000000000014&nttId=96092、2022年2月20日閲覧）調査対象者は調査基準日前後３カ月以上居住している人である。

4　法務部出入国・外国人政策本部HPより（https://www.immigration.go.kr/immigration/1570/subview.do?enc=Zm5jdDF8QEB8JTJGYmJzJTJGaW1taWdyYXRpb24lMkYyMjglMkY1NjIyNzklMkZhcnRjbFZpZXcuZG8lM0ZwYXNzd29yZCUzRCUyNnJnc0JnbmRlU3RyJTNEJTI2YmJzQ2xTZXElM0QlMjZyZ3NFbmRkZVN0ciUzRCUyNmlzVmlld01pbmUlM0RmYWxzZSUyNnBhZ2UlM0QxJTI2YmJzT3BlbldyZFNlcSUzRCUyNnNyY2hDb2x1bW4lM0QlMjZzcmNoV3JkJTNEJTI2、2023年月22日閲覧）調査対象者は韓国に滞留するすべての外国人である。そのうち非正規滞在者は「不法滞在外国人」という名目になっており、「出入国管理法」によって許可された滞留期間が満了したが出国していない外国人を指している。

5　国際結婚移住女性など外国籍または韓国籍を取得した移住者から成り立つ家族を指す。また、この調査で対象になっている「児童・青少年」とは24歳以下の者を指している。（「多文化家族支援法」第２条の定義を要約）。

6　女性家族部（2022.3：v-xvⅲ）この「2021年全国多文化家族実態調査」報告書は韓国女性政策研究院が女性家族部の依頼を受けて分析を行った。

7　「『スペック』競争に熱中する若者たち　格差社会・韓国の現実とは」朝日新聞

2022年３月６日 記 事（https://digital.asahi.com/articles/ASQ356V90Q35UHBI00L.html?iref=pc_ss_date_article（2023年２月22日閲覧）

8　春木（2020：127）参照

9　熾烈な受験競争の中で韓国の大学進学率は世界最高ランクになったものの、彼らが求める雇用創出が高学歴化のスピードに追い付いていない。歴代政府は若年者の雇用創出や海外就職奨励策を講じたりはしているが、20代の若者の間では現代社会が朝鮮時代のように身分が固定されて階層上昇が閉ざされた不条理な階級社会であることを強調する「ヘル朝鮮」という造語が2015年ごろから使われるようになり、ネット上のコミュニティで就職難や失業、差別、貧困、政策に対する批判など日々直面している韓国社会の現実のつらさを地獄のようだと訴える書き込みが相次いだ（春木、2020：172-180）。

【参考文献】

川本綾（2018）『移民と「エスニック文化権」の社会学：在日コリアン集住地と韓国チャイナタウンの比較分析』明石書店

グレン・H・エルダー、ジャネット・Z・ジール編著、正岡寛司・藤見純子訳（2003）『ライフコース研究の方法：質的ならびに量的アプローチ』明石書店

嶋﨑尚子（2008）『ライフコースの社会学』学文社

春木育美（2020）『韓国社会の現在：超少子化、貧困、孤立化、デジタル化』中公新書

第９章

部落差別の過去と現在
100年前から何が変わったのか

『破戒』
『人間の街—大阪・被差別部落』
『私のはなし　部落のはなし』

矢野 淳士

1．はじめに

1922年３月３日に京都市公会堂（岡崎公会堂）において全国水平社創立大会が開かれ、全国水平社は結成された。創立大会において朗読された水平社宣言（図１参照）は被差別部落出身の当事者自らが社会運動を起こし、部落差別からの解放を目指すことを宣言したものである。全国水平社は戦時下に天皇制ファシズムの弾圧を受け、1942年に消滅したが、戦後すぐの1946年には全国水平社を継承して部落解放全国委員会が結成され、1955年に部落解放同盟に改称された。その後、1960年代から部落解放同盟が中心となり部落解放運動を展開し、1969年の同和対策事業特別措置法の制定を実現した。それに基づき2002年まで33年間にわたって同和対策事業が国策として実施された[1]。全国の被差別部落では、同和対策事業により住環境・教育・就労・福祉・医療を含む幅広い領域にわたって地域環境の改善が図られた。しかし、2016年に「部落差別の解消の推進に関する法律」が施行されたことが示す通り、全国水平社の結成から約100年が経った今日においても、日本社会に部落差別が厳然と存在していることは紛れもない事実である。

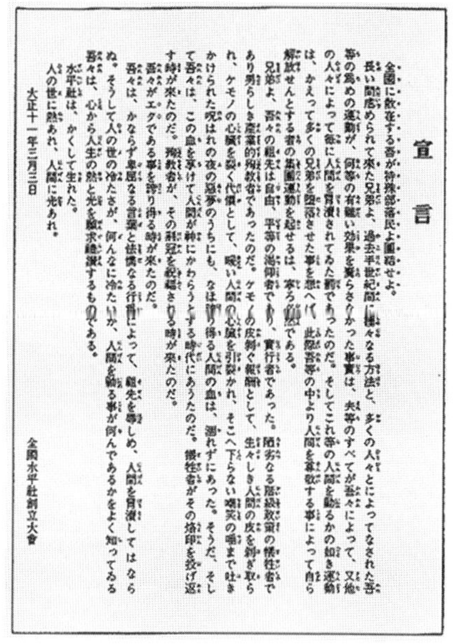

宣　言

全國に散在する吾が特殊部落民よ團結せよ。

長い間虐められて來た兄弟よ、過去半世紀間に種々なる方法と、多くの人々とによってなされた吾等の爲めの運動が、何等の有難い効果を齎らさなかった事實は、夫等のすべてが吾々によって、又他の人々によって毎に人間を冒瀆されてゐた罰であったのだ。そしてこれ等の人間を勦るかの如き運動は、かえって多くの兄弟を墮落させた事を想へば、此際吾等の中より人間を尊敬する事によって自ら解放せんとする者の集團運動を起せるは、寧ろ必然である。

兄弟よ、吾々の祖先は自由、平等の渇仰者であり、實行者であった。陋劣なる階級政策の犠牲者であり男らしき産業的殉教者であったのだ。ケモノの皮剝ぐ報酬として、生々しき人間の皮を剝ぎ取られ、ケモノの心臓を裂く代價として、暖い人間の心臓を引裂かれ、そこへ下らない嘲笑の唾まで吐きかけられた呪はれの夜の惡夢のうちにも、なほ誇り得る人間の血は、涸れずにあった。そうだ、そして吾々は、この血を享けて人間が神にかわらうとする時代にあうたのだ。犠牲者がその烙印を投げ返す時が來たのだ。殉教者が、その荊冠を祝福される時が來たのだ。

吾々がエタである事を誇り得る時が來たのだ。

吾々は、かならず卑屈なる言葉と怯懦なる行爲によって、祖先を辱しめ、人間を冒瀆してはならぬ。そうして人の世の冷たさが、何んなに冷たいか、人間を勦る事が何んであるかをよく知ってゐる吾々は、心から人生の熱と光を願求禮讃するものである。

水平社は、かくして生れた。

人の世に熱あれ、人間に光あれ。

大正十一年三月三日

全國水平社創立大會

図1　水平社宣言

出所：部落解放同盟中央本部ウェブサイト
http://bll.gr.jp/archive/s-ta-suihei.html

本章では、製作された時代がそれぞれ異なる、部落差別をテーマとした3つの映画を取り挙げる。まず、1つ目は島崎藤村原作の『破戒』である。原作小説は1906年に出版され、これまでに1948年、1962年と二度映画化されてきたが、2022年公開の最新作は全国水平社創立100周年を記念して製作されたものである。2つ目と3つ目は、1986年公開の『人間の街―大阪・被差別部落』と2022年公開の『私のはなし　部落のはなし』であり、両作ともにドキュメンタリー映画である。部落差別が時代とともにどのように変化してきたのかについて、それぞれの映画で描かれるシーンや当時の社会的背景を基に考察する。

2．戦前の部落差別解消に向けた運動や施策の変遷

1871年に明治政府は「解放令」を発布し、穢多や非人などの賤民の身分と職業を平民と同様にすることを宣言した。しかし、「解放令」が発布されても、穢多や非人に対する民衆の差別意識は払拭されず、学校や祭礼などの地域社会からの排除は維持された（黒川、2011）。それどころか、西日本の各地では、解放令反対一揆と呼ばれる被差別部落を襲撃する事件すらも起きている（朝治、2022）。このように部落差別が顕在化するなかで、1880年代以降、被差別部落の人びと自身が部落の劣悪な経済状況や衛生状態を改善し差別を克服するため、各地で部落改善団体を立ち上げ、部落改善運動を展開した。

その後、1904年に日露戦争が開戦すると、当時の内閣は戦費調達のために

増税を実施し、国民生活を圧迫したため、国や府県も被差別部落の困窮を見逃せない状況となり、内務省は1907年から教育・衛生・産業奨励等を含む部落改善事業[2]に着手した。藤野ら（2009）によると、部落改善事業により「特種部落」「特殊部落」[3]という呼称が社会に定着し、被差別部落民は「劣等」な「血統」であるという認識が広まった一方、部落問題が重大な社会問題であることも認知されたという。その後、「特種（殊）部落」という呼称については、被差別部落内部から不満の声が上がったこともあり、1912年からは内務省により「細民部落」へと改められた（藤野ら、2009）。

第一次世界大戦が始まった1914年以降は国民統合を目的として、部落と部落外を融和させることで部落差別を解消しようとする融和運動が内務省の後援を受けた帝国公道会を中心として展開された[4]。そうしたなかで、1918年には第一次世界大戦によるインフレに加え、地主や米商人による投機目的の米の買い占め売り惜しみによって米価の高騰が起き、全国的な民衆暴動に発展した。この米騒動には各地で被差別部落民も加わっていたことにより、部落民が騒動全体を主導したという認識が政府当局の間で広まり、新聞も政府の姿勢を追認する報道を行ったため、結果的に民衆の差別意識を扇動することとなった（関口、2009）。こうした米騒動後の社会的秩序の綻びに対し、1919年に成立した原敬内閣は1920年度から「部落改善費」を計上し、国家事業として部落問題の解決を目指す融和政策を展開するようになった。このような政府の取組みに対し、1920年頃に民間においても人道主義を基調とする融和運動団体が創立されている[5]。

以上のような政府や民間の動きの中で、1920年頃から各地で部落の青年が決起し団体[6]を立ち上げ、自主的な部落解放運動を模索するようになり、1922年の全国水平社の創立につながった。1922年３月３日、京都の岡崎公会堂に近畿圏を中心に全国から被差別部落民が結集し、次に示す綱領と水平社宣言（図１）を決議し、全国水平社が結成された。宣言や綱領から読みとれる通り、水平社は人道主義を基調としながら、当事者自らが運動を起こすことによる部落解放を目指していた。

綱領

一、特殊部落民は部落民自身の行動によって絶対の解放を期す

一、吾々特殊部落民は絶対に経済の自由を社会に要求し以て獲得を期す
一、吾等は人間性の原理に覚醒し人類最高の完成に向って突進す

全国水平社の創立後、全国各地に地方水平社が結成され、差別糾弾闘争が展開されていくと、政府はこれに対抗し、1925年に内務省外局の社会課内に中央融和事業協会を設置し、財政難に苦しむ融和団体を吸収するかたちで合併していった。このことにより、1920年代の人道主義的な融和運動は終焉し、以後は国家の統制下での活動に移ることとなった。

1929年の世界大恐慌により日本経済が深刻な不況に見舞われると、被差別部落の生活は困窮を極め、融和運動の重点は被差別部落の経済更生に置かれることとなり、1935年には中央融和事業協会を中心に経済状況や地域環境の改善を図る「融和事業完成十箇年計画[7]」が策定された[8]。1937年の日中戦争開始後、全国水平社と中央融和事業協会は両運動の合同に向けた話し合いを開始し、大和国民運動協議会という連絡機関を立ち上げ協議を続けたが、最終的に合意に至らず部落解放運動団体の合同は実現しなかった。1941年にアジア・太平洋戦争が始まると、政府は治安維持を目的として言論出版集会結社等臨時取締法を施行し、全国水平社は1942年１月20日までに許可申請書を提出することが義務付けられたが、不許可を見込んで提出しなかったため、その日を以て全国水平社は法律上消滅し、水平社の主要な活動家は同和奉公会（中央融和事業協会が1941年６月に改組）に参入することとなった。

３．戦後の部落差別解消に向けた運動や施策の変遷

1945年８月14日、日本はポツダム宣言の受諾を決定し、同年９月２日にアジア・太平洋戦争を含む第二次世界大戦は日本の敗北により終戦した。1946年11月に公布された日本国憲法の第14条１項では、「すべて国民は、法の下に平等であって、人種、信条、性別、社会的身分又は門地により、政治的、経済的又は社会的関係において、差別されない」として「法の下の平等」が規定された。また、憲法第25条では「すべて国民は、健康で文化的な最低限度の生活を営む権利を有する」として、国民の生存権を規定している。戦後はこのような憲法の下、劣悪な状況に置かれた被差別部落民の生存権を保障し、権利における平

等だけでなく、実質的な平等を実現するため、部落解放運動や同和行政が進められてきた。

まず、1946年２月19日に全国水平社の主催[9]によって京都市の新聞会館で開かれた全国部落代表者会議において部落解放全国委員会が結成され、部落解放運動の再建が始まり、1955年には部落解放同盟に改称された。当時の日本社会では、1950年代後半から好景気となり、1960年以降は高度経済成長政策が行われ、人々の暮らしは豊かになっていったが、もともと生活水準、教育、就職などにおいて不利な状況にあった被差別部落では、そのような変化から取り残され、部落外との格差がより一層顕在化していた。このような状況を踏まえ、部落解放同盟が国策の樹立を要求していったことにより、政府は国の方策を定めるため、1960年に同和対策審議会を総理府の付属機関として設置した。1965年に同和対策審議会が出した答申[10]では、部落問題の解決が国の責務であると同時に国民的課題であると認め、以降の国策樹立につながった。

答申に基づいて1969年に「同和対策事業特別措置法」が制定され、それに基づいて1970年代以降、全国各地で同和対策事業が展開され、住環境・教育・就労・福祉・医療を含む幅広い領域にわたって被差別部落の状況の改善が図られた。なお、これらの事業実施に際しては、各地区の部落解放同盟支部が中心となり、部落解放運動の一環としてのまちづくりが住民主体で取り組まれてきた（内田、2010）。同和対策事業特別措置法に始まる一連の特別措置法[11]（以下、特措法）は、延長や改正を経て、2002年に期限切れとなり、30数年にわたる特措法下での同和対策は終了した。その間、部落解放同盟は差別糾弾闘争、同和対策にかかわる行政への要求闘争、狭山差別裁判闘争などに代表される活発な運動を展開してきた。また、1980年代からは、アイヌ民族、琉球・沖縄の人びと、在日コリアン、障がい者、ハンセン病回復者といったマイノリティによる運動と連帯してきており、1988年には部落解放同盟の呼びかけにより、世界のあらゆる差別と人種主義の撤廃を目指す国際人権NGOである「反差別国際運動（IMADR）」が国内外の団体や個人によって設立されている。

特措法が失効した2002年前後からは、従来の社会運動的な部落解放運動を継承しつつ、部落解放運動は反貧困の福祉運動やまちづくり運動に力を注ぐようになってきている（朝治、2022）。内田ら（2001）は1990年代以降の部落解放運動やまちづくりについて、1970～1980年代からの変化として、以下の８点を挙げている。

①行政闘争から行政とのパートナーシップの重視へ
②行政への施設要求から自前のNPO等の事業主体による住民支援へ
③地区住民の組織化・部落解放同盟のヘゲモニー確立から、周辺地域と一体のまちづくりへ
④遅れた生活水準の改善から地域独自の生活・文化の肯定へ
⑤高齢者支援、多様な住まい方の保障、部落文化の継承、環境共生等の新たなテーマの試み
⑥同和対策事業の最大限の活用からNPOの活用や一般施策の適用へ
⑦大規模な公共施設に象徴されるハード中心からソフトな施策重視へ
⑧「実現せねばならぬ」計画や事業から「楽しみごと」としてのまちづくりへ

以上、1871年の解放令発布以降に展開されてきた部落差別解消に向けた施策や運動を概観してきた。次節では、冒頭で記した３つの映画を取り挙げ、部落差別が時代とともにどのように変化してきたのかについて、それぞれの映画で描かれるシーンや当時の社会的背景を基に考察する。

４．３つの映画から見る部落差別の過去と現在

１）『破戒』

監督：前田和男
原作：島崎藤村「破戒」
脚本：加藤正人、木田紀生
公開：2022年
出演：丑松（間宮祥太朗）、志保（石井杏奈）、銀之助（矢本悠

馬）他
企画・製作：全国水平社創立100周年記念映画製作委員会

本作は、1906年に出版された島崎藤村の小説『破戒』を映画化したものである。これまでに1948年、1962年と二度映画化されてきたが、今作は全国水平社創立100周年を記念して製作された。原作が出版された1900年代初頭は、当時の内務省が部落改善事業を開始した頃であり、当時の被差別部落は劣悪な経済状況や衛生状況に置かれていた。以下では、当時の部落差別がどのようなものであったかを本作から読み取っていくこととする。

舞台は信州の飯山という地域である。映画本編は主人公瀬川丑松の下宿先の旅館に宿泊していた被差別部落出身の資産家が、出自を知られたことにより、旅館を強引に追い出されるシーンから始まる。旅館の畳はすべて入れ替えられ、資産家には「不浄」「穢多」という差別的な言葉とともに石が投げつけられる様子を、自身も被差別部落出身の丑松は静かに見つめている。次の回想シーンでは、幼い丑松が出自を隠し通すように父親から強く戒めを受ける姿が描かれる。わずか４分ほどの冒頭シーンは当時の部落差別がいかに厳しいものであったのかを伝えている。

その後、丑松は寺に下宿先を移し、そこで寺の養女である士族出身の志保と出会い、２人は互いに惹かれ合っていくが、丑松は志保との出自の違いに悩むようになる。一方、丑松は出自を隠しながら尋常小学校の教師を務めていたが、被差別部落出身の思想家である猪子蓮太郎に傾倒していた。小学校の同僚には師範学校時代からの旧友銀之助がいたが、彼は猪子に傾倒する丑松に対し、「自由と平等の精神は立派だが、必要以上に感化される必要はない。猪子蓮太郎は僕らと違うんだから」と忠告する。銀之助と新任教師の勝野文平が丑松の下宿先を訪れた際にも、銀之助は猪子の思想は肺病により死と向き合う中で形成されており、「ああいう人たちが美しい思想を持つとは思えない」と語り、勝野も「まったく同感です」と即答する。また、銀之助と勝野が病で床に伏す丑松を見舞った際、丑松の出自について感づき始めた勝野が、小学校教師の中に部落民がいるという噂話をしたところ、銀之助は「われわれの中にあのような顔つきの者があるか？」と否定している。このように、当時の被差別部落の人々は異なる人種や種族として考えられていたことが描かれる。このことに関しては、黒川（2011）によると、江戸時代に一部の知識人によって唱えられた朝鮮人起源説が近代に入って人類学者によって広められたことによる影響があるという。

丑松は猪子宛に手紙を書き、猪子と会う機会に恵まれたが、猪子にも出自を打ち明けることができなかった。しかし、丑松の出自について小学校教師の間で噂が流れ、追い詰められた丑松は生まれて初めて銀之助に自らが部落民であることを告白する。この時、出自を隠してきたことを謝罪する丑松に対し、銀之助は即座にこれまでに何度も丑松を傷つける言動を繰り返したことを詫びる。このシーンについては、監督の前田和男が「彼（銀之助）は無意識の差別者なんです。（中略）その彼が自分の差別心に思い至るようなシーンを作って、救いのある人物にすると同時に、自分も含めた現代人への警鐘にしたいと思いましたね」（映画『破戒』パンフレットより）と語っており、本作のオリジナリティが感じられる部分である。

映画の後半では、猪子の演説が行われ、丑松は「われは穢多なり。されどわれは穢多を恥じず」と締めくくられた演説に感動するが、演説後に猪子は暗殺される。絶望した丑松は、小学校を去り東京へ向かう決意をし、教え子たちの前で自らの出自を打ち明ける。続くラストシーンでは、銀之助の計らいにより教え子たちに見送られながら丑松は志保とともに東京に出発する。

２）『人間の街―大阪・被差別部落』

監督：小池征人
公開：1986年
企画：同和対策審議会答申20年記念映画製作委員会
製作：青林舎

本作は同和対策審議会答申が出されてから20周年を記念して製作され、1986年に公開されたドキュメンタリー映画である。映画では、大阪のいくつかの被差別部落を舞台に、当事者の語りを中心として、被差別部落の仕事や文化に焦点が当てられている。

映画は、大阪のとある郵便局のシーンで始まる。そこで働く男性は、1974年に部落出身の若い郵便局員が自殺したことをきっかけとして、職場差別をなくす活動をしているが、男性のもとには同僚から「ヨツはヨツやし、エッタはエッタや」といった差別的な内容の手紙が届き、身の危険を感じている。しかし、男性は自分自身や後輩たちのためにも部落出身者が安心して働ける職場をつくりたいと語る。

次に、カメラは松原市内の被差別部落にある屠畜場や公営住宅の映像を映し、ナレーターは仕事や住む場所を制限されてきた被差別部落の歴史を伝える。団地に暮らす女性は、部落解放運動に積極的に参加し、公営住宅が建設されたことで、劣悪な住環境から脱却できたが、団地での暮らしは寂しいと語る。また、ナレーターは新しく建った住宅は周辺地域からの妬み差別を生み出したことや、部落の人々も生活環境の変化により、人間関係の豊かさや魂の共同性を失い戸惑いの中にあることを補足する。

次のシーンでは、部落解放基本法制定要求全国大行進の様子が映し出され、同和対策審議会答申から20年が経過した当時においても、住環境の改善・就職差別・結婚差別等は依然として未解決の問題であることが男性の演説によって伝えられる。また、部落解放運動について、「部落解放のうねりは、部落の人たちだけの要求闘争から、あらゆる階層との連帯を求める国民的な広がりとなってきた」とナレーターが付け加える。

その後、泉南郡岬町の部落に一軒だけ残る泉州瓦をつくる一家のシーンを背景に、被差別部落の人々は主要産業から排除さえてきたがゆえに、生活の中からあらゆる仕事をつくってきた「生きることの名人」だったが、近代化の波に飲まれ部落産業は衰退の一途をたどっている現状が伝えられる。

その後、松原市内の被差別部落に暮らす障がい児を持つ女性が始めた「バオバブの家」に障がい者と仲間たちが集い、活動する様子が映される。女性は障がいがあっても地域で暮らして当たり前だということを部落解放運動に教えられ、現在に至ると語る。また、同じ地域における、高齢者の健康を守ることを目的とした、保健師による検診・治療・アフターケア・料理指導などの予防医学の取組みが紹介される。さらには、南大阪の地域医療のセンターである阪南中央病院が部落解放運動の成果として紹介され、利用者は部落外の住民が多いことも補足される。先述したような部落外からの妬みに対して、1980年代の部落解放運動は地域を開くことで対応しようとしていたことがわかる。

それに続いて、結婚差別事件確認会の様子が映し出され、「部落は怖いところだと親から聞かされていた」「結婚できないと言われた時だけでなく、何度か自殺を考えている」「相談するところがなかったら、私はもういないかもしれない」といった当事者への聞き取りの内容が紹介される。次に、部落出身の男性と結婚してから自身の親から戸籍を抜かれ、15年経っても、家族との行き来が失われている女性のインタビュー映像が流れる。女性は自分の夫と親が話をすれば、夫のことを理解してもらえると考えていたが、親は夫とまったく話をしようとせず、無視し続けたことが最も辛かったと語る。

次のシーンでは、大阪のとある部落に移り住んだ水俣病患者家族に焦点を当てる。水俣病により最初の夫とその子どもを亡くした女性は、息子の保育園入所をめぐって部落解放運動と出会い救われたと語り、24歳の息子も部落が自分のふるさとであり、一生ここで暮らすという決意を語っている。当時の部落解放運動が部落以外のマイノリティからも共感を得て連帯を広げていたことを伝えるシーンである。

和太鼓が主役の「さんや祭り」の映像や、高齢者と子どもがふれあう部落の日常風景を挟み、カメラは松原市内の屠畜場で働く35歳の男性にフォーカスする。小学校４年生の自身の子どもが在籍するクラスの授業で屠畜場での仕事について語るシーンでは、働くということにおいて仕事に変わりはなく、大人になっても屠畜場で働く人を差別しない人になってほしいと子どもたちに語りかける。その後、場面は男性が働く屠畜場に移り、男性が横たわった牛の皮を剥ぐ様子をはじめ、牛を巧みにさばく一連の工程が映し出される。「牛は鳴き声以外すべて無駄にしないという言葉は屠畜場で働く人たちの誇りであり、命への労りである」というナレーションの語りの後、年に２回行われる牛の魂を供養する馬頭観音祭の様子、牛の皮を干す作業風景、和太鼓の皮を張り替える様子へとシーンが流れる。

続く1985年に誕生した大阪人権歴史資料館（リバティおおさか）のシーンでは、リバティおおさかは被差別部落民の資料だけを展示するものではなく、広く全人民、庶民全体に通ずるもの、さらには世界に開かれたものでなければならないことが館長の挨拶の中で述べられる[12]。

次に、松原市内の部落の「乳幼児を守る会」の様子が映される。リーダーの29歳の女性は、母親（女性の祖母）に育てられなかった自分の母親がうまく子育てできなかったのは当然であり、その背景には部落差別があったこと（「親子３代にわたる差別」と表現されている）に気づいたと語り、差別により失われてきたことの大きさを感じているという。

カメラは再び先に登場した屠畜場で働く男性に向けられ、自宅と思われる場所で酒を片手にインタビューに答える姿が映し出される。彼は被差別部落に生まれ、部落解放運動に出会ったことで学んだことも多いとする一方で、自分の子どもが大人になって結婚する時に自分が部落民であることを打ち明けなければならないことを考えると、部落の人間は惨めであると言う。しかし、だからこそ部落解放運動によって、そのような状況をなくしていくことが必要だと運動の抱負を語っている。

映画の終盤には、大阪市内の被差別部落の２人の活動家が今後の運動の方向性や展望について語るシーンがある。東淀川区内の部落で活動する男性は、差別によって奪われてきたものを取り返すだけの運動ではなく、これからは部落が福祉と人権の砦になっていく必要があると語る。住吉区内の部落の活動家は、差別の象徴である劣悪な住環境を改善するために住宅闘争をしてきたが、結果的に物（ハード）をつくることに偏っていった運動は、本来の運動の理念を外れていると指摘する。その上で、部落民の良さは「とことん虐げられたから、とことん温かさをもっている」ところにあり、今後はそういう運動を創っていかなければならないと語る。この２人の活動家の語りは、当時の部落解放運動がすでに大きな転換期を迎えていたことを教えてくれる。

３）『私のはなし　部落のはなし』

監督：満若勇咲

プロデューサー：大島新

公開：2022年

本作は2022年に公開されたドキュメンタリー映画である。タイトルにも表れている通り、監督の満若勇咲が被差別部落にかかわる様々な人から「私のはなし」を引き出すことにより、目に見えない部落差別の実態を浮き上がらせることを試みた意欲作である。映画本編は３時間25分あり、その中で30人の出演者が登場し、それぞれの「部落のはなし」をする。ここでは、紙幅が限られているため、いくつかのトピックに絞って映画のシーンの紹介とともに部落差別の様々な一面について述べることとする。

まず、１つ目は結婚差別である。1986年公開の『人間の街』の中でも当事者へのインタビューを通して差別の実態が映し出されていたが、30年以上経過した今日においても根強く残っていることが本作のいくつかのシーンから読み取れる。三重県伊賀市の被差別部落出身の40代前半の男性は、結婚相手の家族から「今住んでいる地域を出て生活すれば素直に祝福する」と言われたと語り、同じ地域出身の30代の男性は、高校時代に付き合っていた女性の家族の態度がある日を境によそよそしくなり、結果的に関係がうまくいかなくなり、お互いにとって後味の悪い経験になったと言う。一方、同じ地域出身の20代の男性が地域を離れて暮らしている弟に電話をするシーンでは、結婚差別の不安を感じたことがないかと聞かれた弟は「まったくない」と言い、その理由は、地元に相談したり、助けてくれる人たちがいるからだと答える。

別のシーンでは、関西在住の60代の匿名の女性が、父親の教えにより結婚する際に相手の出自を調べたと言い、自分の子どもが結婚する際にも同じように調べるだろうと話し、その理由として「血でしょうね……」と答えている。法務省が2020年に実施した意識調査結果[13]によると、「交際相手や結婚相手が旧同和地区出身であるか否かを気にするか」を聞いたところ、「気になる」15.8%、「気にならない」57.7%、「分からない」25.4%という結果であった。年代別にみると、年齢が高くなるほど「気になる」人の割合が増加し、逆に「気にならない」人の割合は減少する。地域別でみると、被差別部落が多い近畿・中国・四国地方では「気になる」人の割合が２割を超える一方、北海道や東北地方では１割を下回る。これらの結果を見ても結婚差別が依然根強く残っていることは明らかであり、結婚には夫婦だけでなく、お互いの親や親族が絡むことを考えると、決して見過ごせない数値といえる。

本作では、被差別部落の地名や場所といった情報を書籍やネット上で晒す活動をしている出版社「示現舎」代表の男性も登場する。男性は「復刻版全国部落調査[14]」の販売とウェブサイトへの掲載をめぐり、部落解放同盟と個人247人から提訴[15]されているが、「部落探訪」という全国の被差別部落を晒すブログ・動画[16]をネット上に投稿しており、映画では男性が「部落探訪」の取材で被差別部落を訪れ、撮影するシーンが映される。男性は、インタビューの中で、部落差別があるのは同和対策や部落解放運動が盛んなところであると主張し、部落解放同盟に対しては威圧的で不正な補助金をもらい悪いことをしている利権団体というイメージを抱いていると言う。このような運動団体の利権や暴力性という主張に関して、ネット上での差別投稿のモニタリングや調査研究・啓発活動等の差別解消に向けた活動の担い手は、「こうしたことが実際になかったわけではないとは聞き及んでいるが、解放同盟の全体的なものではない」とした上で、インターネット上に拡散される偏見に基づくフェイク情報を事実でかき消すことの難しさを語る。

このように、近年はインターネットの普及に伴い、新たな差別事象が起きている。先述の法務局の調査では、「部落差別の問題に関して、インターネット上で人権侵害事例を見たことがあるか」という質問に対し、全体では10.8%、

40歳未満では２割近くが「見たことがある」と回答している。「見たことがある」と回答した人が見た人権侵害事例は「個人を名指ししない、集団に対する悪口」が45.2%と最も多く、二番目が「旧同和地区名の公表」の41.4%である。インターネット上で運動団体に対するマイナスイメージや被差別部落の地名が拡散されることにより、部落問題に関する知識を持たない人がそのような情報に触れ、差別が再生産されることは想像に難くない。

特に印象に残ったのは、箕面市の北芝地区にかかわりのある20歳の青年３人が語り合うシーンである。反差別を訴える和太鼓チームで活動している青年は、同窓会の幹事をした際に、会場として北芝の隣保館を提案したところ、１人の同級生から「怖がる子がいるかもしれない」と言われ、その言葉に対して何も返答できなかったという。北芝というと、映画の中でも「開かれた部落」として紹介されている通り、先進的なまちづくりで有名であり、全国的なモデルとされる地域である。そのような北芝に対して、周辺地域で暮らす若い世代の中でも、未だにマイナスイメージを持っている人がいるという事実は差別の根深さを物語っている。また、和太鼓を通じて日頃から反差別を訴えている青年でさえも、実際の差別の現場に直面した際に、とっさにどう反応すればいいかわからなかったというエピソードは、部落差別が見えにくくなっている今日の社会において、差別と向き合うことの難しさを伝えているといえる。

５．おわりに

本章では、被差別部落に関する３つの映画を取り挙げ、それぞれの時代における部落差別が映画の中でどのように描かれているのかを見てきた。最後に、改めて本章の副題である「100年前から何が変わったのか」について考えてみたい。

被差別部落の人々が劣等な異種族として差別され、劣悪な経済状況や衛生状況に置かれていた『破戒』の時代からすれば、『人間の街』や『私のはなし　部落のはなし』では、以前の劣悪な状況は改善されており、目に見えるかたちでの差別は少なくなってきたといえる。これは間違いなく部落解放運動や同和対策事業の成果である。しかし、同和対策事業は部落内の住環境や雇用状況等の改善に貢献してきた一方、部落外からの「妬み」や「逆差別」という新たな差別や、事業に関連する不祥事による運動団体への批判も生んできた。『人間の街』が製作された1980年代後半は、こうした批判や自己反省から部落解放同盟が運動方針の転換を図ってきた頃であり、その後は医療・福祉サービスをはじめとした解放運動による成果を周辺地域と共有し、地域を開くことで周辺と一体となったまちづくりを進めてきた。しかし、30年以上が経過した今日においても、「妬み」や「逆差別」といった差別意識や運動団体へのマイナスイメージは払拭されていないどころか、むしろインターネットによってより拡散されやすい状況となっていることが、『私のはなし　部落のはなし』からも読み取れる。

また、結婚差別のように100年経ってもほとんど変わっていないようにみえる差別もある。齋藤（2017）によると、「結婚差別問題は、私的な領域の問題であり、直接的にアプローチすることが難しいこともあって、未だ残された課題となっている」という。

最後に、現存する部落差別の解消に向けた展望を述べて本章の結びとする。まず、先述の法務局の調査において、「部落差別に関する問題を解消するために効果的と思われること」を複数回答で尋ねた結果、「教育・啓発、相談体制の充実などの施策を推進する」49.1%、「マスメディア（テレビや新聞など）がもっと問題を取り挙げる」31.0%、「職場や地域社会でみんなが話し合えるような環境を作っていく」25.3%、「自然になくなるのを待つ」19.7%の順に回答が多かったという。

まず、「自然になくなるのを待つ」とは、いわゆる「寝た子を起こすな」[17]という考え方であるが、これに関して内田（2019）は「こうした考え方では現に生じている差別問題を放置してしまうことになる」「実際に差別を受けた人々が声をあげにくい状況を強化してしまう」といった問題点を述べ、これまでの歴史的経験からも問題の解決には至らないのは明白だと指摘している。

最も回答が多い「教育・啓発、相談体制の充実などの施策を推進する」については、同調査の「部落差別解消のための啓発の経験」の有無を尋ねた質問に対して、「イベント等」、「広報誌・パンフレット等」、「新聞・書籍・雑誌」、「インターネット、テレビ・ラジオ等」のいずれの媒体においても「接した経験がない」という回答が半数以上を占めることを考えると、今後強化していくべき取り組みである。

「マスメディア（テレビや新聞など）がもっと問題を取り挙げる」と「職場や地域社会でみんなが話し合えるような環境を作っていく」という回答が二番目と三番目に多いというのは興味深い結果である。なぜなら、両者は互いに関連し合っているからである。周知の通り、テレビや新聞などの大手メディアが同和行政や運動団体が絡む不祥事以外で部落問題を取り挙げることは皆無に等しく、タブー視されているといってもよい。そのような状況では、部落問題について「職場や地域社会でみんなが話し合えるような環境を作っていく」ことはまず無理であろう。テレビや新聞には部落問題をタブー視せず、部落差別の実態や差別解消に向けた取り組みの状況について報道することを期待したい。

筆者自身、2016年から大阪市内の被差別部落のまちづくりにかかわる機会を得てから、生活困窮者、認知症高齢者、障がい者、ひとり親家庭、刑余者等の様々な社会的不利を抱えた人々を包摂するまちづくりに触れ、その寛容性や先進性に魅了されてきた。国が地域共生社会の実現を目指している今、まちづくりの中で多様な地域課題を解決することが求められている。本章の第２節で述べた通り、被差別部落では、差別に起因する様々な地域課題の集中を背景として、長年にわたって住民主体の運動やまちづくりにより課題の解決を図ってきた経験を有している。これらの経験は地域共生社会の実現に向けて、参考となる点が多いと考えられる。今後、被差別部落が部落解放運動や同和対策事業で培ったノウハウを地域共生社会の実現に向けた施策に活かしていくことにより、同和対策事業の中で生まれた「妬み」や「逆差別」の解消につながるのではないだろうか。

【注】

1　1969年に10年間の時限立法として制定された「同和対策事業特別措置法」が1979年に３年間延長され、1982年に失効後、同法を引き継ぎ５年間の時限立法として「地域改善対策事業特別措置法」が制定された。さらに、1987年に同法失効後に５年間の時限立法として制定された「地域改善対策特定事業に係わる国の財政上の特別措置に関する法律」はその後、延長と改正を経て2002年に失効した。

2　藤野ら（2009）によると、全国で最も早く部落改善事業に着手した三重県では、事業を指導した社会事業家の竹葉寅一郎が各被差別部落を回って生活改善の必要を説き、規約を結ばせて改善団体を組織させることで、言語、清掃、身なり、入浴、就学・納税の義務といった課題の改善を図ったという。

3　それまで被差別部落は「旧穢多村」「新平民部落」といった様々な差別的な名称で呼ばれていた（藤野ら、2009）。

4　帝国公道会は「民族の融和」実現の一環として様々な角度から部落問題に取り組み、その１つとして部落民の北海道への集団移住を奨励したが、実際の移住者は奈良・京都・高知等の一部の部落民だけだったという（藤野ら、2009）。

5　従来の部落改善運動は差別の原因を部落の側に求め、同情や恩恵を与える内容であったが、1920年頃に創立された岡山県協和会、信濃同仁会、広島県共鳴会、同愛会などの融和運動団体は、人道主義の観点から、差別する社会の側が問題であるとし、差別撤廃を唱えていた（藤野ら、2009）。

6　代表的なものに後に全国水平社の中心メンバーとなる阪本清一郎、西光万吉らによる燕会がある。燕会は、会員の団体旅行、低利金融、生活必需品の共同購入・共同販売といった活動を展開していた（朝治、2022）。

7　計画で示された事業内容は、農事実行組合・協同作業所・公益質屋の設置、副業の奨励、地区指導者の養成、高等小学校・中学校への進学奨励、隣保館・共同浴場の設置、住宅・道路・給排水の改良、融和教育の推進等と幅広く、事業総額は約5,000万円という壮大な国家プロジェクトであった（関口、2009）。

8　現実には、融和事業の予算は軍事費にとられ、1937年の日中戦争突入後、幻の計画として消滅することとなった。

9　朝治（2022）によると、全国水平社が主催とされたのは、1942年１月20日に法的には消滅していたが、実質的には団体が存続していたと考え、その歴史と伝統を継承しようとする認識を示すものだったという。

10　答申の前文では、「いうまでもなく同和問題は人類普遍の原理である人間の自由と平等に関する問題であり、日本国憲法によって保障された基本的人権にかかわる課題である」と述べている。

11　1969年に10年間の時限立法として制定された「同和対策事業特別措置法」が1979年に３年間延長され、1982年に失効後、同法を引き継ぎ５年間の時限立法として「地域改善対策事業特別措置法」が制定された。さらに、1987年に同法失効後に５年間の時限立法として制定された「地域改善対策特定事業に係わる国の財政上の特別措置に関する法律」はその後、延長と改正を経て2002年に失効した。

12　2006年12月のリニューアル後の展示では、在日コリアン、ウチナーンチュ、アイヌ民族、女性、性的少数者、障がい者、HIV感染者、AIDS患者、ハンセン病回復者、ホームレス、被差別部落民、公害被害者、水俣病患者といった幅広い差別や人権に関するものであった（黒川、2009）。

13 「部落差別の実態に係る調査結果報告書」（法務省人権擁護局、2020）を参照。

14 「部落地名総鑑」という、部落の地名、所在地、戸数などが記載された図書が上場企業を中心に購入されていたことが1975年に発覚し、その後回収・焼却されるという事件が起きた。この「部落地名総鑑」の基となったのが、1936年に政府の外郭団体が作成した「全国部落調査」であり、男性はこれを入手し、新たな情報を加えた復刻版を2016年４月からネット販売することを予告し、ウェブサイトに地名リストを掲載した。

15 2021年９月27日に訴訟の判決が東京地裁で行われ、判決は被差別部落の地名公開により、原告は結婚や就職で差別や中傷を受けるおそれがあると指摘し、大半の地名リストについて、リストを掲載した部分の出版禁止やネット上の削除などを命じた。その後、双方が控訴し、2023年３月現在、東京高裁で係争中となっている。

16 動画投稿サイトのYouTubeに投稿された約200本の動画は、2022年11月にサイトを運営するグーグルによって、「ヘイトスピーチ指針に違反する」として削除された。

17 差別問題に対して声を上げずにそっとしておけば問題が解決するという考え方。

【参考文献】

朝治武（2022）『全国水平社1922-1942：差別と解放の苦悩』ちくま新書

内田雄造（2010）「同和地区のコミュニティデベロップメントの新しい展開：同和対策事業に関わる一連の特別措置法失効後の動向」ライフデザイン学研究（6），19-34

内田雄造・大谷英二（2001）「転換期にある同和地区のまちづくりが今後の日本のまちづくりに示唆すること」2001年度第36回日本都市計画学会学術研究論文集、109-114

内田龍史（2019）「部落差別の生成と変容：「逆差別」意識に着目して」社会学年報、48, 31-43

キネマ旬報社（2022）破戒パンフレット

黒川みどり（2011）『描かれた被差別部落：映画の中の自画像と他者像』岩波書店

黒川みどり（2009）「第４章　部落問題から問い直される戦後日本」黒川みどり・藤野豊編『近現代部落史：再編される差別の構造』有志舎、pp.124-162

齋藤直子（2017）『結婚差別の社会学』勁草書房

関口寛（2009）「第３章　再編される帝国と被差別部落」黒川みどり・藤野豊編『近現代部落史：再編される差別の構造』有志舎、pp.83-123

藤野豊・黒川みどり・関口寛（2009）「第２章　大日本帝国の成立と部落問題」黒川

みどり・藤野豊編『近現代部落史：再編される差別の構造』有志舎、pp.48-82
法務省人権擁護局（2020）「部落差別の実態に係る調査結果報告書」法務省ホームページhttps://www.moj.go.jp/content/001327359.pdf（最終閲覧日2023年３月31日）

第10章

台湾社会における多様なマイノリティ層に関する現状と課題

『アリフ、ザ・プリン（セ）ス』
『徘徊年代』

蕭 耕偉郎

1．映画から見る台湾における多様なマイノリティ層の現状について

マイノリティ層（minority group）または社会的マイノリティ（social minority）の存在は、人類社会の長い歴史の中でどの国・地域においても少なからずみられる社会課題である。マイノリティ層は、Hon & Gamor（2022）によれば、民族、人種、能力または障害、宗教、指向、またはその他の特性を持ち、そのアイデンティティ、活動、および／または慣行が当該特性の分類における多数または主要な社会階層よりも少ない個人の集団と定義される。台湾社会においても、これまでの歴史的経緯の中、多様なマイノリティ層が存在している。

台湾では、2019年の「国際反ホモフォビア・トランスフォビア・バイフォビアの日」（５月17日）に、日本の国会にあたる立法院が『司法院釈字第七四八号解釈施行法』（俗に『同性婚法』とも）の法案を可決し、同年５月24日から施行することとなる。台湾における同性婚法の施行は重要なマイルストーンとして、アジアで初めて同性婚を認める国となり、国際社会からの注目を浴びることとなった（彭、2022）。実際に、表１の通り、台湾では2019年同性婚発足以

表１　2019年以降台湾における同性婚の現状：婚姻数

年度	婚姻数（組）					婚姻数割合			
	異性	同性				異性	同性		
		男性	女性	小計	全体小計		男性	女性	小計
2019	131,585	928	2,011	2,939	137,463	95.7%	0.7%	1.5%	2.1%
2020	119,315	674	1,713	2,387	124,089	96.2%	0.5%	1.4%	1.9%
2021	112,750	535	1,321	1,856	116,462	96.8%	0.5%	1.1%	1.6%
小計	363,650	2,137	5,045	7,182	378,014	96.2%	0.6%	1.3%	1.9%

出所：行政院性別平等会、内政部戸政司（2021）のデータに基づいて著者作成

来、同性婚カップル数は着実に増加しており、男性よりも女性カップルが主流になってきている。実際、婚姻数は2019年から一貫して女性カップルが男性カップルの倍以上であり、台湾全体の婚姻数（組）の1.3%を占める。

続いて、台湾では原住民族が長い間、抑圧されてきた存在であったが、近年、台湾における伝統文化の台頭や多文化共生に向けた施策により、その地位が大きく向上してきた。蕭ら（2016）によると、台湾の人口の約２%を占める原住民が、多種多様の伝統的文化および生活領域を持って生活している一方、差別や偏見により原住民は社会的地位が低く、特に都会への出稼ぎ等の理由で移住した原住民人口の多くは、従来の生活習慣や低収入等の原因により長期間に渡り河川敷に原始的な住環境を自力造営し、行政による強制撤去の対象となる違法集落として扱われてきた。原住民の住環境を改善すべく、国の部署である原住民委員会は、近年「原住民住宅改善計画」や「住宅法」に基づき積極的に原住民に対する居住支援を行い、様々な取り組みを展開してきた。

2023年現在、台湾では16種族が指定されており、その総人口が約58万人で、台湾全人口の2.4%程度を占める。人口が３万人以上の種族は阿美族をはじめとして５種族であり、原住民族全体人口の72%程度を占める。指定された各種族それぞれの文化と母語の保存が国策の一環として進められているが、その他11種族はいずれも人口数が少なく、言語や伝統文化の保存が今後ますます重要な課題になってくると考えられる（表２）。

表2　2022年現在台湾における原住民族と主な種族に関する人口概観

性別	小計	阿美	排湾	泰雅	布農	太魯閣	その他11種族小計	未申告
計	581,694	217,129	104,779	93,943	60,760	33,353	62,070	9,660
男	281,283	105,582	50,522	44,546	29,226	16,090	30,047	5,270
女	300,411	111,547	54,257	49,397	31,534	17,263	32,023	4,390

出所：原住民族委員会（2022a）のデータに基づいて著者作成

また、台湾では、「新住民」と呼ばれる婚姻を理由に台湾に移住した外国人女性も長い間、マイノリティ層として存在してきた。東アジアでは、昨今の経済成長や少子高齢化・女性の社会進出に伴う介護・家事労働力への需要の高まりを背景に、マイノリティ層としての女性移民が増加する「移民の女性化(Sassen、2001)」が顕著である（高橋、2019)。特に、台湾では1990年代の核家族化とともに進行した「介護の脱家族化」を背景に家事労働や介護労働のサービス化が進行したため、労働力が不足する家事労働分野にまで外国人労働者の受入を拡大した（安里、2005；高橋、2019)。ただし台湾では、ブルーカラーの外国人就労者には滞在期限の制限があり、台湾に永住することは制度上不可能であるため、外国人就労者のほとんどは一時的な滞在となっている。そこで、社会統合という観点からまず問題となるのは婚姻移民であるが、台湾では一般的に婚姻移民の女性が「新住民」と称されることは多い（田上、2015)。

実際に、図１の通り、台湾の婚姻者数に占める外国籍女性の割合が、2000年代初期では25%前後にのぼり、当時台湾では10組に３組程度の配偶者の外国籍女性であり、外国籍男性の２～３％の10倍程度にも上る。それ以降婚姻者数に占める外国籍女性は減少傾向を示し、2021年時点では外国籍男性とほぼ同等の値に落ち着いてきている。新住民の中でも、特にマイノリティ層としての性格が強いとされるのが主に東南アジア、中国籍などからの女性である。実際、表３の通り内政部移民署の新住民女性の教育水準についての調査した結果によると、サンプリングした２万人弱の新住民のうち、人数が最も多い中国籍の女性の教育水準は、高卒が37.2%と最も多く、次いで中卒が32.5%となる一方で、小卒と大卒が９%と同率である。中国について人数が多い東南アジア諸

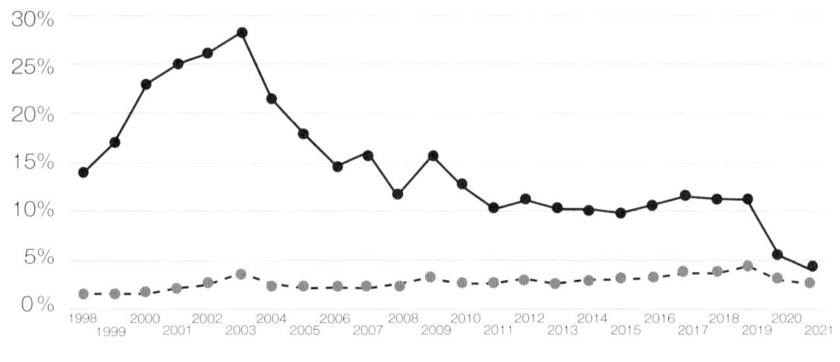

図１　台湾における外国籍との婚姻状況の推移

出所：内政部戸政司（2022）のデータに基づいて著者作成

表3　2020年時点台湾全国における新住民女性の教育水準

		サンプル数/割合		中国	東南アジア諸国	その他各国	香港・マカオ
サンプル数			18,260	9,688	6,710	1,374	487
教育水準	読み書きできない	207	1.1%	1.3%	1.1%	0.3%	0.4%
	独学	367	2.0%	1.5%	3.3%	0.1%	0.5%
	小学校	2,583	14.1%	9.0%	24.7%	2.0%	6.0%
	中学校	5,534	30.3%	32.5%	33.7%	5.2%	11.1%
	高校	6,263	34.3%	37.2%	31.1%	28.1%	38.5%
	専門学校	1,133	6.2%	8.6%	1.8%	8.7%	11.4%
	大学	1,924	10.5%	9.0%	4.3%	44.9%	28.6%
	大学院以上	249	1.4%	0.8%	0.1%	10.6%	3.5%

出所：内政部移民署（2020）2018年新住民生活需要調査報告

国の女性の教育水準では、中卒が33.7%と最多で、ついでに高卒の31.1%、小卒の24.7%となり、さらに全体的に低いものとなっている。その一方、中国と類似した属性を持つものと一般的に考えられる香港・マカオの女性の場合は高卒が38.5%で最も多く、大卒が28.6%であり、その他各国の女性の場合では大卒が44.9%と圧倒的に最多である。以上の状況から、東南アジア、中国籍の女性は、特にマイノリティ層としての特徴が顕著に表れていると考えられる。

以上の通り、台湾の現代社会における LGBT（今回は主に同性婚に着目する）、原住民族や新住民など多様なマイノリティ層に関する現状を整理したが、本章ではこれらのマイノリティ層に切り込む２本の映画作品を手掛かりに、そのより具体的な現状と課題について議論を深めつつ、多様性のある共生社会の実現に向けたあり方を示すことを念頭に置く。

2．映画『アリフ、ザ・プリン（セ）ス』から考える LGBT と原住民の現在地

まず、第30回東京国際映画祭「アジアの未来」部門上映作品の王育麟監督による『アリフ、ザ・プリン（セ）ス』（2017年）は、台湾における原住民と LGBT の課題を複合的に捉えた話題作である。主人公のアリフは、故郷・台東県にある原住民の族長で厳格な父を持ち、後継者として父にかねてより強く期待されてきた一方、彼（彼女）の願いは族長ではなく、「女性」になることだった。本作はこのような台湾における多様な民族・世代・ジェンダーの間で物語が繰り広げられ、多様な側面から人間としてのアイデンティティを問い直しつつも、自身のアイデンティティと、社会の中で自身が担う役割や他人との人間関係とのバランスについても考えさせられるものである。台北で美容師として働くアリフは、族長の地位には器が足りないと思う気持ち、性別適合手術への踏ん切りがつかない自分への不甲斐なさや、不完全な自己の狭間で苦しむ。しかし、この作品が単なる「閉塞感からの自己解決」という一直線の流れにとどまらず、ゆるやかに周辺を巻き込みながら互いの人生に化学反応が起こせたのは、（逆説的ながらも）そんな無駄なものや不完全な人たちの存在による部分が多い（第12回 関西クィア映画祭、2018）。

・監督・脚本：王 育麟、徐 華謙、花 柏容、Juliana HSU、陳 慧玲
・主演：アリフ（舞炯恩・加以法利得）など
・日本 公開年：2017年（台湾：2017年）
※『父の初七日』の王育麟監督が様々なジェンダー・セクシュアリティ、世代間の人間模様を描く。2017年東京国際映画祭でワールドプレミア上映された話題作である。

アリフの例も踏まえて、まず台湾における同性婚の現在地を確認してみたい。表４における、2019年以降各年度の同年度内の婚姻数に占める同年度内の離婚数の割合を示す「離婚／婚姻比」に着目すると、表２（前出）の通り、異性婚カップルは2019年以降一貫して40%以上の高い数値を示す一方で、同性婚カップルは平均では30%以下と相対的に低い数値となっている。ただ、制度開始した2019年を考慮しないとして、2020年は15.5%から2021年は27.4%に上るなど、同性婚カップル同士の離婚が急増しており、同性婚の制度の成熟に伴い、同性婚ができるありがたみよりも、離婚への抵抗感が弱まり、自身の自由や判断を優先する傾向が定着してきていると考えられる。

以上の通り、同性婚は現時点では異性婚よりも婚姻としても安定性が高いと考えられ、また制度の成熟化により同性カップル同士も同性婚そのものを神聖視せずに、メリット・デメリットの両面をしっかり理解して婚姻を判断できる状況になってきているため、同性婚というものはより客観的なものに変わっていくと考えられる。そこで、同性婚カップルとしては、異性婚カップルに準じて養子縁組ができるように、同性婚カップルは伴侶の実子を養子にできるが、血縁関係のない子どもを同性婚カップルが共同で養子にすることができない同性婚法20条の改正を目指そうとしている。実際、行政院性別平等処が行った電話調査では、「同性婚カップルにも養子縁組の権利を持つべきと思う」という

表4　2019年以降台湾における同性婚の現状：離婚数

年度	離婚数（組）				同年度内離婚／婚姻比				全離婚に占める同性婚の割合		
	異性	同性			異性	同性					
		男性	女性	小計		男性	女性	小計	男性	女性	小計
2019	54,363	50	60	110	41.3%	5.4%	3.0%	3.7%	0.1%	0.1%	0.2%
2020	51,309	100	271	371	43.0%	14.8%	15.8%	15.5%	0.2%	0.5%	0.7%
2021	47,379	126	382	508	42.0%	23.6%	28.9%	27.4%	0.3%	0.8%	1.1%
小計	153,051	276	713	989	42.1%	12.9%	14.1%	13.8%	0.2%	0.5%	0.6%

出所：行政院性別平等会、内政部戸政司（2021）のデータに基づいて著者作成

問いに賛成する回答者の割合は、2018年の53.8%から2022年の71.0%に上り、「同性婚カップルでも同じように適切に子どもの教育ができると思う」という問いに賛同する回答者の割合も56.2%から71.8%に上っている（彭、2022)。このように、一般市民の同性婚カップルへのより適切な理解も進む中、同性婚カップルを前向きに支援する社会的雰囲気が醸成されつつある。

『アリフ、ザ・プリン（セ）ス』の最後にも、体が男性であるアリフと、美容院の同僚でもあり、共同生活を送ってきた体が女性であるレズビアンの親友・佩貞との子どもが生まれ、佩貞が1人で育てるシーンで終わる。これは、LGBTなどの性的少数者の人生においても、婚姻の後に、親として「子ども」を育てるというのは重要な過程の1つであることを暗に示していると考えられる。その際、実子でなくても、同性婚を含むLGBTカップルにも、養子縁組の権利が通常の夫婦と同様に保障されてしかるべきと考える。

続いて、本作から見えてくる原住民族の現在地については、原住民族の分布に着目すると、2022年現在、花蓮県の93,328人（16.0%）が最も多く、次いで、桃園市の79,449人（13.7%）と台東県の78,390人（13.5%）とが拮抗している。また、台湾全国には55の原住民地区が指定されているが、半数程度の48.7%の原住民族人口はそれ以外の都市部地域で生活している。その中でも、台北市よりも、台北都市圏の外延部にあたる新北市の70,202人（24.8%)、桃園市の54,822人（19.3%）が大半を占め、次いで台中市も多い。一方、原住民地区に着目する、山地地区には166,545人（28.6%）程度が住んでおり、そのほとんどが

表５　2022年現在台湾全国における原住民の主な分布自治体に関する概観

自治体	総数	割合	原住民地区				都市部	割合
			山地地区	割合	平地地区	割合		
全国	581,694	100.0%	166,545	28.6%	131,792	22.7%	283,357	48.7%
新北市	57,701	9.9%	2,879	1.7%	ー	0.0%	54,822	19.3%
桃園市	79,449	13.7%	9,247	5.6%	ー	0.0%	70,202	24.8%
台中市	36,624	6.3%	4,319	2.6%	ー	0.0%	32,305	11.4%
屏東県	60,982	10.5%	43,575	26.2%	2,154	1.6%	15,253	5.4%
台東県	78,390	13.5%	18,517	11.1%	59,641	45.3%	232	0.1%
花蓮県	93,328	16.0%	26,497	15.9%	66,831	50.7%	0	0.0%

出所：原住民族委員会（2022a）のデータに基づいて著者作成

台湾南東部の自然豊かな山間部に集中し、屏東県の43,575人（26.2%）に続き、花蓮県の26,497人（15.9%）、台東県の18,517人（11.1%）の結果である。平地地区でもほぼ同様の地域に集中し、花蓮県の66,831人（50.7%）、台東県の59,641人（45.3%）でそのほとんどを占める（表５）。

本作では主人公のアリフは、花蓮県に次いて、原住民人口が多い台東県の原住民地区の排湾族の部族との設定であった。また、作中ではアリフが属する排湾（パイワン）族は、台湾の原住民族では２番目に多い10万人規模である（前出表２）ため、台湾における主流で代表性のある原住民族と考えられる。実際、映画の中でもアリフは就職で台北市に移住しており、実際は表６からもわかるように、原住民地区ではほとんどが農村部での就職の機会に乏しく、結果的に多くの原住民人口が出稼ぎのため原住民地区ではない都市部に移住している現状にある。また、都市部への出稼ぎを中心とする原住民族の就業状況に着目すると、表６の通り、建築業が全体で16.5%と最も多く、製造業が15.0%と次に多く、宿泊・飲食業が10.3%との結果である。加えて、原住民族男性の多くが建築業（26.5%）と製造業（14.7%）、女性の多くが製造業（15.3%）、宿泊・飲食業（14.1%）、卸売り・小売業（13.4%）との顕著な傾向がみられた。以上のことから、台湾原住民族の就労は、いわゆるブルーカラーが一般的であり、マイノリティ層としての特性が著しく表れているといえる。

作中ではアリフは昼間は美容師として働き、夜はゲイ向けのショウクラブで

表6　2022年現在台湾全国における原住民の就業状況

	建築業	製造業	宿泊・飲食業	卸売り・小売業	保健医療業	運輸倉庫業
男	26.5%	14.7%	6.7%	6.4%	2.4%	9.9%
女	5.8%	15.3%	14.1%	13.4%	16.0%	2.6%
小計	16.5%	15.0%	10.3%	9.8%	9.0%	6.4%

出所：原住民族委員会（2022b）のデータに基づいて著者作成

アルバイトをしているが、そこでは出会った政哲という男性に一目ぼれして猛アタックを展開する。政哲はピアノ教師をする妻と暮らす平凡な公務員だが、友人の勧めで妻に内緒でアリフが働くショウクラブで女装して、ショウ舞台に立つようになり、毎週金曜の夜に残業を言い訳に帰ってこない政哲は、やがて妻に不信感を抱かれるようになりながら、自分自身の性的志向に悩みながら最終的にはアリフとの恋も成就せずに終わる。このような昼間は美容師として、夜はゲイバーでもアルバイトしているアリフの職業に関する設定は、性的少数者ならではの働き方の実態を示していると同時に、原住民であるがゆえの職業選択の現実も表している側面もあると考えられる。

3．映画『徘徊年代』から考える台湾における新住民の現在地

第17回大阪アジアン映画祭の上映作品で、張騰元監督による長編デビュー作となる『徘徊年代』は、台湾におけるマイノリティとされてきた「新住民」とも呼ばれる東南アジア人や中国人花嫁が直面する社会課題を取り挙げるものである。実は張監督の出世作となった短編『焉知水粉（原題）』（2010）でも新住民をテーマとしているため、今作はより丹念な描写とその積み上げにより、新住民に関するより踏み込んだ議論を巻き起こそうとするものである。この物語の背景には、1990年代、台湾中南部では深刻な嫁不足を解消すべく、ベトナムやインドネシアから嫁いでくる外国人妻を積極的に受け入れていた。新住民と呼ばれた彼女たちをめぐる社会課題は、これまで映画の題材となることも多い。物語前半の主役となる阮安妮（アニー・グエン）は自身も新住民で、嘉義新麗

美歌劇団に所属する舞台女優であり、また後半の主役阮秋姮（グエン・トゥ・ハン）は人気YouTuberであり、さらに義母役の陳淑芳は2020年の金馬奨を総なめにしたベテラン女優である（杉山、2022）。

・監督・脚本：張 騰元、李遠、林仕肯
・主演：ヴァントゥエ（阮 安妮）など
・日本 公開年：2022年（台湾：2022年）
※釜山国際映画祭、台北映画祭、ハンブルグ・フィルムフェストなどに入選する台湾の新住民問題に切り込む話題作である。

このように、新住民の課題によりリアルに切り込むべく、そのキャスティングには説得力がありつつも豪華なものである。物語では、結婚斡旋業者の仲介で、台湾の地方都市に嫁いできたベトナム人女性ヴァン・トゥエが主人公であり、外国人妻に偏見のある義母に日々監視の目を向けられ、寡黙な夫とのコミュニケーションも不足気味の彼女にとって、同様の境遇にあるベトナム人の友人との他愛ないおしゃべりが唯一の息抜きであった。そんなある日、仕事のトラブルで情緒不安定となった夫に暴力を振るわれたトゥエは、家を脱出して女性保護シェルターに身を寄せることとなり、そこでの生活を経て、夫との離婚を決意したトゥエは、台湾での自立を目指す（杉山、2022）。

本作の第一部の舞台は1990年代の台湾のとある地方都市で、台湾は豊かで平和な国だから幸せとの幻想のもと結婚斡旋業者の仲介で嫁いできたベトナム人女性ヴァン・トゥエが主人公である。実際では嫁ぎ先が貧しく、義母には厳しく接され、建設作業員の夫は仕事がうまくいかないと頻繁に暴力を振るうようになる。このような時代背景は、まさに図１（前出）にもあるように1990年代後半に右肩上がりの新住民の増加と一致しており、またその経済環境は厳しいものである現状が如実に示されている。実際、東南アジア出身の新住民の世低収入は、月収２万台湾元以下または不明が85%、その配偶者は86%が建設作業員などのブルーカラーであり（謝、2011）、非常に不利な家庭と経済環境に置かれている。映画の中でも、情緒不安定となった夫に暴力を振るわれ、家を脱出することを決意したトゥエがたどり着いた先は、女性保護シェルターになる。そこでの生活を経て、トゥエは夫との離婚を決意して台湾での自立を目指していくものの、その前途は必ずしも平坦なものではない。このように、新住民は台湾では常に社会的に難しい境地に立たされ、特に子どもを持たない新住民にとっては、ホスト社会である台湾社会との社会的つながりは形成しにくく、定着が非常に難しいものと考えられる。

以上の観点も踏まえて、これまでの20年間にわたる多くの新住民の子どもたちは、今や台湾の未来を担う重要な世代になりつつある。例えば、表7の通り、2014年から2019年にかけて、台湾全国の就学者数全体に占める新住民子女の割合は5.8%から7.4%にまで右肩上がりに上昇しており、また、中でも高校生数に占める新住民子女の割合が12.5%、中学生数に占める新住民子女の割合が10.1%に上るなど、10人に1人が新住民の子女にあたる。このような背景の中、田上（2015）や高橋（2019）によると、台湾では近年の新住民政策における新たな展開として顕著なものは、台湾社会への包摂を目的とする新住民の外国籍配偶者向けの支援プロジェクト以外に、新住民子女向けの支援策が立案されている点である。施策開始当初は新住民子女に対する識字教育や学習支援を中心とした支援施策が策定され、現在では東南アジア諸言語を台湾既存の在来言語である閩南語や客家語と同等に位置づけられ、新住民子女の文化継承を重視する学校が増加している。

このような結果は、台湾において民主化後の2000年代以降、中国との経済関係が急速に進むことにつれて、過度な中国依存に対する危機感から東南アジアを重視する「南向政策」が実施されたことに加え、2016年5月に発足した民進党の蔡英文政権は、さらに経済の脱中国依存を目的に「新南向政策」を掲げ、同政策を通して新住民の子どもたちをサポートし、東南アジアにかかわる人材として育成する意向を示した（玉置、2020）。実際に、その後2020年1月の蔡英文総統の再選により、この方針が継続され、ますます強固なものになってきており、新住民は、従来のマイノリティ層から、台湾における社会包摂から社会統合を突き動かす重要な役割を果たしていくと考えられる。

表７　2019年時点台湾全国における就学者数に占める新住民子女の割合

	就学者数全体に占める割合	幼稚園児数全体に占める割合	小学生数全体に占める割合	中学生数全体に占める割合	高校生数全体に占める割合	大学生数全体に占める割合
2014	5.8%	7.4%	11.7%	8.1%	3.1%	0.2%
2015	6.1%	5.4%	11.1%	9.8%	5%	0.5%
2016	6.7%	6.9%	10.3%	11.1%	7.1%	1.1%
2017	7%	6.2%	9.4%	11.3%	9.2%	1.9%
2018	7.3%	5.7%	8.5%	11.1%	11.1%	2.9%
2019	7.4%	4.6%	7.8%	10.1%	12.5%	4.2%
男	7.3%	4.7%	7.9%	9.9%	12.5%	3.8%
女	7.5%	4.6%	7.7%	10.4%	12.5%	4.8%

出所：教育部（2019）のデータに基づいて著者作成

マイノリティ層に関する議論でよく取り挙げられる概念として、「社会包摂」（social inclusion）とは「社会排除を生みだす諸要因を取り除き、人々の社会参加を進め、他の人々との相互的な関係を回復あるいは形成すること」を指す（佐々木、2009）。一方、現状台湾における新住民は、従来のマイノリティ層から、よりホスト社会である台湾社会に溶け込み、社会包摂よりさらに一歩進んだ社会統合という段階に移行していると解釈できる。「社会統合」（social integration）の概念は、EU（European Union、欧州連合）の社会統合政策の動向を踏まえると、移民と受入れ社会との双方向のプロセスとして今日的には捉えられてきており、個人のアイデンティティ・権利の尊重、差別の排除、参加の促進等が重要な要素である（森、2016）。その理論的根拠として、ベリー（Berry、1997）による文化変容モデルにおいては、「統合」（integration）とは、文化移動した人たちが自文化アイデンティティを保持しつつ、ホスト文化に対しても好意的な態度を持つタイプとして示されている。その対極にある「分離」（separation）は、自文化アイデンティティに対しては重視する態度を持つが、ホスト文化に対しては否定的な態度を持つタイプである（佐々木、2020）。

このような社会統合の概念は今日では幅広く取り入れられ、例えば、EUの移民政策のうち、社会統合にかかわる領域は基本的には加盟国が主導する分野であるが、欧州委員会（European Commission）は、2002年、「統合に関する各国連絡窓口」(national contact point) を設置し、2005年にはEU理事会は「統合のための共通アジェンダ：第三国民の域内統合のためのフレームワーク」を採択し、社会統合について一貫したEUレベルの枠組み構築を踏まえて、各加盟国に包括的な統合戦略の策定を求めた（正躰、2013)。また、国連難民高等弁務官事務所（United Nations High Commissioner for Refugees：UNHCR）が示してきた難民問題の恒久的解決の１つとして、「庇護国での社会統合」が掲げられている（村尾、2016)。台湾における新住民が、子どもたちとともにホスト社会である台湾社会へのアイデンティティを強く持つようになり、台湾社会の一員として統合が進んでいくものとして考えられる。

本作の第二部は第一部それから15年後の2015年との時代背景の設定のもと、新住民の子ども世代であるブイが主人公だが、彼女は探偵業を本業としつつ、同じく台湾で暮らす新住民の子ども世代の若い女性たちに慕われる存在でもあり、仕事や居場所に困った新住民の子どもたちへの手厚い支援を行っている。このようなブイさんの成功や現在地は必ずしも偶然ではなく、1990年代の台湾社会でもがき苦しんできた新住民の女性たちの体験が社会によって認知されるようになり、社会や市民の意識の変化を背景に政策的な支援なども得ながら、新住民の子どもたちの世代に受け継がれてきた新たな社会的役割とも考えられる。

4．まとめ
現代台湾社会における多様なマイノリティ層の実情

台湾では、LGBTなどの性的少数者への偏見が解消されつつあり、また同性婚制度も軌道に乗ってきている今日、誰もが性的思考を理由に差別されずに済む社会のより一層の浸透や、それをサポートできるような環境が醸成されつつある。台湾ではアジア諸国に先駆けて同性婚制度を導入した点が評価に値する一方、一般市民の同性婚カップルへの客観的な意識が定着しつつあるにもかかわらず、同性婚カップルでは未だに養子縁組が認められない制度になっているため、制度が民意に追い付いていない現状にあるともいえる。

原住民族については、現代的な都市生活の浸透や、主要人種との同化などにより、台湾に限らず多くの国々では先住民族の文化・言語が消失しつつあり、より身近な環境で文化・言語の定着に取り組む必要がある。また、原住民族の経済的な困窮に起因する出稼ぎ労働、それに伴う劣悪な生活環境を余儀なくされている現状に対して、より原住民族の伝統的な生活習慣を尊重した経済活動への支援、例えば原住民地区におけるエコツーリズムの推進、持続可能な地場産業の支援などが不可欠と考えられる。

新住民の女性たちは、従来、台湾社会における典型的なマイノリティ層から、近年の多文化共生への政策方針の転換や新住民子女への関心の高まりから、台湾における社会統合を担う重要な立役者となりつつあり、特に東南アジア諸国の言語や文化の台湾における義務教育の中への導入などは、台湾における移民政策から教育政策に波及した画期的な取り組みとも考えられる。今後、台湾社会の未来を担う新住民子女の大いなる活躍が期待される。

【参考文献】

安里和晃（2005）「介護労働市場の形成における外国人家事・介護労働者の位置づけ：台湾の事例から」『龍谷大学経済学論集（民際学特集）』Vol.44、No.5、1–29

佐々木雅幸（2009）「第１章　文化多様性と社会包摂に向かう創造都市」『創造都市と社会包摂 文化多様性・市民知・まちづくり』水曜社

佐々木優香（2020）「ドイツにおけるアウスジードラーの社会統合：ロシア・ドイツ人の言語的統合に着目して」『宇都宮大学国際学部研究論集』Vol.50、31-41

正躰朝香（2013）「移民政策のヨーロッパ化：EU における出入国管理と移民の社会統合をめぐって」『京都産業大学世界問題研究所紀要』Vol.28、171-184

蕭閎偉・全泓奎・城所哲夫（2016）「台湾における都市原住民の居住実態と居住支援策に関する考察」『都市計画論文集』Vol.51、No.2、145-152

杉山亮一（2022）「第17回大阪アジアン映画祭コンペティション部門 特集企画《台湾：電影ルネッサンス2022》徘徊年代」『第17回大阪アジアン映画祭公式サイト』https://www.oaff.jp/2022/ja/program/c07.html（最終閲覧日2023年４月17日）

第12回 関西クィア映画祭（2018）「アリフ、ザ・プリン（セ）ス」『第12回 関西クィア映画祭 2018公式サイト』https://kansai-qff.org/2018/film_ALIFU.html（最終閲覧日2023年４月17日）

高橋萌（2019）「台湾における新住民支援の展開とその拡大要因に関する考察」『慶應義塾大学大学院社会学研究科紀要：社会学心理学教育学：人間と社会の探究』No.87、pp.1-18

田上智宜（2015）『四大族群と新住民：多文化主義による台湾の社会統合』東京大学博士論文

玉置充子（2020）「台湾の対東南アジア関係の進展と社会の多元化」『拓殖大学台湾研究』Vol. 4、29-57

村尾るみこ（2016）「ザンビアにおける元難民の社会統合の現状」『21世紀社会デザイン研究』Vol.15、79-86

森恭子（2016）「社会統合の概念とソーシャル・キャピタル」『生活科学研究』Vol.38、43-52

Rainbow Reel Tokyo（2018）「アリフ、ザ・プリン（セ）ス」『第27回レインボー・リール』, https://rainbowreeltokyo.com/2018/program/alifu_the_prince_ss（最終閲覧日2023年 4 月17日）

（中国語文献）

阿莉芙ALIFU, THE PRINCE/SS（2017）『阿莉芙ALIFU, THE PRINCE/SS フェイスブック』https://www.facebook.com/Alifu2017/photos（最終閲覧日2023年 4 月17日）

徘徊年代 Days Before the Millennium（2022）『徘徊年代 Days Before the Millenniumフェイスブック』https://www.facebook.com/DBTM.film/（最終閲覧日2023年 4 月17日）

彭治鏐（2022）「同婚三周年：修改第20條朝向已婚同志無血緣收養的合法之路」『鳴人堂』（udn.com）, https://opinion.udn.com/opinion/story/10124/6342483（最終閲覧日2023年 4 月17日）

行政院性別平等会、内政部戸政司（2021）同性別者婚姻統計 https://gec.ey.gov.tw/Page/C94CF37B935BEC9/9cd73b79-e88f-4afb-a643-543cc4385589（最終閲覧日2023年 4 月17日）

行政院性別平等会、内政部戸政司（2021）「同性別者婚姻統計」『行政院ウエブサイト』https://gec.ey.gov.tw/Page/C94CF37B935BEC9/9cd73b79-e88f-4afb-a643-543cc4385589（最終閲覧日2023年 4 月17日）

原住民族委員会（2022a）「2022年 6 月原住民族人口統計」『原住民族委員会ウエブサイト』https://www.cip.gov.tw/zh-tw/news/data-list/940F9579765AC6A0/2276C0E026A831376F51CB2375B3D43B-info.html（最終閲覧日2023年 4 月17日）

原住民族委員会（2022b）「2022年原住民族就業状況調査」『原住民族委員会ウエブサイト』https://www.cip.gov.tw/zh-tw/news/data-list/19F6DD25969C101D/D27A985131FA61B763B296835A2B9A8A-info.html（最終閲覧日2023年 4 月17日）

内政部戸政司（2022）「人口統計資料」『内政部ウエブサイト』https://www.ris.gov.tw/app/portal/346（最終閲覧日2023年 4 月17日）

内政部移民署（2020）『2018年新住民生活需要調査報告』、内政部
教育部（2019）「108学年度各級学校新住民子女就学概況」『教育部ウエブサイト』 https://www.edu.tw/News_Content.aspx?n=829446EED325AD02&sms=26FB481681F7B203&s=4C810A112728CC60（最終閲覧日2023年４月17日）
陳志柔・于德林（2005）「台灣民眾對外來配偶移民政策的態度」『台灣社會學』Vol.10、95-148.
謝斐敦（2011）「德國與台灣在新住民潮流下幼教工作者培育課程之比較研究」『教育學誌』Vol.26、101-130

（欧文文献）
Berry, W. John（1997）"Immigration, Acculturation, and Adaptation", *Applied Psychology: An International Review*, Vol.46, pp.5-68.
Hon, A. H. Y., & Gamor, E.（2022）. The inclusion of minority groups in tourism workforce: Proposition of an impression management framework through the lens of corporate social responsibility. *International Journal of Tourism Research*, Vol.24, No.2, pp.216–226. https://doi.org/10.1002/jtr.2495（最終閲覧日2023年４月17日）
Sassen, S.（2001）"*The Global City New York, London, Tokyo*". Princeton University Press.

第11章

ラディカルな香港、ラディカルな『時代革命』

『時代革命』

コルナトウスキ ヒェラルド

1．はじめに

2019年６月、香港はあろうことか催涙弾や、ゴム弾、火炎瓶が飛び交う戦争状態に置かれたような舞台となっており、そこで起こったバイオレンスが世界を非常に驚かせた。この出来事の直接な原因は、香港の独立した法律制度を保護する「一国二制度」にも反する、香港政府による「逃亡犯条例改正案」の採決であり、香港人口のおよそ1/4が参加する、１年以上も続く「民主化運動デモ」へ展開させる起爆剤となっていた。デモ自体の実態や展開過程は、『時代革命』というドキュメンタリー映画でカラフルに描かれており、日本や台湾の映画館でも上映されたものである[1]。しかし、本ドキュメンタリー映画は単に感情が燃え上がるルポルタージュだけではない。実は、ここで取り挙げられている抗議デモの参加者や、シーン、場所（ロケーション）は、香港独自の都市社会を特徴づけるものでありながら、香港人の（中国本土とはっきり区別をつける）アイデンティティ形成背景の独特な節目を示しているものである。

本章では、『時代革命』で取り挙げられるいくつか節目を着目しながら、民主化運動デモがラディカリズムに傾倒していったことを論じたい。すなわち、このような節目で、次第にラディカリズムへの率直な転向が巻き起こり、その背後にある象徴的な都市空間性が見えてくることを検証したい。もちろん、このアプローチは新しいものではない。例えば、文化地理学者である Mitchell et al.（2018）は、暴動、反乱、蜂起、革命がニューヨークの社会地理の在り方に果たした重要な役割を明らかにしており、こうした出来事は都市の社会的・物理的構造そのものから発生すると同時に、都市の構造を照らし出すと主張する（同：1）。こうしたプロセスにおいて最も重要なことは、それらが、権力の公式なメカニズムから排除されてきた「市民の声」を明らかにすることでもある（同：3）。つまり、ラディカリズム（とそれに伴うバイオレンス）は、都市の造られた建造環境と、それが社会的にどのように機能するかの両方において、変化の原動力となるのである。そして、社会的な相互作用と闘争が決定的な力となって、どのような空間や風景がどこに作られ、誰の利益となり誰の不利益となるかを決定してきたと言えるのである（同：15）。しかし、都市社会の変化を説明し、より公正な都市の未来への展望を見出すためには、生きた都市の複雑な空間性と時間性をも扱わなければならない（Till 2012）。

次節では、香港におけるラディカリズムの社会的な役割ついてより詳細に述べる。その次は、生きた都市の複雑さを実に描いている『時代革命』のいくつかのシーンを取り挙げなら、その具体的な関連性を明らかにする。結論では、本章の内容をまとめながら香港の今後の姿を考えたい。

２．ラディカリズムと反乱的都市性

ラディカリズムは、社会科学における活発な、しかしやや体系化されていない研究テーマであった。実のところ、都市社会学は、その近代的な形態において、貧困、犯罪、政治的不満といったラディカリズムを診断し治療しようとする権力者・改革者たちの試みから発展した。したがって、歴史的にみて、大都市の成長と都市のラディカリズムの出現との間には強い関係がある（Davison、1978）。

とはいえ、（アーバン）ラディカリズムの最前線に位置しているのは、社会運動の担い手である。Castells（1984）の先駆的な研究に遡ると、これらの運動は都市の意味を変えること、すなわち都市が果たすべき本質的な任務を定義することに関心を寄せている。この場合、香港が一国二制度の下で例外的空間として果たすべき機能ということになる[2]。

Lee（2017：2）は、ラディカリズムをこう定義する：「その社会における一般的な政治（の仕方）から離れ、主体が制度外の方法によって社会的・文化的・経済的・政治的な構造の変化を目指す思想・行動」（Lee、2017：2）。実際、これまで従順だった集団が集団行動に転じることを指し、ラディカリズムやラディカル化というタームが使われることもある。つまり、政治的な争点が欠如していることを背景に、抗議行動に参加すること自体がラディカル化であると考えられる。このように、ラディカリズムとは、容認される政治的行為の規範からそれる行為を意味している。

政治経済地理学者であるE.スウィンゲドゥは、こうしたラディカリズムの政治性をさらに理論化する。すなわち、スウィンゲドゥは、ラディカリズムを「反乱的な民主政治」として捉え、そのものが（都市）空間の生産と異説（「ディセンサス」）の原理と本質的に結びついているものである。したがって、（都市空間の）民主性を高めるためには、専門家の知識や管理主義がむしろ無効なものであり、ラディカリズムは、制度的な秩序を転覆させる目的を有している。こうした意味では、ラディカリズムは、反政治的（＝反政府的）な特徴を持っており、社会運動の戦うところは、議会や議場ではなく、人々が集まる公園や、広場、大学キャンパスなどの公共空間である。一方、ここにはラディカリズムの脆弱さが潜在する。すなわち、民主性を高める「アンチ」の運動は、一時的に成功しても、具体的な政治的アジェンダが策定されない限り、運動そのものの持続可能性がなくなる。実は香港の場合でも、抗議運動の要求がはっきりしていたにもかかわらず、民主化後の政治的なアジェンダ（＝都市をいかに作りなおすか）が具体化しないままであったため、（特に非暴力派にとっては）勢いが維持されにくくなる。

しかし、ラディカリズムは、単なる認識論的（あるかないか）・存在論的（普通か普通ではないか）な概念だけではない。Till（2011）は、ラディカリズムの分析方法としての有効性を主張し、文化的アイデンティティ、日常の力学、象徴的世界など、都市に住む人々の生きた現実をより深く理解するための

図1　負傷した都市としての香港（左図。関連資料は、Kilpatrick 2019 を参照されたい）と反乱する都市としての香港（右図。関連資料は、Kuo 2019 を参照されたい）。筆者撮影。

ものでもあると論じる。つまり、私たちは市民が場所や都市について様々な意見を持っているが、こうした意見は管理主義にとって決してためになるデータとして機能しているわけではない。このように、ラディカリズムは社会にとっていつも突然に現れるものであり、予測されにくいものでもある。こうした瞬間的なエネルギーは、都市を特徴づけるものでもある。これに対し、Harvey（2019）は、「反乱する都市（Rebel City）」（香港の場合は Zuraidah et al.、2020 も参照）、Till（2011）は、「負傷した都市（Wounded City）」、Mitchell et al.（2018）は、「革命都市（Revolting City）」（香港の場合は、Au、2020 も参照）という概念を持ち出している（図１）。さらに、こうした特徴が都市とその市民のアイデンティティを形成させるものである。

３．香港におけるラディカリズムの背景と「香港人 Heung Gong Yan」のアイデンティティ形成

では、ラディカリズムがいかに香港社会の特徴となり、いかに中国本土との区別をつける香港人アイデンティティを形成させるものだったであろうか。本節では、その歴史的な背景に触れたあと、2000年代以降（返還後）の重大な影響をもたらしたと思われる社会的な出来事（事件）を考慮する。歴史的な背景に関して、Lai et al.（1988）によると、香港人アイデンティティが形成してい

くタイミングは、1960年代後半であった。つまり、香港では、（グローバルに向けた）資本主義的経済の成長が加速化する一方、中国本土では（国内政治に向けた）文化大革命などの影響により、社会経済が低迷し、香港人と中国人との間のイデオロギー的な思考が徐々に分化していくものであった。といっても、当時の香港人アイデンティティというのが、むしろ中国のサブカルチャーのようなものとして意識され、香港の文化は伝統的な中国文化より、「高度な文化」である認識であった（Lai et al.、1988：2）。さらに、ナショナリズムまで至るものではなく、香港文化は、中国伝統文化とモダンな国際文化のミックスであり、政治的な意味合いを有していなかった。しかし、香港は、英国植民地であったため、「個人の自由」や「人権・市民的自由」に対する考え方は、中国本土と異なり、香港も中国本土も権威主義的な社会政治的秩序に置かれていたにもかかわらず、香港人にとっては、領土社会の開発との距離が比較的に短かったとされる（Ibid.：189）。つまり、香港では、社会的なかかわりを持つことが奇異ではなく、社会的摩擦のこともそれほどタブーではない。もちろん、（アグレッシブな）市場原理を取り入れた香港経済では、「自由」がその基本原則であった一方、個人の「自由」があるからこそ、（寛容な）分配原理を取り入れた福祉制度の発展が重要視されなかった。その「自由」が未だに香港（アイデンティティ）の特徴であり、2019年の反政府運動デモを香港自治権問題として検証したDavis（2020：1）は、その問題提起の背景としてこう述べる：「ニューヨークやロンドンなど、世界有数の金融、教育、文化の中心地である**自由な都市**に住んでいると想像してみてください。そして、最も悪名高い権威主義政権の1つが、あなたの街を直接支配し、秘密警察、令状なしの監視と捜索、大規模な弾圧と抗議者の逮捕、積極的な訴追を導入したと想像してみてください……これが、香港で起こったことです」（筆者による強調）。

上記のようなマクロな視点と同様に、「豊かさ・（消費活動の）自由・言語（広東語）・民主主義や人権への理解」の重要性を認めつつ、Tong（2016：42）が具体的なイベントや事件の関係性というミクロな観点から香港人アイデンティティの出現を検討した。その中では、1967年の香港都市暴動とその直後の「ホンコン・ウィーク」の開催が香港人アイデンティティを具体的に形成させるきっかけになったとされる[3]。ここでは興味深いのは、ラディカリズムの登場である。つまり、英国の植民地支配下にあった香港で発生した大規模な反政府暴動である1967年の香港暴動は、中国本土で文化大革命が起きていたことを背景に発生し、抗議者の多くが左翼的な考えを持ち、中国共産党に共感していた。当初、暴動は大多数の中国系住民の間で幅広い共感を得ることができたが、デモ隊が道路脇の爆弾やガソリン爆弾を使用するようになったことにより、その中国系住民の多くが急速に拒絶するようになった。つまり、ラディカリズムへの転向は、進歩に熱心な都市国家のアイデンティティにそぐわないとして、住民の大多数から拒絶された。

そのあと、文化的な発展も顕在であった。こうした中では、広東語の使用を優先していくメディアや香港映画も重要な役割を果たし、ソフト面でのアイデンティティ形成の大いにかかわっていたといえる（吉川、2019 や Yew et al.、2014）[4]。1980年代に入ると、香港の都市空間も大いに変化していく。その時点では、古い都市部における不法占拠地区と公営住宅の役割を果たしていく大規模の再定住住宅の存在だけでも、香港と中国本土の大都市はまったく異なる都市化過程を経て、香港は独特な、徐々に高層ビルの街に変身していく建造環境を有していた（Smart et al.、in press）。異なる土地制度が適用されていた香港新界の方でも、先住民族の村々は独自の生活空間を切り開いていたが、その周辺に30〜60万人程度の、高密度に特徴づけられるニュータウンが建設される。そのきっかけは、1979年の中国の門戸開放政策と1984年の英中共同声明である。すなわち、香港が中国に返還されることにより、香港土地の将来が決定すると同時に、香港の産業資本が中国本土へ流出することにより、香港が消費活動に依拠した国際金融都市へ変身していく。そして、1997年、1889年の天安門事件が起きたにもかかわらず、香港の返還が割とスムーズに終了し、香港人は、中国本土の著しい経済成長の恩恵を受け、2003〜2008年の間は、中国人としてのアイデンティティを持つ市民は多数派となる（Yew et al.、2014）。しかし、わずか４年間のスパンで、2012年には、香港人としてのアイデンティティが圧倒的多数派に変化し、香港の強い地元意識、そして香港人アイデンティティが再び高まる。

返還後の香港人アイデンティティ形成と大いに関連している出来事は、表１の通りである。筆者は、2004年以降香港研究に取り掛かったため、直接経験した出来事を中心に、それぞれの内容について記述する。規模的には、2003年の50万人ほども参加者がいた、香港市民の基本的な自由を制限する国家安全法改正案への抗議運動デモが大きなインパクトがあった。結局、香港政府はこの法律案を棚上げにしたが、その翌年は、香港の選挙法を変更する際には中国政府（＝中国共産党）の承認を得る必要があるということが裁定し、中国政府は民主化に向けての動きに拒否権を持つようになった。このことは、のちに「雨傘運動」へエスカレートしていくが、中国人を大いに上回る中国政府に対する不信が明らかであったと言えよう。つまり、経済市場的なレベルでは、投資家役の香港とものづくり役の中国がお互い連携していくことはむしろウェルカムなことであったが、特に一国二制度の下で香港の政治制度や、法律制度、市民権の範囲が中国政府によって制限されていくことは激しく抵抗されていた。

政治的な不安が増す中では、2006年、スターフェリーピアの取り壊しという文化的なショックが起こる。このピアは植民地時代のシンボルであり、香港市民にとってはとても身近な、香港島と九龍半島を往還するフェリーであった。実際は、この取り壊しは、CBD地区の拡大を図る埋立地計画の一環であったが、多くの市民にとっては、都心部にほんのわずかにしかない公共空間が無くなることに加え、香港の歴史的建造物が街から姿を消すことが大いに懸念されるようになった（例えば、Ting、2013）。これがきっかけか、植民地文化を含み、香港のローカルカルチャーへの注目が高まり、展示会などを通じて、香港市民の日常生活への位置づけも様々な市民団体によって行われるようになる（例えば、SoCO、2007；2008）。

香港都市空間の変化、特に中国本土（深圳市）と統合していく動きがますます注目されていく。2009年に起こった菜園村（Choi Yuen Village）の立ち退き事件がその表象である。当時は、香港・深圳・広州を結ぶ高速鉄道建設が計画され、約500人の村民が立ち退かされるようになった。菜園村は、家族で支え合うコミュニティでありながら、香港の法律で先住民に分類される世帯は一軒もなかった。村人たちは、自分たちのコミュニティとライフスタイルを守りたいという思いが強かった。彼らの絶望的な状況は、次第に社会活動家、経験豊富な社会活動家、大学生を含む環境活動家の注目を集めるようになった。彼らの態度は平和的で非暴力的であった。彼らは、村の保護を訴えるのではなく、

表１　（ラディカルな）香港人アイデンティティを形成させた出来事のタイムライン（網掛けは、『時代革命』の中で取り挙げられている出来事である）。筆者作成。

年	原因	出来事
2003	基本法第23条の改正案	市民の抗議運動デモ
2006	スターフェリーピアの取り壊し	文化遺産の取り壊しへの反対
2009	菜園村の立ち退き	反高速鉄道運動
2011	香港の格差社会	中環を占拠せよ運動
2012	中国人による香港での生活必需品の買い占め	反運び屋（水貨客）運動
	国民（愛国）教育カリキュラムの導入	保護者による抗議運動
	中国人妊婦による香港の医療制度への圧迫	香港の女性たちによる抗議運動
2014	長官選挙における指名権の開放や立法会構成の改革が否決される決議	雨傘運動
2016	香港警察による露天商の取締り	旺角騒乱（つみれ革命）
	銅鑼湾書店の店員拉致事件	（香港民主党などの）デモ行進
2019	逃亡犯条例改正案の採決	反政府運動

知的な視点から主流となる価値観を見直すよう人々を煽り、やがてアイデンティティ・ポリティクスへと発展させることに注力した。

2012年は、ラディカリズムへ転換期となるといえよう。もちろん、子どもの教育・育ち方に取り掛かることで、中国式国民教育カリキュラムの導入（Tang、2012）が大きな反発を招いたが、このころから中国人による香港市民の経済社会的インフラへの過剰な圧力が問題視されるようになる。その１つの原因は、2008年の中国牛乳事件という、中国における重大な食品安全事件にあった。この事件では、中国本土の企業が牛乳と乳児用粉ミルク、およびその他の食品材料や部品に化学物質のメラミンが混入し、乳児に腎臓結石などの腎臓障害が発生した。これにより、中国国内では怒りと不信の声が殺到した。香港の商店では、国境を越えた買い物客から輸入粉ミルクの購入が殺到し、一部の小売店では在庫が配給されたと報告されていた。この仕組みはマルチエントリービザ政策を利用し、いわゆる運び屋が香港から中国本土に商品を輸入する「パラレルトレーディング」と呼ばれる現象が発生し、香港新界の北部を皮切りに各地で生活用品が不足するようになった。香港人が直面していた問題は、運び屋による混雑の激化、インフラの過負荷、住民の日常生活への支障などで

図2　雨傘運動の時のラディカリズムを表す「市民的不服従」（左図。Kaiman 2014 も参照されたい）とそのシンボリズム（右図。Bosco 2016 と Patsiaouras et al. 2018 も参照されたい）。筆者撮影。

あった。また、家賃の高騰や粉ミルクなど特定の商品の不足も発生した。その他にも、香港の医療機関を過剰に利用し、出産する中国人妊婦の流入も不満の対象となった。古い都市部に存在する格安ゲストハウスや間仕切り部屋アパート（コルナトウスキ、2012）が一時どこも満室になっていたことを覚えている。特に運び屋に対しては、緊張感が増しており、喧嘩や中国人顧客を相手にする店へのサボタージュなどラディカルな態度を表していた。

そして、2014年に、香港の学生がリードしていく「雨傘運動」が誕生する（図３）。香港の行方を決める有権者として、何としてでも民主化を訴えようと運動を展開していった。具体的には、座り込み、バリケード設置、公共空間の占拠など、見たことのないほど大規模で、ラディカルと思われる出来事であった。しかし、ラディカルに見えても、攻撃なし・守備だけという傘がシンボルであり、なるべく制度内の方法によって香港政治的構造の変化を目指す目的を有していたといえる。しかし、都市の循環を止めるほどの空間占拠が行われていたため、香港警察による反応が激化し、催涙スプレーや催涙弾が大量に使用される戦略が適応されるようになり、当運動が（一時的に）終焉を迎えた。

しかし、民主化の要求や中国政府に対する批判への取り締まりがこのころから頻繁化していく。その中で、2015年末に香港の書店員５人が国境を越えて中国本土に入った後、行方不明となったことが最も大きな事件であった。特に、彼らは中国の特殊部隊に拉致されたことが判明したあと、香港だけでなく国際的にも怒りを呼び起こした。拉致されていた１人が『時代革命』に登場するため、彼のコメントにぜひ注目していただきたい。また、2016年に、香港文化の露天商（屋台）への取り締まりに対し、若者が立ち上げ、警察とかなり激しい形で衝突したが、わずか2日間で終焉した結果、デモ参加者ら24人が拘束された。

４．ドキュメンタリー映画から見る香港のアーバン・ラディカリズム

・監督：キウィ・チョウ
・日本公開年：2022年
・主要キャスト：グウィネス・ホー（本人）、ベニー・タイ（本人）、その他の香港人
※2021年カンヌ国際映画祭スペシャル・スクリーニング、2021年金馬奨最優秀ドキュメンタリー賞受賞。

当事者のインタビューや最前線のデモ現場の映像を交えた『時代革命』は、2019～2020年の香港反政府運動デモを取材したものである。このドキュメンタリー映画は、香港高等法院によって違法とされた、ポピュラーな抗議スローガン「香港を解放せよ、われわれの時代の革命」から名前を取っている。取材した内容は、７つのグループの運動デモ参加者を取り挙げ、彼らの物語を９チャプターにわたる大きな物語にまとめ、抗議運動の様子を記録している。第

２チャプターは、抗議運動がラディカリズムへ転じたことを明らかにするうえで、極めて重要なチャプターであると思われる。すなわち、ここでは、非暴力派が「勇猛者たち（＝暴力派）」のラディカルな戦略を受け入れていくことがわかる。そのほとんどは、「自由」という社会的価値を何としても守りたいという賞賛であり、警察の極端な力の行使に対する反動でもある。立法院襲撃の際、Brian Leung氏が10年の懲役刑を覚悟でマスクを取るシーンは、この瞬間をよく表している。その後、抗議運動によって５大要求が宣言され、ゴールがはっきりしていく[5]。『時代革命』の中に、ラディカリズムと香港の都市空間性との関係に触れるいくつかシーンがあるため、本節で取り挙げたい。まずは、こうしたシーンの中で登場する２名の人物に注目したい。

１）ソーシャルワークのラディカルな背景

第２チャプターでソーシャルワーカーとして紹介されるJackie Chen氏。彼女は、警察の過剰な武力行使に警鐘を鳴らし、警察の行動を監視し、デモ参加者と警察の間に立ち、デモで精神的なサポートを提供するために約100人規模の「戦場ソーシャルワーカーBattlefield Social Worker Group」グループを立ち上げた（Ho、2020）。ドキュメンタリー映画の冒頭で、彼女は興味深いことを述べる。すなわち、「ソーシャルワーカーが持つべき正義感を取り戻す」ために、このグループを立ち上げたということである。この正義感は、若いデモ隊が「香港を守るために」命を捧げる覚悟をしたことと深く関係していると彼女は説明する。しかし、このシーンから、香港におけるソーシャルワークの本質的価値が見えてくる。すなわち、香港のソーシャルワークでは、「正義」、より正確にいうと、「ソーシャルジャスティス」がそもそもソーシャルワーク業界の原則であり、「建設的社会変革」が主たるミッションであった。キット・ラムが論じるように、こうしたミッションは前節でも取り挙げた1960年代の社会・政治的混乱（特に1967年の暴動）と関係しており、「ソーシャルワークがまだ生まれたばかりの専門職であり、この時点の社会的地位と資本を反映した手厚い資金援助を享受していた時代である。また、1970年から1997年までの香港政庁の並外れた政治的寛容さからも恩恵を受けていた」（Lam、2011：78）。ソーシャルワーカーの組織（当時は新興のコミュニティワーカーの組織も）に対する政府の政治的寛容さがあったからか、ラディカリズムはやがて最も不利な状況に置かれていた都市下層の改善のための社会的行動を組織するための指針となっていった。実際、行動はしばしば「座り込み、寝泊まり、請願書、パレード、集団抗議集会」という形で組織された（Leung、1978：143）。これらの戦術は、理想主義的な目標と現実的な手段を結びつけることを主眼としたソウル・アリンスキーが提唱した実用的かつ実践的な考え方に由来している。間もなく、香港のソーシャルワーカーは、コミュニティを強化するために、正義の目的は非善の手段を正当化するという彼のラディカルな思想を採用するようになった。実際、アリンスキーの著書は、1970年代に香港でソーシャルワーク科の学生にとって必読書となっていた。

しかし、Lam（2020）が説明するように、ソーシャルワーカーがラディカルな方法で組織化する能力は、社会福祉補助金と都市再生政策を改革した1997年のHKSAR政権の出現によって大きく制限された。とりわけ、2003年の都市再開発局（URA）の設立は、都市再構築の規模を拡大するものであり、コミュニティ規模のイニシアティブや移転の脅威に対するソーシャルワーカーの活動は、（当初は特にインナーシティの）大規模再開発事業に直面してまったく無力なままであった。しかし、こうした展開があったにもかかわらず、香港の多くのソーシャルワーカーにとっては、どの場合でも、ソーシャルジャスティスを目指すのが最も重要なことであるし、社会的な危機の時に立ち上がることも義務である。実は、『時代革命』で描かれたJackieの努力は、香港社会福祉の分野でも注目され、2022年５月には、彼女が「優秀ソーシャルワーカー」賞を受賞した（Ho、2022）。

２）反（再）開発運動との関係

第２チャプターでは、社会運動と再開発事業との摩擦的な絡みに触れる。ここでは、反政府運動デモの若者を必死に見守ろうとしている菜園村の長老が登場する。本人は、その動機を語る：「うちの村は香港政府の命令で立ち退きになることが決まった時、たくさんの若者がうちの戦いに参加してくれたので、その恩返しに来た」。前節で述べた通り、香港・深圳・広州を結ぶ高速鉄道建設の理由で、菜園村が「移動」の対象となった。そのオペレーターは、地下鉄の運営担当でもある香港鉄路有限公司（MTR）であり、本ドキュメンタリー映画の中でもMTRの駅が何回も怒りの対象となったり、事件の場にもなっている。実は、第3チャプターで取り挙げられる元朗駅暴力団体事件がこの村の近くであり、香港新界の土地ポリティックスとも関係している[6]。すなわち、植民地時代から、周辺地域の多くは政府によってニュータウンの開発のために再開発されており、そこで政府は、村民の支持を得るために「スモールハウス政策」を打ち出し、村民をなだめた。この政策では、すべての男性村民が3階建て、65㎡の小さな家を建てる権利を得ることになった。こうした政策によって、大手デベロッパーと結託して大きな利益を得ている者も少なくない。ローカルな暴力団体の影響力は、土地経済への関与に起因している。彼らは、既得権益である商業や地元氏族の利益を円滑に運営するために、「ブラウンフィールド」や立ち退きなどの仕事に従事していると言われている（Liber Research Community、2018）。

第5チャプターでは、大手デベロッパーとの関係ももつ、政府寄りの企業への怒りも映る。こうした企業は、反政府運動デモによって、警察の色を意味する「ブルー」と描かれ、香港の負の経済であるとみなされている。「雨傘運動」から由来し、こうした経済に対し、反政府運動のラインに立つ（特に香港ローカルな）ビジネスが圧倒的にサポートされるようになり、反政府運動の色を意味する「イエロー経済」と名付けられた。『時代革命』の中でも、香港社会が「ブルー」と「イエロー」に分断されていく現実がよく描かれている。

3）公共空間の概念・役割

香港では、市民が社会的なかかわりを示すため、公共空間が重要な役割を果たしている。反政府運動デモの時は、こうした空間がまさにラディカリズムが沸き立つ場となっていたが、公共空間らしく、市民が集まり、些細な政治を行う場でもある。その代表的な場所は、毎年の天安門事件徹夜デモを行っていたビクトリアパークかもしれない。ただ、興味深いのは、第7・8チャプターで取り挙げられる大学キャンパスである。『時代革命』で記録されたように、こうした空間では、反政府運動デモの決着がついた。特に香港理工大学での2週間の閉じ込め、そしてそこにあった警察に対する敗北の結末、大人数の学生の逮捕に至る。大学は、文明社会を守る要塞（≒考えの自由を重視する場）と考えられるものであり、警察によるキャンパスへの侵入事件が香港社会全体に大きなショックを残した。ただ、ここは反政府運動デモによる空間的な戦略も現れていた。とりわけ、香港新界と古い都市部を結ぶ軸にある香港中文大学、そして九龍半島と香港島を結ぶトンネルの入り口にある香港理工大学は、都市の循環を麻痺させる目的で占拠された。何よりも、本ドキュメンタリー映画で取り挙げられているとおり、香港人が団結し、高い臨機応変さを発揮するなど、些細な市民として公共空間空間を自分のものすることにより、お互いに粘り強い連帯を表したといえる。

最終チャプターでは、長い闘いを経て、香港人アイデンティティが形成したことをこの運動による成果として取り挙げられる（Au、2020；Vines、2021 も参照）。香港人は自由を誇るもの。香港人は、権威主義国家である中国による統治を絶対許さないもの。そして、香港人はどこでも行ける世界のもの。これらの強い思いから、ラディカリズムが具体化したことが『時代革命』から明確に浮かんでくるといえよう。

図3　2014年の雨傘運動の様子。「自由」や「民主」等のスローガンが目立つ。筆者撮影。

5．おわりに

香港が中国に返還され、特に2000年代以降は、香港が頻繁にラディカルな抗議運動の場となった。本章で述べたように『時代革命』が記録している反政府運動デモの背景には、香港都市空間の特徴から、ラディカルな香港人アイデンティティまで、様々な（歴史的な）社会問題にまたがる。

2023年2月の現在は、街の風景の中では、香港社会の分断を引き起こした反政府運動デモが残した社会的な「負傷」が治りつつあると見える。落書きやスローガン（図1）が見えなくなり、戦場の舞台となっていた場所もその傷を消している。「イエロー経済」も、影の薄いものになりつつあり、「ノンブルー」として名付けられるようになっている。抗議運動デモの多くの参加者にとっては、精神的な打撃が未だに大きいが、イエローとブルーに引き裂かれた家族内の和解が試みられつつある。しかし、民主化されない今の「ニュー・香港」は、疎外感を感じるままでもある。すなわち、大規模人工島建設計画の「Lantau Tomorrow Vision」と、新界と深圳市を結んでいく「North Metropolis構想」は現在徐々に具体化しており、デベロッパーの入札すら行わない、非参加型・管理主義的なアプローチが明らかになっている（Liber Research Community、2023）。香港の都市アイデンティティ、そしてそのラディカルな性格がいかに変わっていくか、これからも着目していきたい。

【注】

1　一方、このドキュメンタリー映画は、香港と中国で上映禁止である。

2　マニュエル・カステルは、後年の著作で香港の近代都市化過程における社会運動の役割について言及している（Castells et al.、1990）。

3　「ホンコン・ウィークHong Kong Week」の詳細は省くが、そのスタートは、香港工業連盟と香港貿易発展局による共催イベントであり、「香港人は香港製品を買う」というスローガンのもとで、香港の繊維工業を推進する目的を有していったが、香港暴動の直後であったため、香港のレジリエンスを祝う機会となっていた（Tong、2016：52）。

4　香港のカンフー映画もその通りであり、雨傘運動も反政府運動デモも、両方の場合にそのシンボリズムが目立っていた（図２の右図も参照）。

5　5大要求は、①「条例改正案の撤回」・②「行政長官選挙への直接選挙の導入（≒民主化）」・③「警察の取り締まりを調査する委員会の設置」・④「抗議活動を『暴動』とする見解の撤回」・⑤「捕まった人たちの解釈」であった。しかし、香港政府は１つも応えられなかった。

6　『時代革命』では取り挙げてないが、この運動で中心となっていたEddie Chu元立法会員が大きな活躍を果たしていた。彼は当初、スターフェリーピアの取り壊し計画に伴う文化財保護や環境保護への抗議活動に携わっていた。2011年半ばには、コミュニティ運動組織「ランド・ジャスティス・リーグ」の立ち上げに参加し、香港新界で草の根の活動に従事した。土地の権利をめぐり、大手デベロッパーを相手取り、元朗のすぐ近くにある住宅地建設の背後にある政府、企業、地主、暴力団体の長年の癒着疑惑に世間の注目を集めた。

7　コロナ過の影響も相まって、Lai et al.（2020）は、デモの期間が長いため、香港の全住民の精神衛生状態が急速に悪化する危険性があると結論づけている。

【参考文献】

コルナトウスキ ヒェラルド（2012）「香港のインナーシティにおける民間低家賃住宅のマージナル化と住宅困窮問題居住福祉」『居住福祉13号』、63-81

吉川雅之（2009）『「読み・書き」から見た香港の転換期：1960～1970年代のメディアと社会』明石書店

（欧文文献）

Au, L.Y.（2020）*Hong Kong in revolt: The protest movement and the future of China*. Pluto Press.

Bosco, J.（2016）“The sacred in urban political protests in Hong Kong”, *International Sociology* 31（4）: 375–395.

Castells, M.（1984）*The city and the grassroots: a cross-cultural theory of urban social movements*. University of California Press.

Castells, M., Goh, L., Kwok, R.Y.W.（1990）*The Shek Kip Mei syndrome: Public housing and economic development in Hong Kong*. Pion.

Davis, M.C.（2020）*Making Hong Kong China: The rollback of human rights and the rule of the law*. The Association for Asian Studies.

Davison, G.（1978）“Explanations of urban radicalism: Old theories and new histories”, *Historical Studies*, 18（70）: 68-87.

Kaiman, J.（2014）“Hong Kong pro-democracy protesters vow new wave of civil disobedience”, The Guardian, 9 Oct. URL: https://www.theguardian.com/（最終

閲覧日2023年2月25日）
Kilpatrick, R.H.（2019）“'An eye for an eye': Hong Kong protests get figurehead in woman injured by police”, The Guardian, 16 Aug. URL: https://www.theguardian.com/（最終閲覧日2023年2月25日）
Kuo, L.（2019）“'No difference': Hong Kong police likened to thugs after Yuen Long violence”, The Guardian, 28 July. URL: https://www.theguardian.com/（最終閲覧日2023年2月25日）
Harvey, D.（2019）Rebel cities: From the right to the city to the urban revolution. Verso.
Ho, K.（2020）“The perilous role of Hong Kong's 'battlefield' social workers: 'How could I not do this?'”, Hong Kong Free Press, June 12. URL: https://hongkongfp.com（最終閲覧日2023年2月25日）
Lai, F.T.T., Hall, B. J., Liang, L., Galea, S. and Hou, W. K.（2020）“Socioeconomic determinants of depression amid the anti-extradition bill protests in Hong Kong: The mediating role of daily routine disruptions”, *Journal of Epidemiology Community Health*, 74（12）: 988–994.
Lam, K.（2012）“The relevance of Alinsky?”, *Community Development Journal*, 47（1）: 77-93.”
Lau, S.K. and Kuan, H.C.（1988）*The ethos of the Hong Kong Chinese*. The University of Hong Kong.
Lee, L.F.F.（2017）“Internet alternative media, movement experience, and radicalism: the case of post-Umbrella Movement Hong Kong”, *Social Movement Studies* 17（2）: 219-233.
Leung, C.B.J.（1978）“The community development drama in Hong Kong: 1967-77”, *Community Development Journal*, 13（3）: 140-146.
Liber Research Community（2018）*Brownfields in time: Tracing the course of brownfields expansion in the New Territories*. Liber Research. URL: https://liber-research.com/en/brownfields-in-time-tracing-the-course-of-brownfields-expansion-in-the-new-territories/（最終閲覧日2023年2月25日）
Liber Research Community（2023）*Uncertain fates: A study of problems faced by reclamation megaprojects worldwide*. Liber Research. URL: https://liber-research.com/uncertainfatesreclamationmegaprojectsworldwide/（最終閲覧日2023年2月25日）
Lo, S.S.H, Hung, S.C.F. and Loo, J.H.C.（2021）*The dynamics of peaceful and violent protests in Hong Kong: The anti-extradition movement*. Palgrave Macmillan.
Mitchell, D., Smith, N.（2018）*Revolting New York: How 400 years of riot, rebellion,*

uprising, and revolution shaped a city. University of Georgia Press.

Patsiaouras, G., Veneti, A. and Green, W.（2018）“Marketing, art and voices of dissent: Promotional methods of protest art by the 2014 Hong Kong's Umbrella Movement”, *Marketing Theory* 18（1）: 75–100.

Smart A. and Fung C.K.（in press）*Hong Kong public and squatter housing: Geopolitics and informality, 1963-1985*. Hong Kong University Press.

SoCO（2007）*Our life in West Kowloon*. Society for Community Organization.

SoCO（2008）*West Kowloon: Where life, heritage and culture meet*. Society for Community Organization.

Swyngedouw, E.（2017）"Insurgent urbanity and the political city," in Mostafavi, M.（Ed.）*Ethics of the urban: The city and the spaces of the political*. Lars Müller Publishers.

Tang, S.（2012）“Hong Kong protests education plan, calls it Chinese propaganda”, Reuters, July 29. URL: https://jp.reuters.com（最終閲覧日2023年2月25日）

Till, K.（2012）“Wounded cities: Memory-work and a place-based ethics of care”, *Political Geography* 31（3）: 3-14.

Ting, C.C.（2013）“The Star and the Queen: Heritage conservation and the emergence of a New Hong Kong subject”, *Modern Chinese Literature and Culture* 25（2）: 80-129.

Tong, C.T.M（2016）“The Hong Kong Week of 1967 and the emergence of Hong Kong identity through contradistinction”, *Journal of the Royal Asiatic Society Hong Kong Branch* 56: 40-66.

Vines, S.（2021）*Defying the dragon: Hong Kong and the world's largest dictatorship*. Hurst & Co.

Yew, C.P. and Kwong, K.M.（2014）“Hong Kong identity on the rise”, *Asian Survey* 54（6）: 1088-1112.

Zuraidah, I. and Lam, J.（2020）*Rebel city: Hong Kong's year of water and fire*. South China Morning Post Publishers.

おわりに

ようやく２年余りの共同作業の幕を閉じることができた。

この３年間はコロナウイルスとの闘いもあり、なるべく外部との接触を控えた状態で生活や仕事をせざるを得ず、人と人との最低限の付き合いさえも閉ざされたまま、状況によってはオンラインで対応する日々が続いた。しかしそのような中でも、われわれの生活を支えるため危険と隣り合わせで働くエッセンシャルワーカーによってこの３年間私たちの生活が可能になった。

本書の企画を着想したのは、ある大学の研究センターでオンライン開催された映画のイベントに参加したのがきっかけだった。そのイベントは、台湾と香港のような中華圏の映画やドキュメンタリーを対象とし、多くの方々が申し込みをされたもので、はじめに映画を鑑賞した後、少し時間を空けて映画監督や解説者、または中国関係の専門家等の解説や講演を聴く企画であった。これまで年に何回も東アジアの現場に出向いて人びとの声を聴いたり、関係者との今後の交流や研究にかかわる議論をしてきたのに、コロナ禍により、それがまったくできなくなった筆者にとって、当イベントへの参加は、そのもやもやを吹き飛ばす１つの出口のように思われた。いや「救われた」と言うのが正解かもしれない。

これまでの筆者自身の研究は、どちらかと言えば、実際の現場に出向くか、文献資料の分析等に偏っていたというのが正直なところで、そのイベントへの参加でひらめいたとでもいうか、こういう形でメッセージを伝えることも可能なのではないかと思うようになった。それが本書企画の出発点だった。

筆者は2020年より、日本学術振興会による科学研究費（国際共同研究強化(B)）が採択され、「東アジア型社会開発モデルの構築に関する国際比較研究(20KK0041)」をテーマに、国内外の多くの研究分担者や研究協力者とともに研究を行ってきた。2020年という、まさにコロナ禍の真っ最中ではあったものの、多くの方の協力を得てここまで何事もなくおおむね予定通り研究を進め、研究交流の実践的な還元や成果の社会発信を行ってきた。今回の取り組みも、同研究による延長線上ではあるものの、コロナ禍という状況下で、冒頭で述べたようなエッセンシャルワーカーや生活困窮者、様々な格差や差別、排除によって、このコロナ禍でさらに多くの困難を抱えている人びとのかかわりを考える機会として、「映画」を基にした共同研究・共同作業の場を設けることを思いついたのである。それが成功だったのか、もしくは竜頭蛇尾に終わったのか、その判断は読者に委ねるしかない。

最後にこれまで長らく私の注文や苦言に耐えながらも本書の執筆に付き合っていただいた著者の皆さんに感謝したい。企画した私本人もそして新しいチャレンジに果敢に向き合った著者たちも大変だったと認識している。そして、厳しい出版状況の中で本書の出版を引き受けていただいた明石書店はじめ、編集部部長神野斉氏、そして編集を担当された清水聰氏にもこの場を借りて感謝申し上げる。

索 引

さ

し

す

せ

そ

た

ち

て

と

に

ね

の

は

ひ

ふ

へ

ほ

ま

み

む

ゆ

ら

り

【執筆者紹介】

執筆順、＊は編者

＊全 泓奎（じょん・ほんぎゅ）第１章・はじめに・おわりに

所属：大阪公立大学都市科学・防災研究センター・大学院現代システム科学研究科教授
専攻分野：東アジア比較福祉政策論、社会的包摂論、アクションリサーチ論
主要著作：『貧困と排除に立ち向かうアクションリサーチ：韓国・日本・台湾・香港の経験を研究につなぐ』（明石書店、2022)、『東アジア都市の社会開発：貧困・分断・排除に立ち向かう包摂型政策と実践』（明石書店、2022、共編著)、『分断都市から包摂都市へ：東アジアの福祉システム』（東信堂、2020、編著)、『包摂都市を構想する：東アジアにおける実践』法律文化社、2016年、編著)、『包摂型社会：社会的排除アプローチとその実践』（法律文化社、2015）など。

松下 茉那（まつした・まな）第２章

所属：神戸大学大学院国際協力研究科博士後期課程
専攻分野：地域研究（韓国）
主要著作：「第４章 韓国におけるホームレス問題と寄せ場型地域の社会開発実践：チョッパン地域における住民協同会活動を中心に」全泓奎・志賀信夫編著『東アジア都市の社会開発：貧困・分断・排除に立ち向かう包摂型政策と実践』明石書店、2022年、『寄せ場型地域の居住支援にかんする日韓比較研究』（共編著）URPレポートシリーズ54、2022年など。

閻 和平（えん・わへい）第３章

所属　：大阪商業大学経済学部経済学科教授
専攻分野：住宅政策、都市経済学
主要著作：「「中所得国の罠」の克服とインクルーシブな成長への転換：住宅政策からの考察」『激動する世界経済と中小企業の新動態』御茶の水書房、2023年、「城中村改造と包摂型住宅政策の実現」全泓奎・志賀信夫編著『東アジア都市の社会開発：貧困・分断・排除に立ち向かう包摂型政策と実践』明石書店、2022年など。

阿部 昌樹（あべ・まさき）第４章

所属：大阪公立大学大学院法学研究科教授
専攻分野：法社会学
主要著作：『自治基本条例：法による集合的アイデンティティの構築』木鐸社、2019年、『現代日本の紛争過程と司法政策』（共編著）東京大学出版会、2023年、『スタンダード法社会学』（共編著）北大路書房、2022年など。

楊 慧敏（よう・けいびん）第５章
所属：県立広島大学保健福祉学部助教
専攻分野：高齢者福祉、児童福祉
主要著作：『中国の介護保険構想：持続可能な制度構築へ向けた政策分析』明石書店、2023年、「ヤングケアラーの支援体制の問題点：類型化の分析を通して」『社会政策』、2023年など。

坂本 知壽子（さかもと・ちずこ）第６章
所属：大阪公立大学客員研究員、立命館大学授業担当講師、延世大学（韓国）専門研究員
専攻分野：社会学、ジェンダー研究、地域研究（韓国・フィリピン）、オーラルヒストリー
主要著作：「他者の苦しみへのまなざしと責任『待ちのぞむ』が描いたこと、そして描かなかったこと」よこはま若葉町多文化映画祭（展示原稿）、2023年、「それは本当に私たちが目指していることなのか：韓国の兵役をめぐる『包摂』と『排除』」『ICN-JAPAN Inclusive City インクルーシブシティ』創刊号、2022年、「日本軍『慰安婦』問題をめぐる責任と否認（denial）の政治学」（韓国語）（博士論文　未刊行）、2017年、「Re-thinking the Japanese Military 'Comfort Women' in the Philippines through the Narrative」Arnold M. Azurin他編『*Junctions Between Filipinos And Japanese- Transborder Insights And Reminiscences*』Kultura't Wika、2007年など。

川瀬 瑠美（かわせ・るみ）第７章
所属：広島文教大学教育学部教育学科助手
専攻分野：教育学、社会福祉学
主要著作：「台湾の輔導教師はいかにして学校復帰を援助していくのか：台湾政府によるモデルケースの分析から」、中四国教育学会『教育学研究ジャーナル』25巻、2020年、13-22頁、「第４章 社会教育の観点からみる高齢者への教育と指導：生涯学習の理論を手掛かりに」、金澤真理・安田恵美・髙橋康史編著『再犯防止から社会参加へ：ヴァルネラビリティから捉える高齢者犯罪』日本評論社、2021年、「第10章 台湾における外国にルーツを持つ子どもの支援」全泓奎・志賀信夫編著『東アジア都市の社会開発：貧困・分断・排除に立ち向かう包摂型政策と実践』明石書店、2022年など。

川本 綾（かわもと・あや）第８章

所属：大阪公立大学客員研究員

専攻分野：移民社会論（韓国・日本）

主要著作：『移民と「エスニック文化権」の社会学：在日コリアン集住地と韓国チャイナタウンの比較分析』明石書店、2018年、「移民と『エスニック文化権』：日本・韓国・台湾における移民の子どもたちの教育と課題」谷他編著『社会再構築の挑戦：地域・多様性・未来』ミネルヴァ書房、2020年、「ソウルと大阪における移住者の社会開発とコミュニティ」全泓奎・志賀信夫編著『東アジア都市の社会開発：貧困・分断・排除に立ち向かう包摂型政策と実践』明石書店、2022年など。

矢野 淳士（やの・あつし）第９章

所属：大阪公立大学都市科学・防災研究センター特任研究員、AKYインクルーシブコミュニティ研究所研究員

専攻分野：工学（都市計画）

主要著作：「隣保館廃止後の被差別部落における民設民営隣保館の役割と課題：大阪市内２地区を対象として」『居住福祉研究』34、72-91頁（共著、東信堂、2023年)、「生野コリアタウン商店街調査からみた地域活性化の課題：商店主への質問紙調査から」『インクルーシブシティ』創刊号、43-67頁（共著、インクルーシブシティ研究会、2022年）など。

蕭 耕偉郎（しょう・こうじろう）第10章

所属：九州大学大学院人間環境学研究院准教授

専攻分野：都市空間論、まちづくり論、都市工学

主要著作：「Chapter 19 From Stigma to Pride: New Practices of Housing-Based Welfare for Regenerating Disadvantaged Communities in Taipei City, Taiwan」in『*Diversity of Urban Inclusivity: Perspectives Beyond Gentrification in Advanced City-Regions*』Springer、2023 年。蕭耕偉郎・水内俊雄・キーナー ヨハネス編『フォーマルとインフォーマルの力学から都市コモンズを問い直す: 東アジアとカナダの生活困窮者の現場から』大阪市立大学、2022年、「第９章　社会的不利地域における福祉のまちづくりを支えるフードバンクの仕組み：台北市南機場団地における【南機場フードバンク】の事例から」全泓奎・志賀信夫編著『東アジア都市の社会開発：貧困・分断・排除に立ち向かう包摂型政策と実践』明石書店、2022年など。

ヒェラルド・コルナトウスキ（Geerhardt Kornatowski）第11章
所属：九州大学大学院比較社会文化研究院准教授
専攻分野：人文地理学、都市社会学
主 要 著 作：『*Diversity of Urban Inclusivity: Perspectives Beyond Gentrification in Advanced City-Regions*』Springer、2023年。「Caught Up in Policy Gaps: Distressed Communities of South Asian Migrant Workers in Little India, Singapore」『*Community Development Journal*』、2017など。

映画で読み解く東アジア
社会に広がる分断と格差

2023 年 8 月 10 日　初版第 1 刷発行

編著者　全　　泓　奎
発行者　大　江　道　雅
発行所　株式会社 明石書店
〒 101-0021　東京都千代田区外神田 6-9-5
電　話　03（5818）1171
ＦＡＸ　03（5818）1174
振　替　　00100-7-24505
http://www.akashi.co.jp

装　丁　明石書店デザイン室
印　刷　株式会社文化カラー印刷
製　本　協栄製本株式会社

（定価はカバーに表示してあります）　ISBN978-4-7503-5623-5